AF501806

JULES ARBOUX

BIBLIOTHÈQUE NATIONALE
R.F.
IMPRIMÉS

9502
2922

LES PRISONS DE PARIS

PARIS
IMPRIMERIE ET LIBRAIRIE CENTRALES DES CHEMINS DE FER
A. CHAIX ET Cie
RUE BERGÈRE, 20, PRÈS DU BOULEVARD MONTMARTRE
1881

8° R
958

TABLE DES MATIERES

PRÉFACE

Ces pages ont été écrites et publiées dans l'intérêt des prisonniers. Il importe aujourd'hui d'appeler l'attention sur une partie souvent négligée des réformes nécessaires et de hâter les progrès du patronage.

L'opinion, mise au courant des questions pénitentiaires, doit signaler, sans illusions et sans faiblesse, les améliorations possibles.

Depuis la grande Enquête commencée en 1872, des études spéciales ont été faites. Quelques rapides descriptions de Mazas ou de la Roquette ont paru dans certains journaux. Des artistes, munis d'une autorisation, ont pénétré dans les cours intérieures et dessiné fidèlement, pour le théâtre ou pour des publications illustrées, ce qu'ils avaient sous les yeux. Divers articles de Revues et trois ou quatre volumes, méritant une attention plus sérieuse, ont même été donnés au public.

Le présent livre diffère à plusieurs points de vue de ces intéressants travaux.

C'est, avant tout, une étude du prisonnier, faite à loisir pendant plusieurs années, la conclusion qui s'est imposée après des observations nombreuses et de longs entretiens. Qu'il s'agisse de l'homme lui-même ou du système d'emprisonnement qui lui est appliqué, une première pensée, le souci de sa régénération, se retrouve à tous les chapitres.

De plus, cette étude est générale. Elle rend les comparaisons possibles. Il ne s'agit, ni d'un établissement pénitentiaire particulier, ni de certaines catégories de détenus, enfants, adultes, femmes, mais des diverses prisons.

Paris, à la vérité, n'a pas de maison centrale. Il faut aller subir au loin la peine des travaux forcés. Mais on trouve, dans ses prisons, des détenus de toute catégorie, et, du Dépôt de la préfecture au Dépôt des condamnés, toutes les questions pénitentiaires peuvent être posées. Il suffit, pour cela, de suivre le détenu, depuis son arrestation, jusqu'au moment de son départ ou jusqu'à la fin de sa peine.

Tout, alors, devient un intéressant et curieux sujet d'études : violons, dépôt, assistance aux enfants abandonnés, détention préventive, emprisonnement des femmes pour crime ou délit de droit commun ou bien par mesure administrative, jugement, vie des prisonniers en commun après la condamnation, emprisonnement cellulaire dans les prisons départementales, réclusion, transportation, peine de mort, patronage des libérés mineurs de seize ans ou adultes.

Voilà le plan de ces *Observations d'un aumônier*.

Cela compris, le but se devine aisément. C'est, d'abord, dans l'intérêt de la société, qu'il convient de s'appliquer à une pareille étude. Si un mode de répression propre à produire l'amendement n'est pas adopté, les rechutes devenant chaque jour plus fréquentes, les départements seront bientôt infestés de surveillés et de récidivistes.

C'est, aussi, dans l'intérêt de malheureux

condamnés qui, parfois, ne sont assez efficacement protégés ni avant, ni après la faute.

Les faibles que ne frappe encore aucune condamnation, mais qui se sentent déjà tentés, peuvent lire également. On s'adresse à eux dans la partie descriptive de ce travail. Ils ne descendent pas encore les pentes rapides de l'abîme, et ils ne sont pas saisis de vertige dans l'étourdissement de la chute. Mais ils sont déjà entraînés. Ils vivent mal. S'ils ne s'arrêtent pas, et s'ils ne changent point de route, ils auront succombé demain. Qu'ils lisent et qu'ils prennent cette vie des malfaiteurs en horreur et en dégoût! Qu'ils se détournent de ces chemins de traverse qui mènent les audacieux dont l'apparent succès les éblouit un moment, au dépôt de la préfecture, à la prison ou à l'hôpital! A leur égard, du moins, l'idéal qu'on doit toujours se proposer en matière pénitentiaire aura été, dès lors, atteint : l'avertissement, la protection préventive, avant le mal, avant la chute.

CHAPITRE PREMIER

L'ARRESTATION

I — LA POLICE ET LES MALFAITEURS

II — AU POSTE

III — LE DÉPOT DE LA PRÉFECTURE DE POLICE

LES PRISONS DE PARIS

I

LA POLICE ET LES MALFAITEURS

Plus de trente mille individus sont arrêtés chaque année, pour crimes ou délits, dans le département de la Seine[1]. C'est le cinquième du nombre total des arrestations en France.

Sur 34,699, pendant l'année 1878, 31,224 étaient arrêtés à Paris, et 3,475 seulement dans la banlieue. Il y avait, dans l'ensemble, 3,032 femmes majeures, 801 mineures, 22,611 hommes majeurs et 8,255 mineurs[2].

1. En 1875, 30,142, en 1876, 32,676, et en 1877, 35,083.

2. Compte général de l'administration de la justice criminelle en France.

Voilà, dit-on, *l'armée du crime*. Est-ce bien ainsi qu'il convient de s'exprimer ? Ni les criminels que leur affreux métier force ici et là, principalement dans les faubourgs, soit à vivre seuls, soit à s'unir à une bande peu nombreuse, ne forment une véritable armée ; ni les irréguliers, mendiants, vagabonds, ne sont de vrais soldats du crime.

Évitons de tomber dans l'exagération.

Ceux qui prétendent trouver dans la seule instruction, dans le progrès social entendu d'une certaine manière, le remède à tous les maux, ne consentant à voir, dans cette dangereuse légion qui compte tant de vrais malfaiteurs, que le troupeau des sacrifiés et le chœur des victimes, ont tort sans doute. Mais reconnaître au contraire dans les rangs pressés des délinquants ou des criminels une armée aussi disciplinée que redoutable, c'est commettre une égale erreur.

Sur les trente-quatre mille arrêtés en 1878, 2,441 sont relaxés immédiatement, après explications, 680 sont admis dans les hôpitaux, 539 recueillis en divers asiles et 2,397 sont étrangers à la France.

Ce n'est pas tout. Les trente mille environ[1], qui sont traduits devant l'autorité judiciaire, se recrutent pour moitié parmi les auteurs de délits relativement légers, vagabondage, mendicité, infractions

1. 30,026 en 1878.

soit à un ordre d'éloignement, soit à un arrêté d'expulsion, soit à une condamnation à la surveillance[1].

Il est vrai que ceux-ci pourront devenir dangereux plus tard. Il est vrai que peut-être le séjour de la prison et le contact des criminels leur sera funeste. Beaucoup de transportés ont commencé par n'encourir que de courtes condamnations pour vagabondage. Mais ce n'est le cas ni pour la généralité, ni pour le plus grand nombre, comme on le verra quand il sera question plus longuement de ces habitués de la prison départementale, à propos de l'emprisonnement en commun[2].

Ainsi, la véritable armée du crime n'est pas, à Paris, ce qu'elle paraissait être d'abord, d'après la statistique. Pour rester dans la vérité, toujours assez triste, et dans le fait assez menaçant, c'est de moitié qu'il faut réduire, au moins, le chiffre primitif.

Dans l'autre camp, l'armée de la loi disciplinée, aguerrie, si elle est moins nombreuse, véritable armée celle-là, veille, toujours prête à l'action. Composée de tout le personnel de la police municipale sous les ordres de son chef, et, par lui, du Préfet de police, elle compte plus de 7,000 agents, inspecteurs, sous-brigadiers, brigadiers, inspecteurs principaux et officiers de paix.

1. 14,246 condamnés à un an et au-dessous sur 21,359 délinquants prévenus et 1,705 acquittés.

2. Chapitre IV.

Des brigades spéciales dites des garnis, des voitures, des recherches, etc., sont affectées aux différents services que ces mots indiquent. Deux de ces brigades sont particulièrement connues et redoutées des filles et des voleurs, celles qui ont dans leurs attributions les mœurs et la sûreté. Le service des mœurs, organisé au triple point de vue sanitaire, administratif et actif, veille à l'observation des règlements de police, au dispensaire par les visites, dans les bureaux par l'inscription, dans les lieux publics par les rapports de ses agents [1]. La sûreté, avec un personnel relativement peu nombreux, moins de deux cents personnes, tient en échec la troupe nombreuse, méfiante et rusée des malfaiteurs. Ses agents procèdent sans costume qui les distingue, sans armes, munis seulement, quand c'est nécessaire, d'un lien solide ou *cabriolet*, à l'exécution des mandats d'amener. Précaution nécessaire, véritable service rendu aux inculpés ! Ils leur épargnent le scandale et la honte, dans la maison où ils sont connus, d'une arrestation publique.

Tous les autres agents, c'est-à-dire tous ceux qui n'appartiennent ni aux brigades centrales, ni à l'une quelconque de ces brigades spéciales, les trois quarts environ du personnel, sont employés au service des vingt arrondissements de Paris. Chaque quartier se

1. Voyez chapitre II, 3me partie, Saint-Lazare.

divise pour eux en îlots sur l'étendue desquels, seuls le jour, et la nuit deux à deux, ils exercent leur surveillance.

Tels sont, sur la moralité de la population de Paris, sur les malfaiteurs et sur la police, les renseignements certains que peut donner la statistique.

Trente-quatre mille individus arrêtés, c'est à peu près le nombre des arrestations au cours d'une année entière, c'est-à-dire le roulement annuel des prisons de la Seine. Pouvant contenir 7,000 détenus en même temps, elles n'atteignent guère ce chiffre, si ce n'est dans certains moments de crise politique. La population moyenne est de 4,000 à 6,500. Le nombre de 6,000 présents est habituellement atteint.

II

AU POSTE.

Un violon est annexé aux postes de police, dans les différents quartiers de Paris.

Les personnes arrêtées à domicile sur présentation d'un mandat d'amener ou appelées à comparaître devant le juge d'instruction et retenues après un interrogatoire, sont conduites, soit au Dépôt, soit même directement à Mazas. Mais un mandat n'est pas nécessaire aux agents, en cas de flagrant délit. Ils conduisent le délinquant au poste le plus voisin. C'est quelquefois un innocent qu'on a dû arrêter sur des apparences, mais qui sera bientôt relaxé. Ce peut être également une personne honnête passagèrement sans travail et sans abri.

Le violon, c'est, derrière le poste, souvent installé

dans une boutique louée, un petit local, étroit, insuffisant [1]. Là, sur le banc de bois, adossés au mur, peuvent se rencontrer, dans un compartiment des hommes et dans l'autre des femmes de tout âge, les habitués du lieu avec les nouveaux venus. Quelles déplorables confidences, quel funeste enseignement ces derniers pourront recevoir ! Et cela, au moment où l'humanité, la religion vont faire un devoir à la société de chercher par tous les moyens à les détourner de la mauvaise voie dans laquelle ils viennent de s'engager.

Supposez qu'un malheureux en état d'ivresse et un homme violent dont les agents n'ont pu se rendre maîtres qu'après une lutte sanglante, se rencontrent en ce lieu. Quelle scène! Le sang coule, puis se sèche sur le visage du forcené qui épuise le répertoire le plus riche de propos grossiers et d'injures. Le lieu s'emplit, par une suite naturelle des excès récents de l'ivrogne et une réaction prévue de la nature, d'une insupportable puanteur. Peut-il être utile à quelque point de vue, d'exposer à une telle scène celui qu'une fâcheuse circonstance, une faute, ou même un véritable délit, auront conduit là pour la première fois, et de lui en faire supporter le dégoût, le supplice ?

1. 2 mètres 50 de longueur sur 1 mètre 50 de largeur, cela se voit à Paris.

La nécessité d'une transformation prochaine des postes et violons est évidente [1].

Mais ce changement est tout matériel. L'autre progrès nécessaire sera plutôt moral, puisque c'est aux personnes qu'il faut le demander. Il doit s'accomplir dans les rapports toujours difficiles des agents avec les individus arrêtés.

L'agent de police a une tâche parfois ingrate, c'est incontestable. Il n'oserait plus agir, s'il craignait d'être repris pour avoir fait énergiquement son devoir. Sans doute. Mais faut-il renoncer pour cela à le renseigner et à l'éclairer ?

Il peut arriver qu'un individu résiste aux agents qui l'arrêtent. Résistance aussi vaine que dangereuse, mais dangereuse surtout pour lui ! Reçoit-il des coups qui laissent une trace profonde ? Lui seul a tort. C'est sa faute, il est vrai. Mais que l'agent, même alors, se souvienne de la modération qu'exigent son service et son devoir ! Il est facile, lorsqu'on a quelque habitude du métier, de ne pas confondre les injures, la rébellion plus apparente que réelle d'un homme sans instruction, avec la résistance acharnée qu'une bande ou un seul individu prêt à tout pour éviter d'être conduit en prison, se décident quelquefois à opposer.

Évitons d'exciter la haine trop facile d'un malheu-

1. Rapport de M. Bournat, Enquête parlementaire, t. III.

reux que nous voudrions ramener au bien. Si des aliments lui étaient distribués trop tard, par suite de la lenteur des premières formalités, si quelque long trajet, d'un poste à l'autre, pendant la mauvaise saison, avec ses souliers presque sans semelles, lui était imposé, il ne manquerait pas de croire à une persécution. Il n'est pas intéressant peut-être, mais c'est à la justice qu'il appartient de le punir.

Ainsi, la prison moderne quelle qu'elle soit, du poste à la maison centrale, doit être propre. Ainsi, ce n'est jamais l'agent, c'est le magistrat seul qui doit infliger le châtiment, et qui doit l'infliger autant pour corriger que pour intimider.

III

LE DÉPOT DE LA PRÉFECTURE DE POLICE

Le Dépôt n'est qu'un violon central.

Un commissaire de police a commencé par interroger l'individu conduit au poste. S'il le retient, il doit l'envoyer au dépôt. Trois fois par jour les voitures cellulaires reçoivent les individus gardés dans les violons et les transportent à la Préfecture. C'est dire qu'on ne reçoit guère ainsi que les prévenus de vol ordinaire, vagabondage, rébellion, etc. Les autres délinquants et les criminels, après avoir été arrêtés, sont amenés isolément.

Là, l'information sommaire qui doit nécessairement avoir lieu pour que des innocents ne soient pas envoyés à la maison d'arrêt, se poursuit. Là aussi doit être subi l'interrogatoire que le Code d'instruction criminelle impose, dans les vingt-quatre heures au plus tard, au juge d'instruction qui a décerné un mandat d'amener[1]. Là doit être délivré le mandat de dépôt sans lequel nul gardien ne peut recevoir aucune personne à peine d'être poursuivi et puni comme coupable de détention arbitraire[2].

Ce n'est pas encore la détention préventive. Mais, depuis le moment de l'arrestation, tout doit avoir, pour l'avenir, une influence bonne ou mauvaise.

A l'entrée, le long du quai de l'Horloge, sont installés les bureaux de *la Permanence*. Là s'arrêtent les nouveaux venus. Un inspecteur principal de la police municipale reçoit les pièces qui les concernent et prend connaissance du procès-verbal. Ils traversent alors la cour, et présentent, pour entrer au dépôt où ils vont se tenir à la disposition du préfet de police et du procureur de la République, un bulletin sommaire, contenant leurs nom, prénoms, âge et lieu de naissance, et la mention du fait qui leur est reproché. Les autres papiers, contenant un commencement d'information, sont transmis à un bureau spécial de la Préfecture.

Lorsque, la porte ouverte, on se trouve dans la haute et large salle des Pas-Perdus, le Dépôt de la préfecture de police n'a pas la triste apparence des violons de quartier. On sent, quoique la répression

1. Article 93.

2. Instruction criminelle, article 609.

proprement dite n'ait pas encore commencé, que des temps nouveaux sont venus pour les prisons. On observe ici, on trouve déjà, une certaine recherche dans les dispositions adoptées qui fait pressentir l'ordre et la propreté de Mazas, de la Santé.

Presque tout est neuf.

Les vieilles erreurs en fait de systèmes pénitentiaires, ou plutôt, l'absence de tout système telle qu'on peut l'observer encore dans certaines vieilles prisons de Paris, n'ont pas laissé de traces profondes en ce lieu. Ce n'est pas, en effet, en rendant les prisons infectes, inhabitables, qu'on peut disposer les coupables à l'amendement. Au dépôt, où sont amenés presque tous ceux qu'on arrête, s'achève, c'est certain, une première étape dans la voie douloureuse. On est heureux de trouver affirmée, manifestée aux yeux pour ainsi dire dès le premier pas par la pierre et le bois, la nouvelle et généreuse pensée touchant les criminels et les coupables ; non l'horreur, l'abandon et le dégoût, mais la pitié, le souci pour ces membres de la famille humaine dont plusieurs ne sont qu'égarés, et le dessein, même au prix de sérieux sacrifices pécuniaires faits par la société, de favoriser leur relèvement.

Les femmes ont pour elles la partie des bâtiments placée à gauche, en entrant. La droite est réservée aux hommes. Distinction purement administrative ! L'étude du détenu et le jugement ne permettront que plus tard d'établir quelque différence, et de séparer les boucs des brebis.

Tous les nouveaux venus qui ne sont pas des habitués du lieu, sont appelés auprès du Directeur dans son cabinet. L'homme accidentellement réduit à la misère, sans asile, mais non pas sans honneur; l'auteur d'un délit qui se repent déjà amèrement et va s'abandonner au désespoir, parce qu'il ne peut s'habituer à la pensée d'une faute et d'un châtiment que son imagination, son remords, exagère encore; l'infortuné qui a commis un homicide par imprudence, peut-être dans sa maison et sur l'un des siens; tous ces malheureux ont besoin qu'une personne bienveillante, autorisée, les ramène au sang-froid et leur parle avec douceur. Quant aux vrais malfaiteurs inquiets mais non troublés, leur état n'exige dans ce moment-là ni ces ménagements, ni ces consolations.

La promiscuité si fatale à plusieurs, si souvent signalée et si longtemps en vain comme le plus grand danger pour les détenus qu'il serait possible de ramener au bien, n'est pas encore évitée, c'est certain. Mais on a recours, n'ayant pas l'isolement, à un système de séparation par catégories.

La vaste salle *des blouses*, supportée par deux énormes piliers comme on n'en voit guère que dans les cloîtres ou sous la voûte des vieilles églises, reçoit la nuit, et le jour même, quand il pleut, la majeure partie de cette population de passage. Des lits de camp sont disposés le long des murs dans toute l'étendue de la salle. Sur une étagère, placée à hauteur d'homme au-dessus des lits, s'entassent les paquets et les vêtements. Chaque matin les matelas, sur lesquels tâchent de dormir les hôtes du lieu, sont enlevés et des employés lavent toute la pièce à l'eau phéniquée.

La salle *des paletots*, plus étroite, est séparée de la première par une épaisse cloison. Elle reçoit ceux des individus arrêtés qui se distinguent des autres par un soin plus visible de leur personne.

Si le temps le permet, on passe la journée au préau. Ici, dans les cours ou préaux, les séparations qu'il est facile d'établir par un simple mur de clôture, sont plus nombreuses encore. Les vieillards et les infirmes qui pourraient être frappés ou tourmentés par de turbulents voisins, sont mis à part. Les jeunes gens également. De plus, des cellules entièrement séparées, reçoivent, parmi les personnes arrêtées, celles dont l'état, les besoins, l'honnêteté relative, paraissent réclamer l'application de ce système ou mériter cette faveur.

Les mêmes excellentes dispositions et le même classement intelligent se retrouvent dans le quartier des femmes. Elles sont placées sous la direction des sœurs de Marie-Joseph.

Il faut bien le dire, les filles publiques et les

insoumises, destinées également à être envoyées après examen, non en prison, mais au dispensaire, puis à l'infirmerie de Saint-Lazare, sont en majorité dans ce quartier. Une distinction ou une catégorie de plus s'imposait donc dans la distribution des logements qui leur sont réservés. Des deux grandes salles communes qui se trouvent dans leur quartier comme dans celui des hommes, l'une est destinée spécialement à recevoir les prostituées.

Enfin, ceux qu'il importe surtout de tenir éloignés des habitués de la prison, les jeunes détenus des deux sexes, sont mis dans les cellules disponibles. Mais il faudrait encore en construire de nouvelles, prévoir le cas où les enfants arrêtés sont trop nombreux. Il est toujours mauvais de réunir ces enfants-là, même dans des dortoirs attentivement surveillés.

Voici quelques lignes empruntées à une description du Dépôt en 1831 : « Sur le lit de camp,... une » couverture commune abrite du froid les prison- » niers. On y a douze heures de contact immédiat » pour gagner la gale et les autres espèces de ver- » mine et pour être témoin de choses que la plume » se refuse à tracer... Dans le coin de la salle, un » gogueneau immonde et un balai de basse-cour. » Chacun à son tour est tenu d'aller vider le vase » et de balayer la salle [1]. » Quel Dépôt... d'ordures !

1 RASPAIL. *Lettres sur les prisons de Paris.* 1839.

La comparaison suffit. Elle est instructive et permet de constater d'immenses progrès.

Cependant tout n'est pas fait encore. Il serait bien nécessaire d'avoir plus d'espace et de jour.

Plus de jour d'abord. Il y a des parties sombres à l'intérieur, un double inconvénient, l'obscurité et le voisinage trop prochain de la Seine, dans ces sous-sols du Palais de Justice.

Plus d'espace surtout, et c'est sur ce point qu'il faut insister, parce que la vie en commun des prisonniers, comme on le verra bientôt, est le plus sérieux obstacle à leur régénération. La population du dépôt est toujours de 400 personnes au moins. Et quel est le nombre des cellules? 200, dont le quart est absorbé par les différents services !

Un jeune homme, un étranger, par exemple, sans argent et sans domicile, sachant à peine quelques mots de français, vient d'arriver dans l'une des salles du dépôt. Il est comique sans le vouloir, un niais qui se croit rusé, le Pierrot de l'ancien théâtre. Les habitués du lieu ne laisseront pas échapper cette occasion de s'amuser.

On lui vole, ou on fait semblant de lui voler son pain. Injures ! Cris !

Le prévôt de la salle accourt, avec le surveillant.

— Quelle est la cause de ce tapage?

L'étranger fait comprendre qu'on lui a pris son pain.

— Mensonge! vocifère le chœur des habitués. C'est notre pain qu'il cherchait, au contraire, à voler.

Tel est, nul ne l'ignore, le procédé habituel de certains escrocs et pick-pockets qui crient les premiers « au voleur! » si quelqu'un s'aperçoit qu'un objet a été soustrait.

L'étranger ne peut répondre.

Troublé, ne sachant pas que le vagabondage est un délit, ne comprenant rien ni à son arrestation, ni à ce qui se passe, il commence à ne plus savoir ce qu'on veut dire quand on lui parle de justice.

Ou bien, sa colère éclate : il frappe autour de lui, exaspéré.... Voilà une vilaine affaire.

Ne valait-il pas mieux, pour lui et pour les autres, qu'il fût mis en cellule?

Certaines scènes nocturnes produisent et laissent la même impression.

Il n'est pas possible de s'isoler dans quelque partie de la salle. Deux matelas doivent nécessairement servir pour quatre personnes. C'est la règle. L'homme arrêté ne dort guère. Il a trop de soucis, de chagrin. Et d'ailleurs, le moyen de dormir tranquille, quand on voit étendu là, assez près pour vous toucher, quelqu'un qui parait malade, quelqu'un qui semble tourmenté d'incessantes démangeaisons?

Supposez qu'un voisin se lève, enflamme une allumette et soumette le coin de matelas sur lequel sa tête repose à une inspection dont il n'est pas difficile de comprendre le motif. Les craintes de chacun sont alors confirmées. On n'essaiera plus même de dormir. On prendra le parti d'attendre le jour, avec toute la résignation rendue nécessaire par l'ennui, le malaise et le dégoût.

Sans doute, la séparation serait déjà établie si elle était matériellement possible dans l'espace trop limité dont la Préfecture dispose auprès du Palais de justice et dans certaines parties mêmes du Palais.

La concentration de services très divers dans le même lieu est un obstacle aussi. Le Dépôt n'est pas seulement un lieu de passage, comme une salle d'attente à l'entrée de la maison d'arrêt, c'est encore une institution de prévoyance.

Là, sont ramenés, à l'heure de la libération, les étrangers qu'un arrêté d'expulsion, pris par le Préfet de police, va rejeter à la frontière.

Là, les vagabonds, qui viennent des départements ou d'un pays voisin du nôtre, le voyageur sans pain et sans asile, l'enfant perdu ou abandonné, les aliénés, les malheureux qui ont tenté de se délivrer du fardeau de la vie, trouvent, ou du pain, ou les premiers soins, ou, au moins, un premier abri.

Près du quai, quelques cellules sont réservées à l'Assistance publique. Chaque matin, des infortunés, les uns atteints de paralysie, les autres fous, épileptiques, alcoolisés, viennent attendre l'inspection médicale, pour être conduits ensuite à Sainte-Anne, à la Salpêtrière ou à Bicêtre. C'est le début de la maladie. L'accès qui se déclare exigera parfois, ici, comme dans les quartiers de ces hôpitaux où le service est le plus pénible, une surveillance de tous les instants, l'usage de la camisole de force qui tient le démon intérieur dompté, dans la toile et sous la courroie. D'autres fois, mais plus rarement, vous n'observerez plus en passant tout près du guichet des cellules, sur quelque figure de femme, qu'un sourire enfantin, une folie douce qui ne fait plus souffrir et ne laisse pas même à de longs intervalles la conscience d'un tel état.

Quels maux ! Quelle misère ! Quoique l'ordre, un ordre extrême, règne partout, le prisonnier va s'éloigner sans regret de ce milieu. « Enfin ! » — dit plus d'une fois le prévenu, avec un soupir de soulagement, lorsqu'il entre dans sa cellule de Mazas.

CHAPITRE II

DÉTENTION PRÉVENTIVE

I. — LA PETITE-ROQUETTE
II. — MAZAS
III. — SAINT-LAZARE

CAUSES DU MAL

I.

LA PETITE-ROQUETTE

CAUSES DU MAL. — LA PRISON DES JEUNES DÉTENUS. — LE CODE PÉNAL ET LA LOI DE 1850. — PROTECTION PRÉVENTIVE AUX ABANDONNÉS — PORTRAITS DE JEUNES DÉTENUS. — CE QU'ILS DEVIENNENT.

§ I.

CAUSES DU MAL.

En sortant du Dépôt de la Préfecture, les hommes sont conduits à Mazas, les femmes à Saint-Lazare. Les mineurs de seize ans, de leur côté, vont à la Petite-Roquette.

Accompagnons d'abord ces derniers jusque-là. Beaucoup de fautes et d'égarements s'expliquent par une enfance malheureuse, et le vice n'attend pas plus que la vertu, le nombre des années.

2

On peut établir trois catégories de détenus : les malfaiteurs d'instinct, d'habitude, ou d'occasion.

Les premiers se décident sans peine à commettre leurs délits ou leurs crimes. Ils n'ont pas de remords. Ils savent que leur conduite est répréhensible. Mais souvent ils sont convaincus que tout le monde est mauvais et que les honnêtes gens, dans la société, quelques niais mis à part, sont simplement des hypocrites plus heureux ou plus habiles qu'eux.

Les malfaiteurs d'habitude vivent dans la paresse et le désordre. Il est difficile de les distinguer des premiers, et de décider si c'est l'instinct seul, ou si c'est, au milieu des repris de justice qu'ils fréquentent, le dénûment habituel, le besoin qui les a poussés. Mais ce qui frappe tout de suite et permet de les reconnaître, c'est qu'ils ne font pas le mal de parti pris et ne s'applaudissent point de l'avoir fait. On sent qu'ils pourraient encore se corriger.

Les autres, plus nombreux, n'ont fait que profiter de l'occasion : par faiblesse ; parce qu'ils ont cru à une fatalité qui rendait leur chute inévitable ; parce que la tentation, dans telle circonstance donnée, a été trop forte pour eux ; parce qu'ils ont perdu dans l'infortune le goût d'une vie honnête et régulière ; parce que leur éducation a été nulle, incomplète ou mal dirigée. On ne les sauvera pas tous. Mais les sociétés charitables peuvent concevoir l'espérance de réparer en partie le mal déjà fait et de prévenir une rechute en les plaçant dans de nouvelles ou meilleures conditions d'existence.

C'est le tort des personnes qui sont tout à fait sceptiques en matière de réformes pénitentiaires, de n'admettre qu'une seule catégorie, celle des incorrigibles. Il est vrai que le voleur, l'assassin, le faussaire, qui ont cela « dans le sang » selon l'expression populaire, ne réussissent guère à se transformer. Molière, Regnard, qui connaissaient l'homme et savaient signaler ses défauts, ses vices, sinon ses crimes, ne s'avisent pas de corriger Tartuffe ou le Joueur à la fin de la comédie. On n'a guère essayé, dans le théâtre classique, de corriger qu'une coquette, et c'est l'erreur, non pas d'un maître, mais d'un poète médiocre. Ce qu'on peut dire instinctif, né avec nous, ce qui tient au caractère se cache, se déguise, s'atténue, sans disparaître.

Mais il doit en être autrement, si le joueur, au lieu de se livrer à son défaut avec passion, ne joue que pour vivre ou même par habitude, si la coquette n'a accepté son rôle que dans un certain milieu donné, par caprice, ou par dépit.

Il y a donc des natures faibles qu'un sévère avertissement peut détourner de la mauvaise voie, des délinquants qu'on peut empêcher de devenir des malfaiteurs.

Cela compris, la raison indique qu'il faut, au lieu d'attendre la chute, essayer de la prévenir, donner à temps l'éducation, surveiller l'arbuste flexible, plus facile à diriger dans son développement que l'arbre déjà fort.

C'est toujours l'enfant que les sociétés de patronage ou les particuliers veulent protéger le premier.

A Paris, comme à Londres et à New-York, on trouve un grand nombre d'enfants abandonnés ou vagabonds [1]. Ils n'ont pas de domicile. Dans les rues, ils tiennent parfois à la main quelque objet qu'ils ont l'air de vendre pour n'être pas arrêtés comme mendiants. Le soir, à la porte des théâtres et des baraques, ils demandent à ceux qui sortent leur contremarque. Le spectacle fini et les portes fermées, ils se dirigent vers leur retraite habituelle, à l'abri ou en plein air, sous l'échafaudage d'une maison en construction, dans une cave, dans un égout, dans un four, dans une allée, sur un banc.

Dix mille enfants, chaque année, sont gardés en France dans des établissements pénitentiaires publics ou privés. A Paris seulement, ceux qui vivent tout à fait hors de la famille sont en pareil nombre, sans parler des orphelins pauvres, des enfants trouvés ou abandonnés qui restent jusqu'à douze ans, soit à l'hôpital, soit à la campagne, chez des paysans ou des artisans, à la charge de l'Assistance publique [2].

1 Appelés à Londres : *les Petits Arabes*.
2. Décret du 19 janvier 1811.

Qu'ils soient bientôt arrêtés, pour vagabondage, pour mendicité, pour de légers délits, après avoir adopté ce genre de vie, c'est ce que l'on comprend sans peine. Quelques-uns sont mis en liberté sans jugement ; les autres, au nombre de près de deux mille par année, sont retenus en prison et doivent être jugés.

Le mal est grand, et il faut avouer qu'il est dû à des causes nombreuses et diverses, mauvais conseils, mauvais exemples, tentations, le second mari de la mère ou la seconde femme du père, paresse, passions éveillées trop tôt, besoin immodéré d'indépendance, etc.....

Ces causes, malgré la diversité apparente, peuvent être ramenées à deux : l'indignité ou l'incapacité des parents et l'instinct du mal. Ajoutons la corruption par le contact, dans la prison même, qui fait des progrès à chaque nouveau séjour et rend les récidives très fréquentes.

La faute des parents d'abord.

Un inspecteur des prisons a eu la patience de consulter jusqu'à 1200 dossiers d'enfants arrêtés[1]. Il a constaté que plus de 900 d'entre eux avaient été privés du bienfait de l'éducation dans une famille honnête. Ils étaient orphelins de père ou de mère, issus de parents séparés, condamnés ou absents.

1. Paul Bucquet. *Tableau de la situation morale et matérielle en France des jeunes détenus et libérés, etc.*

Quelquefois, ce n'est pas la faute, c'est l'absence complète des parents qu'il faut dire. Ce groupe d'orphelins, le poète l'a vu :

Oui, sans père ni mère ! et pas même un grenier,
Pas d'abri ; tous pieds-nus, excepté le dernier
Qui traînait, pauvre amour, sous son pied qui chancelle
De vieux souliers trop grands noués d'une ficelle.
. . . .
Leurs mains rouges étaient roses quand Dieu les fit [1].

Et ceux-là, ce n'est pas, en effet, l'indignation qu'ils méritent, c'est l'intérêt des Sociétés de bienfaisance, c'est le secours des gens de bien, en même temps que la pitié du poète.

La seconde cause, fréquente aussi, bien qu'il s'agisse d'enfants qu'on voudrait juger avec indulgence, c'est le vice à l'état d'instinct et de disposition naturelle.

Est-ce admissible ?

Dans toute question pénitentiaire, on trouve toujours deux avis, deux opinions contraires exprimées avec une égale énergie, l'éternel conflit de la peur et de la philanthropie.

Ici, le philanthrope répondrait : non.

Mais que dira son contradicteur ? Il avouera que, pour lui, la plupart des jeunes détenus sont en effet de véritables possédés, capables de tout, physiquement même.

1. Victor Hugo. *Les Rayons et les Ombres.*

Une dame visitait la colonie pénitentiaire[1]. Le directeur l'accompagnait. Tout à coup elle aperçoit un jeune enfant de mauvaise mine :

— Et ce brigand-là, je suis sûre qu'il a commis quelque crime abominable ?

— Il a, tout seul, arrêté une diligence ! répond sans rire le directeur.

Et la dame s'éloigne en frémissant.

Voilà la peur.

Ce qui est vrai, c'est qu'après avoir reconnu la funeste influence du milieu, de certains quartiers, de certaines familles, il ne faut pas nier les dispositions criminelles. La statistique donne, pour une seule année, 1878, les renseignements suivants sur les crimes ou délits commis par des enfants âgés de 9 à 16 ans : 2 poursuites pour faux, 10 pour vols accompagnés de circonstances aggravantes, 21 pour incendie, 230 pour coups et blessures, 2,964 pour vols simples, etc.... Les journaux ont souvent à signaler quelque nouveau crime, quelque délit grave en ce genre, coups dangereux, incendie ou assassinat[2].

Une dernière cause générale de l'emprisonnement des enfants, au point de vue surtout des rechutes et

1. Jules de Lamarque. *Des colonies pénitentiaires et du patronage des jeunes libérés.*

2. Le crime d'Eugène Ollivier, rue Nollet, aux Batignolles, commis sur une dame âgée, sa parente, en 1879, est l'un des plus connus et des plus récents.

de la récidive, c'est la corruption par le contact ou le simple voisinage, dans la prison même. Il est donc certain que toute mesure prise pour donner l'assistance aux mineurs de seize ans, malheureux, vagabonds ou abandonnés, devra être, autant que possible, préventive.

Il est facile d'imaginer quels propos peuvent être tenus par les mauvais sujets, dans les cours, à la récréation, ou même dans l'école, les lieux de travail et de réunion d'une colonie pénitentiaire. Un hypocrite, à la sérieuse amélioration duquel on a l'imprudence d'ajouter foi, sera précisément celui qui contribue dans la plus large mesure à la démoralisation de ses camarades.

Dans la colonie de Z......, un jeune homme de dix-sept ans, admis dans l'appartement du directeur et occupé chaque jour à l'office, écoutait les conversations des domestiques sur monsieur, sur madame; puis, il se hâtait, son travail fini, d'aller répéter chaque nouvelle histoire à ses camarades, mais une histoire embellie, enrichie de commentaires dus à sa brillante imagination. Le vol, l'adultère étaient, à l'entendre, les moindres défauts des personnes qui avaient quelque autorité, quelque emploi dans la maison. Que devenaient ceux qui l'avaient écouté ? Il le dit lui-même. Ils n'avaient plus qu'une soumission extérieure, sans désir du bien et sans véritable respect.

Les communications ne tardent pas à s'établir, même dans les maisons où, comme à la Petite-Roquette, les jeunes détenus sont placés dans des cellules séparées.

Ils réussissent à s'apercevoir, à l'école, à la promenade. Ils parlent à travers la cloison, malgré les surveillants. Ils ont certaines façons de frapper au mur qui veulent dire quelque chose. Ils se rencontrent au Palais lorsqu'ils y sont conduits pour le jugement. Ils s'écrivent, et tantôt ils laissent tomber la lettre dans les couloirs quand ils courent l'un derrière l'autre pour se rendre à la promenade, tantôt la glissent doucement sous la porte du voisin. Signé « Cartouche » écrit parfois l'auteur au bas de l'épître. Et toujours, quelque vicieux qu'il soit, il affecte plus de scélératesse qu'il n'en a réellement. Quel milieu, pour l'enfant qui n'est que vagabond, mendiant ou abandonné, par suite de la négligence ou de la mauvaise conduite de ses parents !

§ II.

LA PRISON DES JEUNES DÉTENUS

Le mineur de seize ans arrive à la Petite-Roquette après un séjour nécessairement très court au dépôt.

Ce luxe de grilles doublant les lourdes portes de chêne qu'on remarque dans les prisons d'hommes où l'Administration doit toujours prévoir un effort subit, une révolte des prisonniers [1], ne se retrouve pas dans la prison des jeunes détenus. L'exaspération des captifs n'est pas à craindre, et tout le personnel d'ailleurs, du directeur à l'employé au greffe, du brigadier aux surveillants, comprenant l'utilité d'une bienveillance, d'une douceur recommandée qui n'exclut pas la fermeté, se montre volontiers disposé à l'indulgence.

Les premières formalités remplies, au greffe, tout près de la petite porte d'entrée qu'on aperçoit du dehors, l'enfant traverse la première cour. Il prend un bain, se fait couper les cheveux, reçoit, au lieu des habits qu'il portait, le costume de la prison et se soumet à l'examen médical. Puis, il monte, pour se rendre à sa cellule, au premier ou au deuxième étage de l'une des six divisions. Les petites fenêtres grillées que les passants aperçoivent en suivant l'avenue, éclairent ces étages, ces galeries, non les cellules mêmes. Au centre, une communication existe, par des bâtiments intérieurs, entre la chapelle et toutes les divisions.

Un lit, une table, un banc, une étagère, un carton suspendu portant le numéro d'écrou, l'eau

1. Comme à Nice, une dernière fois, en 1879.

dans un pot de terre, une porte et une fenêtre entre deux cloisons rapprochées, voilà la cellule. Point de siège d'aisances : c'est sain, sans doute, mais bien incommode.

Le costume des jeunes détenus est tout à fait semblable à celui des adultes dans les diverses prisons de Paris. On ne leur laisse pas, comme à Mazas, leurs habits pendant la prévention. Un béret, une cravate, une chemise de forte toile, une courte veste d'étoffe grossière avec le gilet et le pantalon pareils, un mouchoir à carreaux, des sabots : c'est le trousseau complet. Ce n'est pas beau, ce n'est pas fin, mais c'est propre. On ose s'approcher de l'enfant et avoir un entretien avec lui.

Au petit vagabond, si malheureux dehors, souffrant du froid, de la faim, la Petite-Roquette offre un asile, des aliments, un bon lit. Un bon lit, quel bienfait ! Il s'étendait, la nuit, sur des bancs, dans le fossé des fortifications, pour dormir. Enfin, il s'est rendu lui-même au Poste, une nuit, pour voir un peu de feu, grelottant, les pieds gonflés, épuisé de fatigue et mourant de faim.

Il a son lit, à présent, Les premières nuits, il ne fait qu'un long somme. Pendant quelque temps, il jouira de ce bien-être. Il en jouira trop même, à son gré, si le temps est venu des jours si courts, des soirées sans lumière, des nuits si longues de l'hiver.

Ce qui calme le jeune détenu, ce qui lui rend vite sa sérénité habituelle, c'est qu'il n'est pas, comme l'homme arrêté, couvert de honte, accablé de son malheur ou humilié de sa maladresse, irrité contre les autres et contre lui-même. La première émotion passée, il attend, il espère. Obligé de travailler, il se met à l'ouvrage avec la résignation facile des enfants; les insoumis contre lesquels il est nécessaire de recourir aux punitions et au cachot, sont, en effet, en petit nombre. Il sent bien que son âge le protège et que vous allez vite le prendre en pitié, s'il n'a pas abusé déjà de vos bonnes dispositions à son égard. Jusqu'à dix ans, on lui donne une place dans l'infirmerie que les malades assez peu nombreux ne pourraient remplir, et la porte de sa cellule reste ouverte. Pour lui, la justice elle-même hésite à se montrer sévère. Les magistrats le rendent sans peine à sa famille et ne prennent souvent le parti de le garder que dans son intérêt, s'il n'est pas réclamé.

On a cru que l'enfant était très malheureux en prison, bien moins capable que l'homme de supporter la cellule. C'est une erreur. Pourvu que son emprisonnement n'ait qu'une durée moyenne, il le supportera mieux.

Il n'est pas entièrement privé de distractions.

Il travaille, dans la cellule, depuis son lever jusqu'à l'heure où se fait la distribution de la soupe.

Puis, il va passer l'heure de la récréation dans des préaux qui séparent, des deux côtés de l'immense maison, le chemin de ronde du mur extérieur. Tant que dure la promenade, le surveillant enfermé dans un cabinet vitré qui sert d'observatoire, suit d'un œil attentif ses jeux et ses mouvements.

Au préau, ce n'est point par le jeu, ainsi qu'on pourrait le croire, que l'enfant commence. Il n'a pas encore été question, dans l'énumération des objets composant le mobilier, de tables ou de simples planches de toilette. C'est qu'il n'y en a pas. L'eau est en bas. Comme à la guerre il faut se laver en plein air.

Il faut que l'enfant se remue. Ceux qui voulaient courir avaient déjà des cerceaux à leur disposition. Mais l'administration qui cherchait le moyen de les distraire, a eu naguère l'heureuse inspiration de leur apprendre les premiers mouvements de l'exercice des soldats. Le sergent instructeur est bientôt trouvé, la plupart des surveillants étant revenus du service. On peut les entendre aujourd'hui compter vivement et crier à plein gosier : « Une, deux ! — Un, deux, trois » !

En rentrant dans sa cellule, le jeune détenu se remet au travail, boutons, boîtes, bourses, clous, fleurs artificielles, etc... Pour n'être pas forcé de le surveiller sans cesse, le contremaître lui indique un minimum de travail, raisonnablement fixé, qu'il doit avoir fait, à la fin de sa journée.

La tâche imposée ne suffit pas à ceux qui sont adroits et laborieux. Ils font deux ou trois fois plus d'ouvrage que les autres. Pourquoi? Pour gagner de l'argent. Ils veulent avoir des économies au jour de la sortie, du voyage, quand ils seront conduits pour y rester jusqu'à vingt ans dans une colonie pénitentiaire. Les surveillants, pour dix centimes, leur vendent quelques brochures empruntées à la Bibliothèque utile, des modèles de dessin, un cahier de papier à lettre pour correspondre avec leurs parents. C'est le fruit du travail! Le contremaître ne manquera pas de dire, en payant, au bout des dix jours réglementaires : « Voilà ce que tu as gagné »! Si l'aumônier arrive sur ces entrefaites, il profitera de l'occasion, non seulement pour donner à l'intéressant prisonnier la notion, mais pour lui inspirer le désir et lui recommander au moins le respect de la propriété.

Il s'instruit. Le temps de la captivité peut être pour lui, véritablement, un temps d'instruction et de progrès. Il reçoit des leçons à l'école, et dans l'intervalle des heures de travail, le gardien devient pour les pensionnaires qui sont confiés à sa garde, comme un vrai surveillant d'institution ou de collège qui exige que les devoirs soient faits à temps et avec soin.

La matinée du dimanche est consacrée au culte.

L'après-midi, nouvel exercice. C'est la lecture à haute voix.

Un jeune détenu sachant lire couramment, se place au point central de la division, pour que sa voix puisse s'étendre jusqu'aux dernières cellules. Le livre choisi, c'est Robinson, c'est quelque histoire morale, un récit instructif de découvertes ou de voyages. L'enfant lit à très-haute voix, toujours trop vite, et sans paraître se douter qu'il y ait des points et des virgules. Le premier auditeur venu, placé à une extrémité de la division, ne comprendrait absolument rien à sa lecture. Mais il y a des grâces d'état. Il est certain que les enfants entendent et comprennent. Ils le prouvent, en répétant plus tard, si vous les interrogez, ce qu'ils ont entendu.

Ainsi, le temps s'écoule.

Si l'enfant a une famille, et si sa mère vient le voir, il peut, sans difficulté, supporter une courte détention. La simple prévention ne se prolonge guère au delà de quatre à six semaines pendant lesquelles il profite du travail distribué et des leçons données dans la prison. Le jugement arrive enfin. Tout l'avenir du jeune détenu peut alors dépendre du parti que va prendre à son égard le Tribunal.

§ III

LE CODE PÉNAL ET LA LOI DE 1850

Ce n'est jamais une pièce entière qui se joue dans la prison : c'est un simple acte du drame.

La société ne peut pas se désintéresser de ce qui s'est passé *avant*, parce qu'elle a besoin de connaître les causes de la chute. Elle ne peut pas non plus ignorer ce qui doit se passer *après*, puisque la prison peut lui rendre un homme dangereux, un ennemi. Comment distinguer l'enfant malheureux ou abandonné de l'enfant coupable, et quel parti prendre pour qu'ils ne soient pas confondus dans les mêmes lieux de détention, appelés à vivre de la même vie, souillés du même vice et de la même corruption?

L'intérêt social exige que ces questions soient posées. Ne soyons pas surpris d'attendre encore une claire réponse. On n'abordait pas sans difficulté de tels sujets avant la première République. Ils étaient interdits ou réservés.

L'usage du fouet, l'envoi à Bicêtre ou à la Salpêtrière suffisent à l'ancien régime contre « les vagabonds ou mendiants, fils de bohêmes et d'égyptiens ».

Le temps nécessaire pour réaliser des changements profonds et mettre les faits d'accord avec les principes nouveaux, manque aux hommes de la Révolution. Cependant ils suppriment les peines corporelles. Ils exigent les premiers qu'on pose toujours, quand il s'agit de juger un enfant, la question de discernement [1].

La Restauration se borne à faire cesser le scandale de la réunion des détenus de tout âge [2]. Les enfants commencent même à être reçus dans quelques établissements privés [3].

Au cours des dix années qui suivent la Révolution de 1830, la situation des jeunes détenus jugés en vertu de l'aricle 66 du Code pénal, s'améliore par la mise en apprentissage [4]. L'instruction primaire est donnée à tous les mineurs détenus dans les maisons centrales.

Vers 1839, s'ouvre une nouvelle période heureuse pour eux, d'études et de progrès. MM. de Metz et de Courteilles prennent à Mettray, l'initiative du mouvement colonisateur. Leur exemple est bientôt suivi. Jusqu'en 1850, on travaille partout en même temps à fonder de nouveaux établissements d'éducation correctionnelle et à organiser le patronage des libérés.

1. Lois des 25 septembre et 6 octobre 1791.
2. Rapports à la Société Royale des prisons, de 1824 à 1829.
3. Refuge de la rue des Grès, 1817-1832.
4. Circulaire du 3 décembre 1832.

La loi actuelle vient enfin compléter en les consacrant, ces réformes. C'est la loi du 5 août 1850.

Les lacunes et les imperfections, soit du Code pénal [1] soit de cette loi, sont connues aujourd'hui. Pour les faire disparaître, de nouveaux articles, des projets ou propositions de loi sont déjà prêts [2].

Envoyer dans une maison de correction, selon la lettre de l'article 66, les mineurs de seize ans acquittés comme ayant agi sans discernement, mais retenus jusqu'à vingt ans, c'est vouloir les confondre avec ceux qui ont compris le mal qu'ils faisaient. Il faut donc avoir des établissements distincts : des *maisons de réforme* où l'on s'efforcera d'instruire les premiers, pour leur donner le discernement qui leur a manqué, et des *maisons correctionnelles* où seront conduits ceux dont les actes ont été réellement coupables. Il faut garder les jeunes détenus jusqu'à la majorité, jusqu'à vingt et un ans, non jusqu'à vingt, pour qu'ils ne retombent pas, les filles surtout, sous la puissance de mauvais parents qui seraient les premiers à leur conseiller le mal dans l'espoir d'en profiter. Il faut encore supprimer la disposition si rigoureuse qui soumet les jeunes vagabonds à la surveillance de la haute police jusqu'à

1. Personnes punissables, excusables ou responsables, articles 66 à 69.

2. Rapport de M. Félix Voisin, *Enquête parlementaire* t., VII., et *Bulletin de la Société générale des prisons*, novembre 1879.

vingt ans, si, avant cet âge, ils n'ont pas contracté un engagement régulier, dans les armées de terre ou de mer.

La loi du 5 août 1850 réglait l'éducation et le patronage des jeunes détenus.

Les agriculteurs se plaignaient « du manque de bras » dans les campagnes. Il parut naturel de décider que les enfants conduits dans une colonie pénitentiaire « seraient appliqués à l'agriculture et aux diverses industries qui s'y rattachent ». Pourquoi cette réserve? Pourquoi désigner une profession à laquelle les jeunes détenus devront se consacrer exclusivement? Toutes les filles s'appliquent-elles avec un succès égal aux mêmes travaux? Les jeunes Parisiens consentiront-ils jamais à passer leur vie à la campagne? Les nouveaux projets rédigés permettent avec raison de donner aux jeunes détenus l'éducation industrielle et maritime, aussi bien que l'éducation agricole.

Aux termes de la même loi, les colonies pénitentiaires reçoivent, en même temps que les enfants ayant agi sans discernement et non rendus à leur famille, les condamnés à un emprisonnement de plus de six mois et qui n'excède pas deux ans[1]. Etrange décision! Les enfants, et surtout les enfants détenus auxquels on aurait tort de croire que les distinctions

1. Article 4.

où les nuances échappent, vont faire cette remarque: les plus coupables qui ont fait le mal avec discernement, ne sont retenus qu'un an, deux ans au plus, et nous, au contraire, irresponsables, presque innocents, nous sommes obligés de rester ici jusqu'à la vingtième année. C'est certainement injuste, et ceux qui se plaindraient auraient raison. Il faut n'envoyer dans les colonies pénitentiaires que ceux qui ont agi sans discernement. Tous les autres ayant subi une condamnation de plus de six mois, doivent entrer dans les divers quartiers des maisons correctionnelles.

Enfin, les particuliers devaient avoir le principal rôle dans la création des colonies. Le Ministre pouvait passer avec leurs établissements dûment autorisés des traités pour la garde, l'entretien et l'éducation d'un nombre déterminé de jeunes détenus. A l'expiration d'un délai de cinq années seulement, si tous n'étaient pas placés, l'État devait intervenir et créer à ses frais des colonies publiques. On sait aujourd'hui que les particuliers n'ont souvent tenté l'entreprise que pour s'enrichir. La coexistence d'établissements publics et d'établissements privés est indispensable.

Il suffit, d'ailleurs, de se placer au point de vue de la détention préventive des mineurs, pour signaler les défauts du système actuel et comprendre la nécessité d'importantes modifications.

Pourquoi exiger, par exemple, que l'enfant ait été jugé, pour l'envoyer dans une maison de réforme? Il n'est pas possible, on le sait, d'espérer que certains enfants vicieux, détenus par voie de correction paternelle, seront rendus à leur famille, meilleurs, transformés, après un court emprisonnement dans la maison d'arrêt. Il devrait donc être permis de les mettre immédiatement, sur l'avis conforme du procureur de la République, dans une maison de réforme ou dans une maison correctionnelle.

On aurait tout dit, si, dans les départements, un quartier distinct s'ouvrait pour recevoir en cellules les enfants mis en prison. Mais les lieux de détention où le système de l'isolement est appliqué sont encore les moins nombreux. Qu'on se hâte d'imiter en cela la Petite-Roquette!

La proposition de juger les enfants à huis-clos a même été faite dans le but d'épargner l'ineffaçable impression, la honte de l'audience publique aux mineurs de seize ans qui sont présumés avoir agi sans discernement. N'est-ce pas un peu la *Précaution inutile?* Il est bien tard, après l'arrestation, le commissariat de police, le dépôt, la maison d'arrêt, la voiture cellulaire, après tant d'émotions diverses, pour user de ménagements.

§ IV.

PROTECTION PRÉVENTIVE AUX ABANDONNÉS

Il faudra, certes, faire dans l'intérêt de l'enfance coupable les réformes dont le plan vient d'être exposé. Mais devra-t-on s'en tenir là? Non. Dire que, pour un grand nombre d'enfants, l'entraînement, la chute a des causes morales, l'absence des parents, le dénûment, les mauvais conseils, c'est dire qu'il est juste, non seulement après cette chute, de comprendre et d'avoir pitié, mais encore de chercher par quels moyens il eût été possible de la prévenir.

Nous avons plusieurs fois, en étudiant les questions pénitentiaires, demandé d'utiles renseignements et fait d'heureux emprunts à l'Amérique, à l'Angleterre. Devions-nous, cette fois encore, trouver au dehors, découverte et, bien plus, créée, déjà reconnue bonne, l'institution dont le besoin se faisait sentir en France? Quelques écrivains l'ont pensé. Pour eux, l'asile naturel des jeunes mendiants ou vagabonds, des malheureux qui ne sont pas encore des coupables, c'est l'école industrielle. [1]

Œuvre particulière aux États-Unis, établissement privé, l'École rend des services à raison desquels

1. E. Robin, *Des Écoles industrielles*, 1879.

ceux qui l'ont fondée peuvent recevoir, mais ne reçoivent pas toujours, une subvention du gouvernement. Une même association de charité a des maisons de logement pour les enfants trouvés sans asile, une colonie ou des correspondants à la campagne pour ceux qui choisissent les travaux agricoles, et pour d'autres encore, l'école industrielle où ils reçoivent l'instruction primaire et professionnelle.

Ce n'est pas tout. Une loi spéciale permet d'envoyer dans un asile tout enfant vagabond et paresseux. Condition d'admission : un ordre du magistrat de police ou une demande des parents ou tuteurs. Les parents signent un engagement d'abandon. Avant d'entrer dans l'asile, l'enfant est placé provisoirement dans la maison de réception. Doit-il rester? Il est conduit, évitant ainsi la prison, dans une école industrielle d'un nouveau genre qui se distingue par l'internat de la simple école industrielle de jour. A la sortie, l'agent de placement lui procurera un emploi. Si le magistrat pense, au contraire, qu'il n'est pas indispensable de le retenir, il peut le renvoyer après une détention de vingt jours.

En Angleterre, l'école industrielle tient lieu à la fois de certains établissements pénitentiaires et d'assistance publique. Elle reçoit, malheureusement réunis et confondus, le mendiant, le vagabond, l'orphelin, l'enfant de moins de douze ans auteur d'un fait qui l'expose à l'emprisonnement, mais non condamné pour vol ou pour crime; l'insoumis, le fils d'un condamné. Ici, comme en Amérique, un ordre du magistrat est nécessaire. Mais, qui les conduit au magistrat? Les agents d'une Société spéciale, le policeman, le premier venu. Ils vont tout droit, sans entrer au dépôt, du poste de police à l'école. Cette école appartient à l'État qui prend ainsi sous sa responsabilité l'éducation de l'enfant des rues. De là le droit qu'il s'est réservé, de le garder assez longtemps, et le parti auquel il s'est arrêté d'exiger des parents qui peuvent payer jusqu'à quatre schellings par semaine.

Nous n'avons pas en France ces écoles industrielles. Pourquoi? Parce que toute proposition de charité légale est vivement combattue.

Par malheur, la charité privée est tout à fait insuffisante, et les enfants ne cessent pas d'être abandonnés d'abord par leurs parents, puis arrêtés par la police.

Qui en doute? Ceux qui repoussent systématiquement tout projet de charité légale ne le nient pas. Ils sont opposés à la création d'écoles industrielles, mais ils espèrent atteindre au même but sans cesser d'être fidèles à l'orthodoxie en matière économique, et en employant d'autres moyens.

Les uns s'adresseraient à l'Assistance publique seule. Une large interprétation du décret du 19 janvier 1811 permettrait d'étendre ses secours à un certain nombre d'enfants au-dessus de douze ans. N'est-on pas obligé d'agir suivant l'esprit, non selon la lettre, du décret en faveur de ceux dont le développement est lent, et de subvenir jusqu'à dix-huit ans, vingt ans même, aux besoins de ceux qui sont affligés de quelque infirmité ?

Il suffit de remarquer, pour condamner ce système, qu'un petit nombre de privilégiés, trois cents environ qu'il faudrait choisir, pourraient seuls en profiter [1].

D'autres proposent de s'adresser aux personnes charitables, aux Sociétés de patronage, surtout aux orphelinats [2]. Plus de deux cents orphelinats en France ont des rapports avec l'administration.

Tout enfant ou mineur de seize ans de l'un ou de l'autre sexe, matériellement abandonné et maltraité, serait placé sous la protection de l'autorité par les soins du maire de la commune, sur l'avis conforme du procureur de la République. Si les parents coupables de cet abandon, voulaient réclamer le mineur en vertu d'un droit que la loi leur reconnait, par calcul, aussitôt qu'il pourrait travailler, sans attendre la fin de son éducation, le pourraient-ils ? Non. Ils auraient perdu le droit de garde jusqu'à la majorité.

1. La direction de l'Assistance publique a offert plus récemment d'étendre ses bienfaits aux autres enfants dignes d'intérêt qui pourraient lui être signalés. Ce serait un progrès encore, mais toujours l'exception.

2. Dr Théophile Roussel, *Bulletin de la Société générale des prisons*, janvier 1880. Rapport proposition de loi.

Ce dernier système pourrait être provisoirement adopté.

Quel est, en effet, le danger de la charité légale? Elle favorise la paresse et l'incurie des parents. Avec les *tours*, dans les pays où ils sont établis, augmente le nombre des naissances illégitimes. Des pères et des mères qui ne s'acquittent qu'avec peine de leurs devoirs, abandonneraient de même, et sans scrupule, leurs enfants, s'ils savaient qu'ils doivent être nécessairement recueillis. De plus, l'établir officiellement, c'est admettre le droit à l'assistance, au moins pour les enfants. L'homme sans ouvrage est-il donc moins digne d'intérêt? Non certes; et il est impossible, après avoir reconnu le droit à l'assistance, de ne pas admettre le droit au travail.

L'autre grand obstacle à la création d'écoles industrielles, c'est le prix, la dépense. Mais la difficulté, sans disparaître entièrement, n'est plus aussi grande, si c'est le second projet qui est adopté.

On sait, par l'exemple des orphelinats agricoles, que les enfants recueillis pourront gagner leur vie à partir de treize ans, et à quatorze ou quinze ans, réaliser déjà quelques bénéfices[1]. A seize, dix-sept, dix-huit ans, ils contribueront largement à l'entretien de leurs plus jeunes camarades dont le travail est encore insuffisant. Les fermiers du voisi-

1. M. BONJEAN. Expérience faite à Orgeville (Eure).

nage qui voudraient les faire travailler à la journée, les demandent avec insistance. La moitié de la somme nécessaire serait ainsi fournie par les mineurs secourus eux-mêmes. Au lieu de 30 millions pour environ 100,000 enfants, 10 à 12 millions, chaque année, suffiraient.

Les partisans de ce système ont sans doute encore beaucoup d'illusions à perdre.

Les Sociétés de charité seront-elles assez nombreuses, assez riches, pour venir en aide à tous les abandonnés qu'on leur adressera ? Que penseront les directeurs et les directrices d'orphelinats de l'introduction de ces enfants venant directement de la rue? Est-ce que ces orphelinats, même agricoles, pourront remplacer l'école industrielle où les jeunes gens apprennent des métiers différents ? Enfin, les parents qui ne sont pas sans ressources, se sentiront-ils assez sérieusement menacés par la seule perte de leur droit de garde pour renoncer à leurs projets d'abandon?

Il sera possible de répondre à toutes ces objections quand l'expérience aura été faite. A présent, il faut agir.

Sans doute l'étude et la réflexion sont nécessaires. Mais les lenteurs, la crainte de dépenser un sou, le désir de plaire à tout le monde, les propositions de réforme dérisoires, dans l'examen de ces questions qu'on a eu raison d'appeler « les questions qui menacent », exaspèrent les partisans des mesures radicales.

« Ce n'est pas assez pour le peuple de repousser » les hordes étrangères, écrivait Barrère.... Il faut » encore faire disparaître de la République la » servilité des premiers besoins, l'esclavage de la » misère, etc... ».

Quand le membre d'une assemblée révolutionnaire s'occupe des moyens d'extirper la mendicité et rédige ainsi son rapport, il a raison.

Il faut donc se hâter. Déjà, certains asiles, certaines institutions de bienfaisance, nous ont presque habitués à la charité légale. Avec l'instruction gratuite et obligatoire, de nouveaux sacrifices vont devenir nécessaires pour que les enfants d'indigents puissent fréquenter l'école. Si les partisans des réformes modérées et progressives ne se décident pas et ne savent pas agir, la nécessité imposera quelque jour, en dépit de l'orthodoxie, et sans que le monde finisse, *les Écoles industrielles.*

§ V

PORTRAITS DE JEUNES DÉTENUS

La Petite-Roquette étant à la fois maison d'arrêt pour les mineurs de seize ans et maison d'éducation correctionnelle pour les condamnés à de courtes peines, des types divers s'y trouvent, curieux, étonnants, nombreux, comme ils peuvent l'être à Paris. On passe presque sans transition du meilleur au pire. Une observation minutieuse, approfondie, permet de désigner ceux qu'il serait possible de disputer au vice et au mal.

La nature crée rarement des monstres.

Les héros de quelques faits divers de journaux, effrayants, complets, nés malfaiteurs, pour ainsi dire, ne sont conduits ici que de loin en loin. S'ils sont encore mineurs de seize ans, ils ont presque atteint la limite d'âge. L'autorité les traite alors comme des criminels adultes dont ils ont déjà la brutalité, la scélératesse. Elle leur donne une place, en attendant leur jugement, parmi les surveillés de Mazas.

Il ne faut pas confondre avec l'empoisonneur, l'incendiaire, le meurtrier d'instinct, le vulgaire fanfaron du vice. Pour celui-ci le procès devient une affaire personnelle, une lutte entre la justice et lui. Il triomphe secrètement, s'il a pu provoquer la colère ou l'indignation du juge. Il évite avec soin de se faire envoyer jusqu'à vingt ans dans une colonie pénitentiaire et personne n'oserait dire, lorsqu'il a commis un délit, qu'il a agi sans discernement. Une précoce érudition lui permet de critiquer déjà le Code, et de citer, comme un bon écolier ses classiques, quelques traits de la vie des malfaiteurs célèbres. Il prend lui-même un nom de guerre, et rit, quand il s'aperçoit que son nom, ses projets, ses remarques, tout ce qu'il fait ou ce qu'il débite, vous a plongé dans la stupéfaction.

Les criminels ne sont pas des malades. Mais si l'on pouvait être tenté de le croire, de nier entièrement la responsabilité, ce serait auprès des jeunes détenus.

L'un jure que s'il n'a pas obtenu, à telle heure, ce qu'il demande, un objet désiré, une faveur, il se donnera un coup dangereux, se rendra malade. Le moment venu, il fait ce qu'il avait annoncé.

L'autre, trouvant la cellule insupportable, casse un carreau, s'élance du premier étage dans la cour, ou bien, tente de s'étrangler, de se pendre. Arrêté à temps presque toujours, il pense aussitôt à autre chose, et vous le voyez, quelques heures après, assis tranquillement, comme s'il ne s'était rien passé, à sa table de travail.

Ce qu'on peut voir de pire, après cette espèce, ce sont les fils en correction, et surtout ceux que quelques surveillants appellent « les fils de famille ». Sur quelques-uns, l'effet de la cellule est lent. Cependant, comme ils n'avaient jamais été soumis à un dur régime, la règle de la prison en son insupportable monotonie, les plie, les dompte. Ils demandent grâce. Il faut se hâter d'implorer pour eux la famille.

Sur d'autres, habitués dès l'enfance à n'être jamais contrariés, gâtés et même pourris, le châtiment reste sans effet réel. Gourmand, lascif, insolent et bête, le fils de parents riches qui ont été réduits à le mettre là, est parfois incorrigible. Il ne résiste pas longtemps : au contraire. Il fait vite sa soumission, consent à ce que la famille lui impose, voyager, s'engager. Mais il se promet bien de surprendre la bonne foi de son guide et de s'échapper à la ville prochaine. On finira par se lasser, par l'abandonner à lui-même. Il est mis en liberté, et ce jour-là tout le monde est content : le directeur, qui n'attendait rien de ce pensionnaire, et l'honnête surveillant, ami de la règle, que la fantaisie, les caprices de ce prisonnier distingué, recommandé à l'administration, jetaient chaque jour dans un nouvel embarras.

Arrivons à ceux qui sont dignes d'intérêt ou de pitié, à certains mineurs de seize ans livrés à eux-mêmes, vivant dans la rue, abandonnés au moins moralement par leur famille.

Ils doivent à cette vie en plein air, on ne sait quelle sauvage indépendance. Ils ont horreur de toute discipline et sont devenus nomades.

Le vagabond est en première ligne. Il n'est pas toujours abandonné. Certains enfants ne peuvent plus rentrer le soir à la maison, s'enfermer dans une chambre, coucher dans un lit. Il leur faut, au grand désespoir des familles, un banc des boulevards, une guérite, l'herbe verte des fortifications. Ils sont nés irréguliers.

Mais les autres, les abandonnés, le deviennent aisément. Ils prennent avec une inconcevable facilité, l'habitude du vagabondage. Placés chez un patron qui sera payé pour les recevoir et chargé de les surveiller, ils profitent de la première distraction, le quittent au bout de quelques jours. Les Sociétés de patronage tentent malgré tout de les habituer à l'internat, et s'ils ont pris la fuite une première fois, ne refusent pas absolument de les recevoir de nouveau. Sage concession ! Il faut de la persévérance pour rendre à un tel enfant le goût de la vie régulière.

C'est le hasard des rencontres qui expose le petit vagabond au plus sérieux danger.

Un jour, il en vient un au Dépôt. Il sortait à peine de la Petite-Roquette ! Que s'est-il passé ? Errant à l'aventure, il a vu quelques jeunes gens qui jouaient au tonneau, à l'ombre, dans la cour d'un cabaret de barrière. Il s'est approché ; ils l'ont fait boire. Il est resté, puis revenu. Ses nouveaux amis étaient des voleurs. Le huitième jour, toute la bande a été arrêtée. Acquitté, mais non réclamé par ses parents, il ne peut manquer d'être conduit jusqu'à vingt ans dans une colonie pénitentiaire.

Un enfant de douze ans, disait : « Quand je vois un bijou, une montre, de l'argent, un objet ayant quelque valeur, rien ne m'arrêterait ; il faut, si je suis seul, qu'il m'appartienne. » Voilà l'instinct. Apprendra-t-il, à la colonie, à respecter la propriété d'autrui? Peut-être. Il faut toujours essayer de l'instruire.

Mais le jeune détenu qui a pénétré avec des mauvais sujets de son quartier, dans un jardin, pour dérober quelques fruits, n'est-il pas excusable, dans une certaine mesure, lui qui n'a presque jamais un sou pour acheter ce qui le tente? Qu'on ne le remette pas en liberté, par intérêt pour lui! Qu'on le protège contre lui-même! Ce sera bon et sage. Mais dans quel lieu? Non dans la colonie, où de plus corrompus, de plus habiles lui apprendront le mal, mais dans une maison d'éducation et de protection préventives. Encore a-t-il fallu supposer qu'il était coupable. Mais les enfants commettent aussi des délits qu'il faut attribuer à la simple étourderie, non à leur perversité. Il y a, de ce fait, mille exemples.

Le « pâle voyou » des faubourgs, physionomie parisienne que les dessinateurs et les écrivains ont rendue familière même aux étrangers, n'est pas un inconnu à la Petite-Roquette. Vu tel qu'il est, il séduit moins que dans leurs compositions, mais il intéresse davantage. Quand il est conduit à la maison d'arrêt, il a déjà des vices, de mauvaises habitudes, assez de vices et d'habitudes mauvaises pour qu'il puisse être utile de le retenir jusqu'à vingt ans.

L'infortune de l'enfant des villes est, en vérité, navrante, et, comme l'expriment bien ces vers d'un récent poème, particulièrement digne de pitié :

> Ah! l'enfant que je plains, c'est celui qui pâlit
> Dans un taudis de ville où la fange salit,
> Gênante, immonde, obscure, et son corps et son âme,
> Au milieu des ferments de la débauche infâme.
> La fleur des champs prospère et se passe de soins... [1].

Ce qu'il faut ajouter, c'est que parfois les mauvais traitements rendent le taudis même inhabitable. Comment vivre entre une mère indifférente et l'étranger, l'homme qui est maintenant avec elle? Oui, mais s'il s'éloigne, l'enfant ne peut manquer d'être arrêté pour vagabondage et conduit en prison. Est-ce là qu'il devrait être? Il suffit de le voir pour l'excuser. Il se tient loin de vous, défiant, craignant d'être frappé. Il est resté petit et presque contrefait sous la persécution. Il n'a de l'enfant de son âge que le regard déjà vif et pénétrant. Il se découvre, et, sans qu'il ait parlé, vous savez son histoire. Dans ses cheveux coupés courts, rayés de lignes blanches qui sont des cicatrices, vous voyez encore la trace des coups qu'il recevait au logis.

Enfin, on peut trouver quelquefois, mais exceptionnellement, à la maison d'arrêt, l'enfant d'un bon naturel, docile, aimant le travail.

Maltraité par des parents qui ne l'aimaient pas,

1. M. Jules BRETON, *Jeanne*.

a pris le parti de se séparer d'eux, pour n'avoir plus supporter le dédain, les injures et les coups. N'ayant as encore de métier, il a été arrêté comme vagabond.

Celui-là, bientôt remarqué par les agents du atronage, n'aura qu'à choisir la Société dont il ésire obtenir l'appui. Il évitera certainement d'être nvoyé dans une colonie pénitentiaire.

C'est toujours de la bienfaisance, mais de la bienaisance facile. La charité est patiente, écrivait un apôtre. Il y a plus de difficulté, et plus de mérite encore, à rendre le même service aux autres, à ceux dont l'observation seule révèle peu à peu les qualités.

§ VI.

CE QU'ILS DEVIENNENT

Les condamnés à six mois et au-dessous subissent l'emprisonnement à Paris. C'est le petit nombre. Assez souvent, avant la fin de leur peine, les Sociétés de patronage obtiennent pour eux la libération provisoire, les reçoivent dans leurs asiles, ou les mettent en apprentissage. Plusieurs retrouvent la famille.

Les autres, en plus grand nombre, quittent Paris pour aller recevoir dans des établissements publics ou privés l'éducation correctionnelle. Sans compter les quartiers correctionnels occupés par les jeunes détenus dans certaines prisons, cinq colonies agricoles sont réservées aux garçons, les Douaires, Saint-Bernard, Saint-Hilaire, le Val-d'Yèvre, Saint-Maurice[1], et deux aux filles, Nevers et Sainte-Marthe[2]. Il y a plus de quarante établissements privés.

Quel est l'effet de cette éducation?

La statistique révèle, dans les colonies, 14.10 p. 100 dans les quartiers correctionnels, 48 p., 100 et, dans les établissements consacrés aux filles, 6 ou 7 p. 100 récidives. Il est plus simple encore de compter les rechutes à la rentrée des anciens détenus dans la maison d'arrêt même. S'ils sont sortis de quelque colonie publique ou privée, les prévenus l'avouent sans peine.

Plusieurs ont été soldats. Ils viennent d'être arrêtés pour vagabondage parce qu'après le séjour à la colonie, après le service, ils sont restés sans ouvrage, n'ayant véritablement aucun métier.

Ceux qu'on arrête sont presque toujours accusés, non de crimes, mais de délits, escroquerie, mendicité, vagabondage. L'éducation de la colonie, suffisante, semble-t-il, pour arrêter les progrès du mal, ne les a pas délivrés cependant de la paresse et des mauvaises habitudes.

1. Dans les départements de l'Eure, du Nord, de Loir-et Cher, de la Vienne et du Cher.

2. Dans la Nièvre et l'Oise.

Les uns n'ont pas l'intelligence, l'imagination qu'il faudrait, pour sortir des bas-fonds dans lesquels, depuis leur venue au monde, ils n'ont cessé de se traîner. Ils sont faibles d'esprit. Les autres sont physiquement malades. Nés de mauvais parents, souffrant depuis l'enfance, épileptiques, aliénés par accès, incurables, ils ne sortent de la prison d'abord, puis de la colonie, que pour entrer à l'hospice. Ils vont ainsi, de Mazas ou de Sainte-Pélagie à Bicêtre, et de Bicêtre à Mazas ou à Sainte-Pélagie, embarrassant les juges parce qu'ils n'ont qu'une responsabilité limitée, réellement malades, c'est-à-dire objet d'indulgence et de pitié quand revient la crise, et réellement coupables dans l'intervalle de leurs attaques et de leurs accès.

Ainsi le mineur détenu risque, après avoir reçu l'éducation correctionnelle, d'être plutôt un vagabond, un délinquant ordinaire, qu'un homme dangereux et un malfaiteur. Arriver à cette conclusion, c'est faire en deux lignes la plus juste critique de la loi de 1850. Ce qu'ils ont reçu dans la colonie, c'est moins une réelle instruction qu'un sévère avertissement. Ils n'ont pas eu ce choix entre des métiers divers, entre des métiers permettant en effet à l'ouvrier de vivre partout, dans les villes aussi bien qu'au village, que la maison de réforme ou l'école industrielle pourraient donner.

Un exemple, pour conclure.

Un garçon de treize à quatorze ans fut conduit en 1875, dans une colonie privée. Il ne pouvait s'habituer aux travaux de la campagne. Il fut domestique jusqu'à sa libération et se hâta de revenir à Paris. Il fallait vivre.

Villon, le poète enclin à la rapine, qui faisait des vers dans la prison où la Muse le visitait à loisir, a laissé une nombreuse postérité. Comment faire pour trouver à vivre en écrivant quand on a dû sortir de l'école primaire avant même d'être en état d'obtenir le certificat d'études, et quand on n'a, ni moralité tout à fait sérieuse ni notions élémentaires de l'art, ni professeur, ni orthographe ? Notre libéré, qui croit à sa vocation, qui a décidé qu'il serait poète et auteur dramatique, ne voudrait à aucun prix être, en attendant, domestique, balayeur ou journalier.

Il consent bien à travailler, mais il lui faut les coulisses, un théâtre, le théâtre de la foire, à la rigueur. Précisément, on a besoin d'un *phénomène*, dans une entreprise de spectacles populaires. Il se présente, il est accepté. Bientôt même, il obtient quelques bouts de rôles dans les comédies.

Lorsqu'il ne peut pas jouer, dans l'interv[illegible]e de ses petits engagements, comment faire ? C'est alors qu'il retombe dans son ancien défaut. Il commet quelque escroquerie, quelque vol de peu d'importance qui le fait condamner à des peines ne dépassant pas un an. Il jouait au dehors ; il compose en prison.

Ce qu'il écrit ne manque nullement d'intérêt. Pour lui, tout est prétexte à composer un drame. Une histoire du Portugal, écrite au dix-septième siècle, lui tombe entre les mains. Il la lit, puis compose, avec ses souvenirs, neuf tableaux en quinze jours.

Quelqu'un lui a conseillé les bonnes lectures, et, dans un but moral facile à deviner, a mis à sa disposition des biographies de chrétiens, de travailleurs, de savants célèbres. O déception ! Cinq actes nouveaux sont bientôt écrits, non pour montrer la foi triomphante, mais dans le but de préparer des rôles dignes d'elles aux

... Lucindes d'amour, aux douces Isabelles,

jadis rencontrées dans les baraques et qu'il espère bien revoir à sa sortie de prison.

Hors de la maison des jeunes détenus, n'aurait-il pas trouvé quelque part, n'importe où, dans une école, industrielle ou non, ou même auprès d'un professeur de bonne volonté, les connaissances élémentaires qui lui manquent? S'il avait appris, à la colonie, un métier en rapport avec ses goûts et ses aptitudes, n'est-il pas vraisemblable qu'il travaillerait de ses mains, comme tant d'autres, en attendant de savoir écrire, au lieu de demander son pain à l'escroquerie et de mettre ensuite à profit le recueillement forcé et les tristes loisirs de la prison ?

II

MAZAS

L'ARRIVÉE. — LA CELLULE. — LA PRÉVENTION. — LE SECRET. — LA VIE A MAZAS. — FOLIE. — SUICIDE. — LE PATRONAGE ET LES PRÉVENUS.

§ I.

L'ARRIVÉE

Les premiers prévenus conduits à la maison d'arrêt cellulaire, y sont entrés en 1850.

Les questions pénitentiaires mises à l'étude, avaient donné lieu à une discussion approfondie dans les deux Chambres pendant les dernières années du règne de Louis-Philippe. Il était naturel de commencer à Paris la réforme des prisons et d'ouvrir à la simple prévention les premières cellules. Le 19 mai, en moins de douze heures, plus de huit cents prisonniers furent transférés de la prison de la Force [1] à la nouvelle prison, Mazas.

Bien que le nombre des individus arrêtés ait augmenté depuis trente ans, les 1,200 cellules environ de la maison d'arrêt actuelle ne sont que rarement toutes occupées en même temps. Il est vrai que 1,800 détenus s'y sont plusieurs fois trouvés réunis, mais c'était en temps d'émeutes, et la même cellule en recevait deux ou plusieurs.

Il ne sera question, dans ce chapitre, que des prévenus.

On peut voir encore d'autres individus à Mazas ; des condamnés à plus d'un an spécialement autorisés à y rester ; des condamnés à moins d'un an qui n'ont pu trouver place à la Santé ou qu'il est nécessaire de garder à l'atelier, pour que le travail soit fait avec un soin, une régularité dont les prévenus ne sont pas capables ; enfin des détenus de maison centrale ramenés à Paris, pour quelque crime ou délit découvert depuis leur condamnation. C'est alors pour une nouvelle affaire, une nouvelle prévention.

Vers neuf heures, chaque matin, les convois de

1. Située rue Pavée-au-Marais, 22, et rue du Roi-de-Sicile, 2.

prévenus, arrivant du dépôt, se présentent à la porte de Mazas. L'actif parisien connait ces lourdes voitures cellulaires surveillées par un garde municipal à cheval, qu'il voit passer au moment où il vient de quitter sa demeure pour aller à ses affaires.

La porte de fer roule en grinçant sur ses gonds.

Les personnes libres qui se présentent, fournisseurs, médecin, aumôniers, avocats, parents autorisés à rendre visite à un membre de leur famille, entreront par une petite porte voisine devant laquelle se tiennent deux surveillants.

On éprouve en entrant dans la cour un sentiment indéfinissable. Cette cour est vaste. Des deux côtés des grilles de fer en marquent la limite, et ne s'ouvrent pour les besoins du service, que sur les chemins de ronde. Par ici, les surveillants et les sentinelles vont et viennent. Par là, de l'amphithéâtre sortira tout à l'heure le convoi d'un malheureux qui finit mal, après avoir mal vécu. Les murs sont hauts, sombres. Ils n'ont pas d'ornements : mais des lierres vigoureux s'accrochent aux grilles, tapissent largement les murs et grimpent jusqu'aux toits.

Le balcon, au premier étage, est chargé de feuilles et de fleurs, et même égayé de chants d'oiseaux. C'est toujours la prison, mais c'est, comme au Dépôt, et bien mieux encore, la prison moderne.

Ceux que leurs fonctions amènent là de sang-froid peuvent remarquer que cette première cour est fleurie et tapissée de verdure ; mais les prévenus ne s'en aperçoivent guère. A peine pourront-ils jeter autour d'eux un rapide regard au moment où ils quittent en courant la voiture cellulaire. C'est qu'en effet, il faut courir, de la voiture à la cellule d'attente. La règle sera la même à l'intérieur quand les prisonnniers devront chaque jour se rendre à la promenade. Règle sage établie dans leur propre intérêt. Des prévenus ne doivent pas avoir le temps de s'examiner assez les uns les autres pour pouvoir, au dehors, se reconnaître.

Les formalités de l'inscription sont bientôt remplies aux bureaux du greffe. On traverse alors un chemin intérieur qui sépare la direction et les bureaux du quartier où sont les cellules, et après avoir monté quelques marches on arrive au rond-point.

Le rond-point est le centre de Mazas, le moyeu, si l'on compare les six longs et hauts bâtiments occupés par les détenus aux rayons d'une gigantesque roue. Mais il faut remarquer que ces rayons sont percés d'un bout à l'autre, du haut en bas, et qu'à l'intérieur de chacun s'alignent à droite et à gauche, trois rangées de cellules, au rez-de-chaussée, au premier étage et au deuxième. Du rond-point, la vue s'étend jusqu'à l'immense fenêtre qui éclaire par le fond, chaque bâtiment ou division. C'est commode pour la surveillance, et c'est indispensable, on va le voir, pour que tous les prisonniers de leur place puissent apercevoir le prêtre à l'heure de la messe.

En effet, au centre de ce rond-point, au rez-de-chaussée, est installé un bureau vitré dans lequel l'homme écroué vient recevoir le numéro de la cellule qu'il doit occuper. Au-dessus, à la hauteur du premier étage, comme sur une terrasse, se dressent une croix, des cierges, l'autel catholique. Là le prêtre dit la messe, le dimanche matin. Les surveillants dans toutes les divisions n'ont qu'à entr'ouvrir la porte de la cellule de chaque détenu pour qu'il voie, de près ou de loin, toute la cérémonie.

Deux surveillants, sous la direction d'un brigadier, viennent donc d'assigner avec des formes polies, à celui qui s'est présenté, sa place dans l'une des six divisions.

Quel moment! les galeries sont presque sombres, le jour ayant à percer, pour les éclairer, le brouillard épais des matinées d'hiver. Des bruits sourds de portes poussées et les deux coups secs des serrures qu'on ferme viennent distinctement, et à de courts intervalles, frapper l'oreille du malheureux qui va entrer en cellule à son tour. Dans la demi-obscurité du bureau, on découvre sur son visage, au-dessus du vaste abat-jour qui entoure le bec de gaz presque toujours allumé, une angoisse, une appréhension, une fatigue surtout, qu'il réussit mal à dissimuler. O liberté, le premier des biens, quelle paix pourrait rester encore où tu n'es plus ! L'inaction, ou peut-être quelque travail manuel qui n'intéresse guère, voilà ce qui va commencer pendant des journées, des semaines. Quel résultat, et quelle suite imprévue de l'ambition, des calculs, des rêves fous de l'escroc, du voleur et du faussaire !

Le dialogue est court, borné d'habitude entre les surveillants et le nouveau prisonnier aux demandes et aux réponses nécessaires. Ce dernier a besoin de se retrouver seul.

Quelquefois, c'est un repris de justice. Il demande avant de s'éloigner, qu'on l'envoie dans telle division. C'est un habitué, qui connait toute la maison, et qui veut qu'on sache à quel genre de travail il donnerait la préférence.

D'autres fois, c'est un jeune homme qui n'est pas encore assez dégradé pour dédaigner de fournir une excuse, une explication. Et voici ce qu'on peut entendre :

— Savez-vous lire et écrire ?

— Non, malheureusement.

— Pourquoi est-ce malheureux ?

— Parce que si je le savais, je ne serais pas ici.

Ou bien encore :

— Aviez-vous déjà été arrêté ?

— Jamais!

Ce « jamais » est dit d'une voix forte, sans hésitation. On aime à l'entendre. Il permet d'espérer le repentir, un tardif réveil de l'honneur.

L'accusé d'un crime, ou le malheureux qui semble menacé de perdre la raison, sont désignés par la gravité même de leur faute ou de leur état, à la surveillance de l'Administration. Ils sont conduits dans une division spéciale.

Un moment a suffi. Sur tous, en quelques minutes, la porte de la cellule n'a pas tardé à se refermer.

§ II.

LA CELLULE

Au moment où les prisonniers de la Force furent transférés à Mazas, ils menacèrent de se révolter, firent entendre des plaintes amères, et demandèrent si l'on voulait, en les retenant entre quatre murs, leur faire perdre la raison.

On verra bientôt quel est le véritable effet de la cellule.

Il est certain que l'emploi de ce mode de détention procure, dans l'intérêt du prisonnier, un double avantage : l'isolement et une plus réelle intimidation.

Les habitués, les récidivistes, quelques vagabonds, peuvent laisser voir une apparente indifférence. Il est incontestable que celui qui subit la prison préventive pour la première fois, est soumis, surtout au commencement de sa captivité, à une forte et dure épreuve.

La cellule dans laquelle il entre est propre, assez large et haute, bien éclairée par une de ces petites fenêtres que le rapide mouvement des trains de la Bastille à Vincennes permet un instant d'entrevoir en si grand nombre. La table et la chaise sont près du mur. Un bec de gaz au bout de son conduit planté sans frais dans la cloison, un peu au-dessus de la table de travail, permet, même pendant les plus courtes journées de l'hiver, d'achever et de livrer à temps l'ouvrage attendu : cahiers cousus, sacs de papier collés, café ou haricots triés, chaînes confectionnées, etc... Les surveillants sont en mesure de renouveler assez régulièrement la provision de travail. Les prévenus qui ont d'autres ressources, et qui préfèrent demander d'autres distractions à la lecture, n'ont qu'à le déclarer librement.

Un lit complet qu'on étend le soir comme un hamac, d'un mur de la cellule à l'autre, et qu'on fait, pour ainsi dire, disparaître, en le relevant, pièce à pièce, au lever ; une étagère destinée à recevoir les vêtements et les paquets; enfin un siège d'aisances, placé près de la porte, voilà, d'une manière exacte, ce que contient la cellule d'un détenu.

Le matin, une troupe nombreuse d'auxiliaires, composée exclusivement d'hommes pris parmi les condamnés auxquels la maison donne asile, est chargée de faire tout le service de l'intérieur. Les gamelles arrivent par centaines des cuisines au rez-de-chaussée des divisions. Elles sont hissées, au moyen d'un treuil, aux étages supérieurs. Un chariot, roulant sur la rampe des balcons intérieurs de chaque galerie, comme sur deux rails, et passant ainsi devant la double rangée des cellules de chaque étage, permet de tout distribuer sans retard. En cinq minutes, les surveillants ont déposé une gamelle sur le support placé à l'intérieur de la porte de chaque cellule par un guichet ouvert, parcouru la galerie d'un bout à l'autre, et repris, en passant, les gamelles vides. Un nouvelle distribution, soit de légumes, soit de viande aura lieu vers trois heures, de la même manière, avec une égale rapidité.

La toilette intérieure de la grande maison d'arrêt est faite avec soin. Vingt balais poussés vigoureusement, passent sur la pierre ou la brique inondées. Les serrures avec leur verrou, les boutons de cuivre, les portes, tout est nettoyé. Il y a partout, c'est visible, beaucoup d'ordre et de propreté.

Lorsqu'on a parcouru les bâtiments divers de Mazas en tout sens, lorsqu'on a visité les divisions en détail, on n'a pas encore tout vu. Les tuyaux acoustiques, les bouches de chaleur dans les cellules, l'eau à tous les étages, comme dans ces maisons de Paris desquelles les propriétaires sont justement fiers, les sièges d'aisances, exceptionnellement multipliés dans un même établissement, avertissent qu'il doit y avoir des sous-sols curieux à connaître. En effet, des caves hermétiquement fermées, longitudinales, aboutissent toutes à une cave circulaire où se trouve un foyer central. Tout le système de ventilation primitivement établi à Mazas est là. Le feu allumé, la colonne d'air chaud qui monte dans la cheminée centrale fait appel à l'air de la cave circulaire, remplacé à son tour par l'air des caves longitudinales, puis, par l'air des cellules au moyen des tuyaux de communication, et enfin par l'air des galeries.

On en fait moins pour les personnes honnêtes, dit quelqu'un. Voilà un mauvais emploi de la richesse publique, grondent, en comptant les sommes qu'il faut dépenser, les économistes que l'humanité, la pitié n'égarent jamais. Une école bien connue trouve tout insuffisant, si la détention préventive n'est pas radicalement supprimée. Enfin, quelques hommes d'esprit racontent gaiement l'histoire du maçon légendaire. Voyant venir la mauvaise saison

5

et calculant qu'un voyage au pays l'obligerait à retirer une partie de ses fonds de la caisse d'épargne, il se fait arrêter en octobre, pour vagabondage, et dit à son avocat : « Ne me faites condamner qu'à six mois de prison. Il faut qu'au printemps je me remette au travail ».

Ces points de vue sont divers, mais l'erreur certaine, capitale, est partout la même. On ne pense qu'aux malfaiteurs. On oublie qu'il y a des degrés dans la chute. Il y aurait, d'ailleurs, certains ménagements à garder, même envers ceux dont la culpabilité est entière et incontestable. De fréquentes épidémies décimaient les détenus dans les vieilles prisons. La loi vous autorise à priver un délinquant de sa liberté pendant un temps déterminé, mais elle ne vous autorise pas à l'exposer à la mort.

En réalité, qu'arrive-t-il ?

Le détenu qui, sans être un malfaiteur d'habitude, subit pour la première fois la prison préventive, réfléchit tristement, et ne prête d'abord aucune attention à ce qui se passe autour de lui.

Accoudé sur sa table, le front dans ses mains, il cherche sans se lasser un bon système de défense. Il répond d'avance aux arguments de l'accusation. Entrez-vous dans sa cellule ? Il ne sait parler d'autre chose. Il voudrait connaître vos impressions. Que pensez-vous de son affaire ? Quelle sera sa condamnation ?

Celui-ci, comme un malheureux que la maladie ou quelque infirmité vient de réduire à l'inaction, parle avec douleur de son commerce, de ses affaires. Il prévoit la saisie.

Un autre soutient qu'il est innocent. Il ne sait « ce qu'on veut. » « Le juge d'instruction, chaque fois qu'il le fait appeler pour l'interroger, semble s'excuser de le retenir encore. Il vous dit adieu. Quand vous reviendrez, demain, dans quelques jours, il ne sera plus là ! Gardez-vous d'en douter ! » Ce qui est certain, au contraire, c'est qu'il y sera le lendemain, et encore, pendant les jours, les semaines qui suivent, jusqu'à la prochaine session d'assises.

On peut déjà, par les plaintes ainsi formulées de certains prévenus, pressentir les inconvénients divers de la détention préventive.

Examinons cette question.

§ III

LA PRÉVENTION

Celui qu'un mandat de dépôt ou un mandat d'arrêt met en état de détention préventive, a de sérieux sujets de plainte. Il est atteint dans sa personne par la privation de la liberté, dans ses biens par l'interruption de son commerce ou de ses affaires, dans sa réputation par ses rapports forcés avec la police. L'effet immédiat ou prochain de cette détention est, en un mot, si mauvais, qu'il semblerait nécessaire de la supprimer entièrement.

Il n'est pas malaisé, toutefois, de trouver une réponse, d'opposer quelques bons arguments à ces arguments qui ne sont pas sans force et sans valeur. L'individu qu'on n'aurait pas arrêté pourrait commettre d'autres crimes, chercherait par la fuite à se dérober au châtiment, et rendrait l'instruction de son affaire difficile en faisant disparaître les traces de l'acte délictueux, en dictant des témoignages, ou en combinant sa défense avec les autres prévenus.

Que faut-il faire? Convient-il de réclamer la suppression radicale, ou de se borner à obtenir d'importantes réformes, indiquées déjà par l'expérience et jugées suffisantes? Voilà la question.

Les partisans de la suppression complète de la prison préventive, bien qu'il y ait quelque ressemblance entre ce qu'ils proposent et les procédés en usage dans notre droit le plus ancien[1], ne veulent en réalité, qu'une chose : s'inspirer, en cette matière, de l'usage et des décisions de la première République[2].

1. Avant les Ordonnances de 1530 et 1670.

2. Lois des 16-24 août 1790, 10-15 mai, 19-22 juillet, 16-20 septembre 1791 qui fondèrent le nouvel ordre judiciaire.

Une simple remarque donne l'explication de leur généreuse mais constante erreur ; ils ne connaissent pas le prisonnier.

Si vous leur mettez sous les yeux l'effrayante statistique des délits et des crimes, ils accuseront de tout le mal, non les coupables, mais la société elle-même. Ils répètent volontiers le mot de Luther — « Quoi ! vous avez l'instituteur et vous avez besoin du bourreau ? » — sans remarquer qu'il n'est vrai que d'une manière générale, et que les individus arrêtés sont loin d'être tous ou presque tous illettrés. Pour eux, c'est toujours la faim, *malesuada fames* [1], qui pousse le voleur à s'emparer d'un pain ou qui met une arme dans la main du meurtrier. A leurs yeux, la plupart de ceux qu'on accuse sont innocents. Un préjugé ne leur permet de voir partout que des malheureux, non des coupables. Le médecin Ferrus distinguait trois catégories de prisonniers, *des pervers intelligents* chez qui toutes les fautes sont réfléchies, préméditées, *des vicieux bornés* qui se livrent au mal par indifférence pour le bien, et *des ineptes* ayant subi diverses condamnations sans les comprendre. Mais le préjugé est toujours lent à disparaître, et ceux qui auraient besoin d'en être délivrés ne consultent pas les médecins.

Or, la Révolution avait déjà ces vues généreuses,

1. Louis Blanc, *Organisation du travail.*

ces préoccupations d'humanité qu'il est si honorable d'avoir pourvu qu'on tienne, en procédant aux réformes, un compte suffisant des exigences de la pratique. Beccaria, Servan, les philosophes[1], avaient critiqué vivement la procédure secrète. L'ancien système fut réformé.

La loi du 16-29 septembre 1791 prescrit à l'officier de police de lancer un mandat d'arrêt si le délit est de nature à mériter une peine afflictive, de délivrer le même mandat contre le prévenu « à moins qu'il ne fournisse une caution suffisante », si le délit est de nature à mériter une peine infamante, et, si la peine à infliger n'est ni afflictive ni infamante, de le laisser libre. L'instruction cesse d'être secrète et le juge ne peut procéder qu'avec le contrôle d'un jury d'accusation. Réforme passagère dont les traces commençaient à s'effacer dans le Code de brumaire an IV, et dont la loi du 7 pluviôse an IX d'abord, puis en 1808, le Code d'instruction criminelle, ne laissèrent presque rien subsister.

La procédure d'instruction rendue publique et un premier jury, fort distinct du jury de jugement, appelé à dire si l'accusation doit être abandonnée ou maintenue, voilà l'idéal, avec la suppression de la prison préventive, pour ceux qui s'inspirent des doctrines de l'Assemblée constituante.

1. Diderot, d'Alembert, Voltaire.

Ils disent que la réaction seule eut intérêt à modifier ces dispositions qui étaient sages et justes.

Ils citent l'exemple de l'Angleterre qui se sert avec succès, encore aujourd'hui, d'un système à peu près semblable.

Ils croient que l'acception de personnes, l'habitude de juger, peuvent égarer celui qui instruit l'affaire, et que l'intérêt individuel est trop mal protégé, dans la personne du prévenu, alors que le silence des lois l'environnant, « la justice le couvre de ses ombres, et ne lui laisse d'autre défenseur que le magistrat même qui doit être son juge [1]. »

Ils blâment le zèle excessif des magistrats instructeurs « qui décernent des mandats comme on décerne une récompense » et qui peuvent être tentés d'abuser du droit « de torturer le moral et l'estomac [2] ».

Ils vantent le système de l'Assemblée constituante qui ne laissait pas la liberté d'un homme livrée durant des mois au libre arbitre d'un autre homme ; tandis qu'aujourd'hui vous n'avez plus « ni défense, ni délai fixé à la détention préventive, ni pair auprès de vous pendant la durée de la procédure [3]. »

Ils voient enfin dans les jurés d'accusation et le juge, appelé directeur du jury, qu'on prend tous les six mois à tour de rôle, parmi les membres du tri-

1. Bergasse, *Discours sur l'humanité des juges.*
2. Raspail, *Lettres sur les Prisons de Paris.*
3. *Id.*

bunal, entendant de vive voix la plainte et les déclarations des témoins, avant de décider les poursuites à la majorité des suffrages, ce qu'ils appellent de tous leurs vœux « un véritable Conseil de famille[1]. »

L'expérience conseille de renoncer, quoi qu'il en coûte, à ce rêve d'un nouvel âge d'or.

Il fut bientôt démontré, dans la pratique, qu'il était bon de garder le jury de jugement, et mauvais de conserver le jury d'accusation. Ce dernier jury est composé d'hommes qui ne sont pas habitués au travail des juges[2]. La poursuite est, en conséquence, trop souvent étouffée par une déclaration indulgente, irréfléchie. Le même homme qui peut porter un bon jugement, à l'audience, après un consciencieux débat, ne saura pas décider sur un premier aperçu[3].

Il cherche de tous côtés des preuves dont il n'a pas besoin pour se déterminer, et comme il ne les trouve pas, souvent, au lieu de renvoyer le prévenu pour être jugé, il le juge lui-même et prononce l'acquittement[4]. Ne peut-il être ignorant ou se laisser corrompre, lui qui n'est pas responsable? Enfin, dernier argument, l'embarras et les frais de la convocation[5].

1. Raspail.
2. Séance du Conseil d'État, 1er brumaire an XIII.
3. Treilhard.
4. Faure, Conseil d'État, *ibid.*
5. Tribunal d'appel d'Aix, *Observations des tribunaux d'appel*, Paris, an XIII.

Ainsi, la première République elle-même ordonnait la suppression du mandat d'arrêt, non d'une manière absolue, mais dans des cas déterminés. Ainsi, la nécessité de rétablir le jury d'accusation n'est pas démontrée. S'il devient possible, comme le désire une certaine école socialiste, de renoncer tout à fait à la détention préventive, ce ne sera que dans un plus ou moins lointain avenir.

Il est plus sage de contribuer à l'amélioration et au progrès en signalant les imperfections avec persévérance.

Les membres du Corps législatif, sous le second Empire, ont plusieurs fois consacré à l'examen des propositions diverses qui leur étaient présentées sur ce sujet, d'intéressantes séances. En 1855 et en 1865, par exemple.

Que firent les éloquents défenseurs des doctrines libérales? Ils ne parlèrent pas au nom de l'accusé quel qu'il fût. Ils demandèrent simplement pour les prévenus ayant à répondre de leurs délits devant la chambre correctionnelle, la liberté provisoire. Ils l'obtinrent pour quelques-uns.

Le rapporteur[1] constatait qu'à Paris, deux individus accusés d'escroquerie avaient été détenus préventivement pendant vingt-deux mois, condamnés ensuite à cinq ans de prison[2], et enfin, reconnus

1. M. MATTHIEU, *Moniteur* de mai et juin 1865.
2. Sept ans, en somme.

innocents. Un arrêt de la Cour de Paris les rendait à la liberté, en infirmant le jugement qui les avait flétris.

Sur 1,000 accusés de crimes, 626, ajoutait-il, sont acquittés ou condamnés seulement à des peines correctionnelles. Il aurait donc été possible d'abréger leur prévention ou même de la leur épargner tout à fait.

En matière correctionnelle, enfin, sur 67,427 détenus, 1,727 sont élargis par main-levée du mandat de dépôt, et 15,721 sont déchargés de poursuites ou acquittés.

Voilà ce qu'on peut dire, aujourd'hui comme alors, de plus sérieux et de plus incontestable sur le danger de la prison préventive. Ces calculs, sinon ces chiffres mêmes, sont encore exacts.

L'intérêt particulier ne doit être ni méconnu ni sacrifié à l'intérêt social. N'est-il pas certain que la détention préventive est souvent trop longue? Que dire de l'arrestation, puis de la mise en liberté, souvent après un ou deux mois de prévention, de personnes reconnues innocentes du délit ou du crime qu'on croyait avoir à leur reprocher? Les journaux qui ne laissent échapper aucune occasion de signaler, en cette matière, les erreurs commises, ont entretenu le public, dans le courant de la seule année 1870, de plusieurs erreurs de ce genre[1]. Les préve-

1. Pétition renvoyée au Ministre de la Justice, à la date du 7 février 1870, affaire Baër. — Procès Marbrier, à la Fère (Aisne), novembre 1870, etc.

nus eux-mêmes, renvoyés en non-lieu, n'ont pas, on le sait, après élargissement, l'habitude de se taire sur l'erreur commise à leur égard.

Il suit de là que la question de la prévention, comme toutes celles qui sont difficiles, doit rester une question posée et mise à l'étude, un sujet sur lequel il faut appeler souvent la discussion, au lieu de la craindre, un usage toujours accompagné d'imperfections et d'abus que d'incessantes améliorations doivent faire disparaître.

Les progrès récemment accomplis sont très réels. La loi du 4 avril 1855 autorise le juge d'instruction à donner main-levée du mandat de dépôt dans le cours de l'interrogatoire et sur les conclusions conformes du procureur de la République, quelle que soit la nature de l'inculpation.

La loi du 14 juillet 1865, étendant la même faculté, permet de l'appliquer au mandat d'arrêt aussi bien qu'au mandat de dépôt, et de faire profiter tous les inculpés soit de délits, soit de crimes, de l'élargissement provisoire laissé à l'appréciation du juge. De plus, suivant une disposition nouvelle, la mise en liberté sera de droit, en matière correctionnelle, cinq jours après l'interrogatoire, en faveur du détenu domicilié et n'ayant pas été condamné à un emprisonnement de plus d'un an, quand le maximum de la peine indiquée par la loi sera inférieur à deux ans d'emprisonnement. Cette loi élargit encore les conditions de la mise en liberté sous caution, en rendant possible la caution personnelle d'un tiers, sans laquelle l'annonce d'un jugement prochain ne serait qu'un avertissement de déguerpir.

Il faut également remarquer que dans l'intervalle, au cours de ces dix années, la loi du 16 mai 1863 sur les flagrants délits, avait réduit de plus de cinq mille en six mois le chiffre total des détentions préventives, en exigeant pour les individus arrêtés un jugement presque immédiat.

Il est souvent nécessaire, et voilà l'évidence même, la conclusion qui s'impose, de refuser au prévenu jusqu'au jugement, soit la liberté pleine et entière, soit la liberté sous caution. L'exemple que donne à la France tel pays voisin n'est pas toujours bon à imiter.

Un Anglais conduit à Mazas, parlait sans cesse de son innocence, se plaignait amèrement de la détention préventive, vantait les magistrats de son pays qui acceptent sans peine les cautionnements, et menaçait presque les Français d'une guerre avec leurs voisins d'Outre-Manche.

— Que feriez vous donc, à Londres ? demanda quelqu'un.

— Je serais libre, et si l'accusation présentait dix témoins pour donner la preuve de mon délit, j'en trouverais vingt pour attester mon innocence.

Deux mois s'écoulent, et le délit est, à la fin, si

bien prouvé, que nul ne songe plus à le contester, le condamné moins que personne.

Disait-il vrai, en soutenant que vingt témoins trouvés par lui, l'auraient mis hors d'affaire? En est-il souvent ainsi? Ils auraient certainement trompé la justice, et l'intérêt individuel trop énergiquement défendu, n'aurait pu l'être qu'au détriment de l'intérêt social.

On parle déjà de la suppression complète de la prison préventive en matière correctionnelle, comme d'un projet que la Chambre des députés ne saurait tarder longtemps à adopter.

Une commission, nommée en 1878, s'occupe activement de rendre l'instruction contradictoire dès le principe et de multiplier les cas dans lesquels la liberté pourra être accordée sous caution.

Hâter le jugement, rendre l'instruction plus rapide, admettre le principe de la réparation judiciaire dans l'intérêt du prévenu victime d'une trop longue erreur, tenir compte du temps de la prévention dans le calcul de la durée de la peine, voilà ce que l'on peut faire actuellement de plus pratique et de meilleur.

§ VI

LE SECRET

C'est la rigueur extrême qui provoque l'hostilité systématique. Si le secret dont les magistrats instructeurs ne font plus aujourd'hui qu'un assez rare usage [1], était tout à fait aboli, les partisans de la suppression absolue de la détention préventive seraient privés du meilleur argument qu'ils puissent faire valoir.

L'opinion publique se prononce avec force contre ce triste usage, souvenir fâcheux, reste certain de la procédure inquisitoriale. Jusqu'au jugement, l'innocence n'est-elle pas présumée ? Si l'on fait de la prévention un supplice, ce n'est plus une simple mesure de précaution, c'est une peine grave, une dure épreuve à subir.

Il est vrai que le prévenu peut être tenté de soutenir une lutte contre le magistrat instructeur. Mais celui-ci est armé de pouvoirs assez étendus pour vaincre une résistance obstinée. Il dépend de lui de prolonger la détention. Il lit pour ainsi dire au fond de la conscience, au moyen des perquisi-

1. Code d'instruction criminelle, article 613.

tions, de l'enquête, des notes de police. Il peut, à l'aide des renseignements qu'il a sous les yeux, renseignements qu'il a recueillis aussi complets, aussi détaillés qu'il l'a voulu, jeter le prévenu dans un embarras dont il ne pourra sortir que par des aveux. Pour l'éclairer, la police viendra prendre à Mazas celui qu'on accuse et le conduira tantôt dans le lieu même du délit ou du crime, tantôt au café, au bal public, chez lui et chez d'autres, partout où il peut être reconnu. Il augmente, dissipe et renouvelle à son gré le trouble et la crainte, par les interrogatoires.

Le secret peut devenir une torture morale. Depuis que la Révolution a aboli l'ancienne torture, les plus vives réclamations contre le secret conservé, n'ont cessé de s'élever, au nom de l'humanité[1].

Dira-t-on que le détenu, en dictant des ordres du fond de sa prison, peut frapper de stérilité toutes les recherches[2] ?

Il y a une interdiction de communiquer proprement dite qui frappe un grand nombre de détenus tant que dure l'instruction de leur affaire. Leurs parents ne peuvent pas, pendant ces quelques semaines, communiquer avec eux. Mais aucune consigne sévère, aucun traitement rigoureux, ne les distinguent des autres à l'intérieur de Mazas. Voilà

1. Servan, Bérenger.

2. FAUSTIN HÉLIE, *Traité de l'instruction criminelle.*

l'interdiction que les magistrats instructeurs ont raison d'employer, lorsqu'ils pensent que les rapports du prisonnier avec sa famille, ses amis ou ses complices, pourraient mettre obstacle à la découverte de la vérité.

Est-elle, même, tout à fait indispensable? On peut en douter. Aucun papier suspect ne sort de la maison sans avoir été vu, et les proches parents des prévenus sont seuls admis, sur autorisation, à leur rendre visite.

Ainsi le recours à cette mesure rigoureuse, au secret, ne s'impose pas. Les magistrats hésitent à l'ordonner. Ils obéissent à la loi qui leur demande de n'employer un tel moyen, pour découvrir la vérité, qu'avec une extrême réserve.

Il est temps qu'ils prennent le parti d'y renoncer tout à fait [1].

§ V

LA VIE A MAZAS

Quelle est la vie des prévenus et des accusés jusqu'au jugement?

Ce qui les occupe et les distrait, c'est, d'une manière à peu près invariable, l'appel pour se rendre

1. Ordonnance du 10 février 1819.

à l'instruction, d'une semaine à l'autre, le choix d'un avocat, les entretiens avec l'aumônier, la promenade dans les préaux, le travail dans la cellule, et la visite des parents, s'ils sont autorisés à venir.

Dans les divisions de Mazas, comme partout où l'homme n'est pas libre, ceux qui sont en réalité honteux de se trouver là et n'osent se montrer, c'est-à-dire les moins pervertis, sont les plus malheureux. Voyez l'habitué des carrières d'Amérique, le paresseux, l'ivrogne, vingt fois condamnés pour vagabondage! Ils vont chaque jour au préau. Ils ne se privent volontairement ni d'air ni de soleil. Mais, parmi les autres, plusieurs refusent avec obstination de changer de place. Ils ont une sorte de spleen, le spleen de la prison. État fâcheux, torpeur qu'il faudra bientôt secouer! Passer les journées entières dans la cellule, assis, inoccupé, tordre ou bouleverser en rêvant étendu sur son lit couverture et matelas, s'abandonner soi-même en un mot, c'est vouloir se rendre malade. Sans air et sans exercice, il serait presque impossible de conserver quelque énergie.

La meilleure, la plus salutaire influence, est exercée par la famille. Le prévenu qui ne sent pas peser sur lui comme une première condamnation, l'oubli de tous les siens, ne cèdera pas à l'abattement. Il pensera qu'il n'est pas seul au monde, et qu'il doit, pour d'autres, vivre, se défendre. C'est une grande consolation pour l'homme tombé. Il aime à exagérer sa responsabilité, à se sentir encore rattaché au monde par des devoirs à remplir.

L'indifférence seule de la famille est un supplice dans certaines situations.

N..., arrêté pour port illégal de décorations, subissait un court emprisonnement. Son métier? Un pauvre métier : poète, chansonnier. Il s'était marié à quarante ans avec une danseuse jeune et jolie qui lui avait donné une petite fille. Le mari d'une danseuse a-t-il grand tort lorsqu'il craint d'avoir pris une femme légère? Il se croyait trompé et se savait détesté comme un jaloux. Se plaignait-il? Cette femme le menaçait de fuir avec l'enfant. Que faire en prison? Il était au supplice. Sa femme avertie n'essaya pas même de le voir et de lui épargner cette souffrance.

Il faut l'avouer, une telle insouciance est rare.

Ce qui étonne au contraire, c'est souvent l'illusion de la femme, la bonne opinion qu'elle veut avoir jusqu'au dernier moment du scélérat qu'elle a pris pour époux. Elle apporte, les jours de visite, des provisions, des livres, des fleurs, des nouvelles du dehors. Elle a vu l'avocat, couru, supplié, malgré ses préoccupations, malgré la misère prochaine dont elle est menacée. Elle écrit, et quelles lettres! Quel courage et quelle foi il faut avoir pour trouver encore ces mots de consolation, d'amour, pour adresser avec sa signature ces lignes qui doivent être lues par un employé, à Monsieur X.... à Mazas.

L'amour conjugal sait mériter de tels éloges. Mais les amis? A quelles déceptions ils vous condamnent!

Ceux que le malheureux rencontrait presque chaque jour ne répondent pas à ses lettres. Les camarades, dans la familiarité desquels il avait vécu depuis l'enfance, lui font comprendre, à peine l'instruction est-elle commencée, qu'il doit désormais oublier leur nom et leur adresse. Il a sur les lèvres le rire de l'ironie en lisant les remontrances vertueuses de ceux qui ont daigné répondre.

Un viveur du boulevard, ruiné, réduit par le jeu et les femmes aux expédients d'abord, puis à l'escroquerie, recevait de temps en temps une boite pleine de riens coûteux, fleurs choisies, fruits et cigares. Il avait reconnu, sur l'étiquette portant son adresse, l'écriture d'une amie des jours fortunés. Mais comment correspondre avec elle? La boite arrivait mystérieusement, et il ignorait l'adresse actuelle de cette amie. Jamais présent magnifique ne fut accepté avec moins de plaisir et de bonne grâce. Il ne cessait de se plaindre en mangeant les fruits. Il soufflait au mur avec rage la fumée de ses excellents cigares. Est-ce croyable? s'écriait-il. Je dépense ainsi sans besoin près de cinquante francs en une demi-journée, et je ne peux pas me procurer un simple billet de banque pour avoir un avocat! N'était-ce pas bien le cas de dire : « Ce qui vient de la flûte retourne au tambour? »

Certains prévenus ne peuvent pas se résoudre à trier des pois, du café, des haricots, à coudre des cahiers, à faire, en un mot, le travail de la prison. Ils sont privés ainsi par leur faute, au moins d'une distraction, et parfois même d'une importante ressource.

L'homme qui subit la détention préventive n'a pas de masse, comme le condamné qui partage à peu près avec l'État le prix de sa journée de travail [1]. Il reçoit tous les dix jours, non ce qu'il a gagné en totalité, mais les sept dixièmes. Les distributions d'aliments dans la prison sont tout juste suffisantes. Le travail est donc bien nécessaire. Le prisonnier sans argent, privé de parents qui lui apporteraient des provisions, peut néanmoins, s'il travaille, améliorer sa situation au point de vue matériel.

Le travail est en même temps une ressource et, ce qu'il importe également de trouver en prison, un moyen de se distraire. Les lectures, même les

1. Les condamnés reçoivent le quart de ce qu'ils ont gagné dans la prison même, et encore un quart à leur sortie. Ce dernier quart, c'est la masse.

plus intéressantes, finissent par donner de la fatigue et, par suite, de l'ennui, au détenu qui lit le matin, le soir, à midi, toujours. Voilà l'utilité du travail, quel qu'il soit. C'est grâce au travail qu'on peut obtenir la variété dans l'occupation, une succession d'exercices qui distrait et fait du bien. Mais avant tout, et réellement, ce qui soutient l'homme, coupable ou non, à la maison d'arrêt ou ailleurs, c'est l'illusion, c'est l'espoir de la liberté prochaine, quelque chimérique et mal fondé qu'il puisse être. Le rêve est, en nous, un grand bienfait de Dieu.

Les jeunes gens ont, de plus que les autres prisonniers, pour supporter patiemment la misère présente, et pour cesser hélas! trop tôt d'éprouver le remords et la honte, le secours, l'influence magique de ce grand enchanteur, l'amour. Les romanciers n'ont pas trouvé, les auteurs dramatiques n'ont pas mis à la scène, ce type : non le vulgaire bandit du mélodrame, avec sa passion brutale, mais le caissier, le dissipateur, en même temps voleurs ou escrocs, et amoureux [1].

Quoi! l'amour à Mazas? Oui. Tous les prévenus ne sont certes pas des malfaiteurs. Plusieurs seront acquittés. Plusieurs, dans l'égarement d'une passion folle, se sont perdus par la femme et pour

1. Très distincts du voleur par amour.

elle. Mais le malfaiteur d'habitude lui-même peut éprouver ce sentiment, ces jalousies et ces admirations, ces fureurs et cette ivresse. Sa passion est sans idéal, matérielle et grossière, voilà tout.

Un commis et une demoiselle de magasin, employés l'un et l'autre dans une maison des boulevards, s'étaient mis à vivre ensemble en faux ménage. Dans l'intimité de cette vie, ils s'entendirent bientôt pour détourner des marchandises qu'ils emportaient secrètement à leur domicile commun. On les soupçonne, on veille, on se cache pour constater le délit. La police, un matin, frappe à leur porte.

Ce fut une scène curieuse, non jouée certes, mais très sincère.

Chacun s'accusait seul, donnait des preuves de sa culpabilité propre et déclarait l'autre innocent. La jeune femme se jetait au cou de son complice, pour obtenir de lui qu'il consentît à l'accuser seule. Lui, suppliait avec larmes les agents de la sûreté, de le prendre et d'épargner celle qu'il aimait. Il fallut en finir. Le commis fut conduit à Mazas et la demoiselle de magasin à Saint-Lazare. Mais ils emportaient, l'un pour l'attacher à la cloison de sa cellule, l'autre pour la garder sur son cœur, une image, leur photographie. L'espoir d'être bientôt rendus l'un à l'autre les soutint merveilleusement pendant leur captivité. Sans remords, ils n'avaient qu'un chagrin : c'était, de leur propre aveu, de se trouver momentanément séparés.

Souvent, les jeunes fiancées refusent de croire à la culpabilité de celui qu'elles allaient épouser. Il leur faut des preuves certaines après son arrestation, et encore ne se rendent-elles pas toujours à l'évidence.

Ernest vient d'être arrêté pour escroquerie.

Il se hâte d'écrire à Madeleine, sa fiancée, non pas au domicile des parents, mais « au magasin ».

Madeleine après avoir lutté, se décide à répondre. Elle veut qu'il sache ce qu'elle a souffert en apprenant l'arrestation. Elle jurait quelques jours après, dès la troisième lettre, que son amour ne finirait qu'avec la vie :

Rien ne pourra nous séparer, mon Ernest chéri. Je vous ai pardonné.

Vous n'avez pas l'idée de tout ce qu'on a dit autour de moi pour me détourner de ce mariage. Ces demoiselles ne m'ont point épargné leurs injures.

Mes parents aussi, déclarent que j'ai bien fait de vous pardonner, mais qu'il ne faut plus que nous pensions l'un à l'autre.

Pour moi, je reste votre fiancée, malgré leurs conseils, malgré tout. Ce que j'entends dire ne me décourage pas. Au contraire, je déteste les personnes qui voudraient nous séparer. Celles même que j'aimais le plus, me deviennent insupportables.

Comptez sur mon amour. Votre

MADELEINE.

Heureux coquin ! Quel sentiment pur et vrai il a eu le bonheur immérité d'inspirer. « C'est-il ça de l'amour ? » aurait dit Beaumarchais. Mais « où diable la... *fidélité*... va-t-elle se nicher ? » eût pensé Molière.

§ VI

FOLIE

L'énumération des épreuves que fait subir au prévenu l'emprisonnement préalable est-elle finie ? Il faudrait dire non, si, comme on l'entend soutenir quelquefois, la folie et le suicide étaient fréquents à Mazas.

Il ne peut être question, à propos de prison préventive, de traiter ici le difficile sujet de l'emprisonnement cellulaire et du régime en commun. La comparaison des deux systèmes viendra à sa place, dans un chapitre spécial [1].

Mais ce fut dans la maison d'arrêt cellulaire, au moment où elle venait d'être construite que la première expérience, sur les adultes, fut faite. Aussitôt, la discussion commença, fort mal à propos. Il est

1. Chapitre IV.

clair que l'emprisonnement cellulaire, s'il a des effets funestes, ne peut les produire complètement à Mazas qui n'est qu'un lieu de passage. On ne fait de sérieuses expériences sur l'effet de la cellule, en bien ou en mal, que dans les maisons où les condamnés subissent l'emprisonnement, et un emprisonnement d'assez longue durée.

Le régime cellulaire appliqué avec ménagement, ne produit ni ordinairement ni souvent le suicide ou la folie.

Le docteur Pietra-Santa, médecin de Mazas, publia d'abord une brochure avec l'approbation du Gouvernement impérial [1]. Il répondait au docteur Lélut qui avait, d'accord avec d'autres médecins connus, et, dans des rapports spéciaux, conclu à l'adoption du système cellulaire, déclarant que ce mode d'emprisonnement n'était pas funeste, mais favorable, à la santé des détenus, et même plus favorable que l'emprisonnement en commun.

Le docteur Lélut [2], après avoir fait remarquer que, dans la vie prisonnière, le chiffre des aliénations doit être plus élevé, parce qu'il y a un lien évident entre le crime et la folie, prétendait établir que la moyenne des aliénés était, dans les prisons du régime en commun, de 3 à 15 p. 1,000, tandis

1. PIETRA-SANTA, *Influence de l'emprisonnement cellulaire de Mazas sur la santé des détenus*, 1853.

2. *Mémoire sur les prisons cellulaires*, 1850.

BIBLIOTHÈQUE NATIONALE RF IMPRIMÉS

qu'elle est de 2 à 5 p. 1000, dans le régime nouveau. Cette moyenne, d'ailleurs, dans la société honnête, ne dépassant pas 2 p. 1,000, il suivait de là que le système cellulaire était moins dangereux pour la santé que le régime en commun, et qu'il était presque aussi satisfaisant que l'état connu de la vie quotidienne.

Le docteur Pietra-Santa contestait ces chiffres. Il établissait que dans les prisons où les détenus vivent en commun, les cas d'aliénation mentale ne dépassent pas 4.70, 3.10, 2.80 2.50 p. 1,000. Surtout, il signalait ce fait avec insistance : de l'aveu même de son adversaire, il y avait eu à Mazas 9 cas bien constatés, nés dans la maison.

On peut aujourd'hui décider entre eux, sans passion et sans parti pris. Qui disait vrai ? Où était l'erreur ? Les constatations du premier étaient à peu près justes pour la généralité des cas et des prisons. Les observations du second ne l'étaient pas moins pour la maison d'arrêt cellulaire.

Mazas n'est pas la première prison venue ! Mazas reçoit les débutants dans le crime ! C'est, pour plusieurs, qui vivaient auparavant d'expédients, dans la société, cherchant à s'abuser sur leur état moral, la chute certaine, arrivée, la preuve visible de leur malheur immense et de leur déshonneur. C'est le fond de l'abîme où ils arrivent éperdus, déchirés, brisés. Mille émotions ont précédé : ils ne viennent là que malades, le système nerveux déjà ébranlé, atteints profondément.

Le malheureux, — celui-là qui sent, regrette, se repent, et celui-là seul, le cas étant relativement exceptionnel et rare, et toutes les remarques qui suivent ne devant certes pas s'appliquer aux habitués — n'était pas accablé comme à présent, quand il avait le mouvement, le bruit et la distraction du monde autour de lui, quand, sa faute ou son crime déjà connus, il croyait encore à l'impunité. C'est là, sur le bois dur de cette table de cellule où se heurtent ses coudes, la tête dans ses mains crispées, à l'étroit entre ces quatre murs blancs, derrière cette porte qu'il voudrait enfoncer du poing pour fuir au bout du monde, c'est là qu'il a la première révélation poignante de son déshonneur, et qu'il exprime, longuement secoué par les sanglots, le visage baigné d'une pluie de larmes, sa rage ou ses regrets.

Ce n'est pas encore le moment où il pourra, distrait par de nouveaux projets, penser à s'établir à l'étranger, en un lieu où nul ne le connaîtra, pour y commencer avec les siens une nouvelle vie. La douce espérance n'envoie pas à l'homme dans le premier accablement, un clair et bienfaisant rayon. Il pense à sa famille, déshonorée par lui, à ce mépris des siens presque inévitable. Que vont dire ceux qui l'ont connu ? Vingt journaux, sans doute racontent son crime et son arrestation, sans circonstances atténuantes, avec cette brutalité voulue du style dans les nouvelles à sensation, avec ces railleries fades et ce ton d'ironie bête qui plaisent à certains lecteurs, dans les faits divers ou la chronique.

En liberté, on irait, on marcherait droit devant soi, on aspirerait l'air, on pourrait courir. Il faut ici rester en place. Et sans fin, sans repos, sous le battement des tempes, mécaniquement, sans qu'on puisse réagir contre cette étreinte maîtresse de la fièvre, promptes à se succéder et à revenir, quelques idées, toujours les mêmes, prennent tour à tour possession du cerveau, comme un fatigant et inévitable tourbillon intérieur.

La chair est lâche.

Il a osé recourir à des moyens criminels pour arriver à son but, bravant la justice et riant intérieurement des hommes qui se laissent prendre pour dupes. A présent, il a peur des suites de son action, de cette cellule qui va devenir son séjour habituel de cette inaction, de la nourriture mauvaise et insuffisante, de la réclusion, des travaux forcés. Et les larmes coulent de nouveau.

Après des heures, le corps rafraîchi par ce frisson que laissent les pleurs abondants, mais la tête en feu, le cerveau brûlé par le flot de sang trop chaud qu'il sent monter le long de son cou et de son visage, il se jette sur son lit. Là, sans dormir, sans avoir mangé, fermant les paupières sur des yeux que fuit le sommeil, voyant en dedans les figures difformes, les fantômes que créent la fièvre et l'hallucination, il attend seul la fin de l'interminable nuit.

Le matin, si vous entrez dans sa cellule, vous le trouverez gémissant, malade, les yeux fermés. Vous le verrez se soulever avec des rages folles sur son lit, s'il s'agit de quelque délit de mœurs, à la pensée que vous connaissez, et que l'on connaît au dehors cette action honteuse. Acharné à nier l'évidence, il se démontre vingt fois à lui-même que ce qu'on dit n'est pas vrai, et il demande avec des cris, des interrogations qui appellent une réponse immédiate et favorable, s'il a pu, lui, faire une telle chose et si vous la trouvez vraisemblable ou possible, vous?.... Si vous risquez une explication, une parole d'encouragement et d'espérance, il vous réduira au silence par quelque raisonnement faux qui lui paraît irréfutable, par quelque ordre fort net, relatif à sa mise en liberté immédiate. Il faut bien se taire alors, lui laisser le temps de se calmer. Un degré de plus dans l'exaltation, et, vous le sentez, ce serait la folie.

Qu'arrive-t-il dans la généralité des cas? Le calme succède peu à peu à cette agitation des premiers jours. L'appétit revient, avec le sommeil. Alors tout est bien. Il a réagi. Voilà celui que les médecins appellent « bien trempé ».

Bien trempé! Ces médecins ont d'étranges manières de s'exprimer! Mais, à ce point de vue, les assassins aussi sont bien trempés, car ces faiblesses leur sont inconnues et ce n'est pas leur histoire qu'on vient de lire. Il leur arrive, cependant de se laisser traîner ou porter à l'échafaud. Bien trempé! Les malfaiteurs incorrigibles et bornés qui viennent dans la prison comme chez eux, y passent par quatre, six ou huit mois, la moitié de leur vie, seraient tous bien trempés aussi puisqu'ils n'éprouvent non plus rien de pareil. Non, tout dépend des nerfs, de l'organisation physique, sans qu'il puisse être question de la force morale ou de la trempe de l'âme.

Ces réserve faites, il est vrai qne le docteur Pietra-Santa a fort bien observé au point de vue médical sur quelques sujets ayant une prédisposition tout à fait rare et spéciale, ce qui se passe alors :

« S'il est faible et pusillanime, il se laisse abattre.
» Insensiblement il devient taciturne, triste, mo-
» rose. Bientôt il refuse ses aliments, et, s'il ne peut
» occuper ses mains, il reste de longues heures
» immobile sur son escabeau, les bras appuyés sur
» la table, les yeux fixés sur elle. Quelques jours
» encore, et la promenade ne sera plus un besoin
» pour lui, et les visites de l'aumônier ne le soula-
» geront guère, et les paroles du médecin ne le tire-

» ront pas de sa rêverie. Selon les degrés de son » intelligence, selon ses habitudes, son organisation » morale, la monomanie prendra une forme éroti- » que ou religieuse, gaie ou triste. Les affections » dépressives sont les plus ordinaires....»

Il y a plus. On peut affirmer que certains prévenus qui n'ont pas éprouvé du tout ou n'ont éprouvé que dans une faible mesure les impressions qui viennent d'être analysées, tombent peu à peu, par le simple effet de la solitude, dans un état alarmant. Ils ont l'air abattu. Ils demandent sans cesse quand finira leur captivité. Entrez-vous pour les voir? Ils ont à peine la force de se lever. L'œil regarde dans le vide, sans éclat, sans rayon. Ils trouvent difficilement les mots pour exprimer leurs idées. Rien de ce que vous leur dites ne les fait plus sourire. Sans raison, sans cause apparente pendant que vous leur parlez, ils pleurent abondamment en se cachant le visage. Ce flot de larmes tombant sans amertume, un certain gonflement des veines aux tempes, on ne sait quel insurmontable découragement visible dans l'expression, dans l'attitude, dans toute la personne, avertissent facilement de leur état sans qu'on soit médecin.

L'administration ne l'ignore pas.

Sachant bien ce que ces prodromes signifient, elle se hâte de tirer le détenu de sa cellule, de le mettre en commun avec deux ou trois autres prisonniers dans une division spéciale. Ordinairement cette précaution suffit. La santé devient meilleure en quelques jours et il est bientôt rétabli.

On ne saurait trop le répéter : ces ca sont rares. S'ils sont plus nombreux à Mazas que dans les autres prisons, c'est parce que tous les individus arrêtés pour crimes, pour délits, viennent là, et viennent y attendre avec effroi leur condamnation. Dans ces premiers jours de l'arrestation, tout est grave, imprévu, dramatique. La folie n'est pas fréquente, mais elle serait possible et pourrait même menacer ceux dont rien, dans la vie libre, ne semblait devoir troubler la raison. Il est donc nécessaire, pour prévenir le mal, d'accorder à chaque nouveau prisonnier, dès son entrée, une attention soutenue et les soins exceptionnels que son état peut bientôt réclamer. La vie en cellule a de bons effets ; mais il faut épargner cette épreuve, malgré la règle, à ceux qui ne sont pas assez forts pour la subir jusqu'au bout sans danger.

Il ne faut pas nier ces faits. Il faut se rendre d'abord à l'évidence, et les expliquer ensuite, dans l'intérêt même des prisonniers, et de ceux qui demandent, pour leur bien, la séparation individuelle dans la prison.

§ VII

SUICIDE

Une observation attentive et l'étude de la statistique au point de vue des suicides conduisent à la même conclusion.

Un certain album légendaire, conservé avec soin par les directeurs qui se sont succédé à Mazas, contiendrait, s'il faut croire ce qu'on raconte, les photographies de tous les suicidés, depuis l'ouverture de la maison d'arrêt. Or, les photographes ne viennent que rarement à Mazas, comme prévenus, et lorsqu'ils viennent, ils ne sont pas autorisés à porter jusque dans la cellule leur appareil et leurs instruments de travail. Ce qu'on trouve toujours, au contraire, dans cette maison, c'est, sur une population de 1,200 à 1,500 personnes, quelqu'un qui sait dessiner. Et il est vrai que les directeurs, en vue surtout du rapport qu'ils doivent adresser à l'autorité supérieure, après l'événement, ne manquent pas de demander à celui dont ils connaissent le talent en ce genre, de leur prêter dans cette circonstance, un utile concours.

En deux ans, à partir de l'installation, l'administration eut à constater 12 suicides, sur un ensemble de 12,542 détenus.

Le docteur Lélut affirma que ce chiffre coïncidait avec celui qu'il avait assigné au département de la Seine, 1 sur 1,291. Mais son contradicteur n'eut pas de peine à prouver que la proportion des suicides, au temps surtout de ces premiers essais de système cellulaire, était plus forte à Mazas que dans la prison commune et dans la vie libre. La Vieille-Force et les Madelonnettes n'avaient, en moyenne, qu'un suicide sur 12,000 détenus et une tentative sur 9,000.

De plus, les suicides ou les tentatives avaient eu lieu pour moitié dans les premiers jours de la captivité. Remarque importante! Ce n'est pas le mode de répression, c'est l'émotion de la première heure qui explique ce nombre un peu exceptionnel de suicides, de tentatives, et de cas d'aliénation mentale que l'on signale à Mazas.

§ VIII

LE PATRONAGE ET LES PRÉVENUS

Les libérés ne doivent pas jouir seuls des bienfaits du patronage. Le prévenu, sa famille, sont souvent dignes d'intérêt. Est-il acquitté ? Il a peut-être besoin qu'on lui vienne en aide. Est-il condamné ? Il faut l'avoir connu, surveillé pour pouvoir affirmer qu'en lui faisant du bien, la Société de patronage n'oblige pas un incorrigible et un ingrat.

Nul n'est prophète. Mais en écoutant seulement certains prévenus arrêtés pour la première fois, il est possible de reconnaître, comme un médecin sait le faire, si le mal dont il est atteint est aigu ou chronique, si c'est par accident qu'il se trouve là, ou s'il vient pour la première fois dans un lieu qu'il est destiné à revoir souvent.

Le vrai malfaiteur, qui sera bientôt un habitué, n'est pas difficile à distinguer des autres. Il a, si l'on peut dire, sa physionomie propre.

Le prévenu, d'ordinaire, n'avoue point, s'il n'a pas été pris en flagrant délit. Il devine instinctivement qu'il faut nier pour embarrasser le juge. Mais un indice certain qui révèle et un premier trait qui distingue celui qu'on peut réellement appeler « le malfaiteur », c'est qu'il est porté au mensonge aussi bien qu'au vol, de naissance. S'il a été trouvé nanti de l'objet volé, il n'essaiera plus de nier le vol, mais il ne conviendra pas franchement de sa culpabilité. Il s'efforcera de paraître intéressant, il soutiendra qu'il ne pouvait faire autrement, il plaidera toujours les circonstances atténuantes. Les magistrats ont raison d'attacher une grande importance aux aveux de l'accusé. Le malfaiteur ne se laisse pas émouvoir. Il n'a pas d'élan. Il ne sait pas, il ne peut pas avouer.

On s'étonne, assez souvent, qu'il se soit laissé prendre presque pour rien, qu'il se soit exposé à la prison pour réaliser un profit insignifiant. Rien n'est plus commun. C'est sa nature même : un mélange inexplicable de niaiserie et de ruse. Ecoutez-le parler. Vous restez surpris d'abord de ses combinaisons, de ses calculs, de ses inventions, des comédies qu'il a su jouer. Mais là, dans le moment même, en parlant, il se livre, il se laisse voir. Il ne se rend pas compte de l'horreur qu'il vous inspire. Il étale devant vous en même temps sa perversité et son ignorance. Il a rarement assez d'esprit pour dissimuler. Sans pénétration, il ne voit pas que vous le jugez et que sa scélératesse éclate odieusement étalée, épanouie, dans son regard faux, dans son rire canaille et dans toute son allure de bandit.

Voici quelques fragments de dialogue empruntés à une note écrite aussitôt après un semblable entretien. L'accusé avait vingt ans. Il a été condamné à huit ans de réclusion.

— Croyez-vous en Dieu ?

— Ma foi non.

— N'éprouvez-vous aucun remords, aucun repentir ?

— Puisque c'est fait, à présent.

— Je crains que vous ne vous corrigiez jamais, puisque vous ne regrettez rien.

— Que voulez-vous que je regrette ? La prison m'ennuie, voilà tout.

— Mais comment jugez-vous votre acte, votre crime même ?

— Je n'y pense pas ! Vous voulez me prouver que je suis mauvais ? Je le sais, je le sens ; mais que voulez-vous que j'y fasse ?

Après un silence :

— Vous sortez ? Vous ne reviendrez plus me voir ?

— Peut-être non. Trouvez-vous quelque plaisir à recevoir ma visite ?

— Oh ! plaisir... non. Mais je ne suis pas fâché de causer un moment.

Jeune, ayant des traits réguliers, élégant dans son costume, il paraît vilain, hideux. Il lui manque on ne sait quoi de bon, d'humain, de semblable aux autres jeunes gens. L'absence aussi visible, aussi complète de remords, d'honnêteté à cet âge, cette naïveté dans le mal, qui n'est pas du cynisme, tout cela semble incroyable et monstrueux.

Ce faussaire fait des vers dans sa cellule. Il avoue qu'au dehors, il ne voyait la campagne que par hasard quand il allait parier aux courses. Mais quoi ! Les poètes n'ont-ils pas l'habitude, le besoin de chanter la belle nature, et les poètes prisonniers, la liberté ? C'est l'école de Lacenaire, idylle et élégie. Quant au nombre des syllabes, on sait que les détenus, qui ont presque tous la manie des vers, ne soupçonnent pas même qu'il soit, selon les règles, arrêté à l'avance.

Je vous écris ces vers, n'en soyez point choqué,
En prose je ne sais exprimer ma pensée.
Si, pendant la journée, dans une triste rêverie,
De ma muse adorée je crois voir les ris;
Et si ma plume aidant à mon esprit fertile
Tâche de le servir dans cet art difficile
Où il faut par des mots arrangés avec grâce
Exprimer sa pensée sans en ôter la trace...

. . . .

Je crois me retrouver à seize ans, jours heureux
Où, la première fois, je devins amoureux.
Ah! combien je regrette ces beaux jours passés
Où bras dessus bras dessous nous allions folâtrer !
C'était au printemps et les bois tout en fleurs
Semblaient nous sourire et jouir de notre bonheur.
Par degrés, en entrant dans mon adolescence,
J'oubliai le bonheur de cette première existence.
A vouloir tout apprendre, tout savoir, tout connaître,
Chaque jour, chaque instant je formai mon jeune être.
Que servent, à présent, toutes ces connaissances,
Chimie, physique, histoire et toutes les sciences?
Plus rien ne fixe encore mon regard, ma pensée,
Des arbres et des fleurs, de tout suis séparé!

. . . .

Mais il me semble entendre un bruit de ferraille!
Je ne vois autour de moi que quatre murailles.
Où suis-je? C'est vrai. La triste réalité
Vient frapper mon esprit, me voilà éveillé!

Ces vers sont adressés à un prévenu de la même division et, un jour, la réponse arrive discrètement glissée au dos d'un livre entre le cuir et le papier.

Le voisin, dans son style, se révèle aussi dépourvu de sens, aussi naïvement scélérat, aussi désespérément perdu que le malheureux qui entretient avec lui cette correspondance. Voici, sans corrections, quelques lignes de cette réponse :

Les femmes et vos amis, qui, sans doute, vous admirent, ne font que rendre au César ce qui est au César, et à Dieu ce qui est à Dieu.

Vos charmants vers, quoique le sujet qui vous a servi d'inspiration soit bien triste dans notre critique situation, me feraient donc voir que vous vez non-seulement de l'esprit mais aussi du talent, hose que vous devez, selon mon opinion, savoir t dont je vous fais mon compliment sincère.

Je suis né à B... (Amérique) ; d'un caractère quelque peu volontarieux *et despotique.*

*Officier dans l'armée de ***, j'ai tué en duel, X... C'est après cette affaire que j'ai commencé mes oyages.*

La société m'a fait une insulte injuste en m'enermant à Mazas, et je n'oublierai pas, quand je erai libre, qu'une de mes devises est « Nemo me impune lacessit »... *Comprenez-vous ?*

Dans le demi-monde, je suis connu avec le titre de marquis, et dans le grand, avec mon véritable nom.

Ma prose, il est assez mauvaise. Mais avec la langue de la franchise, je vous offre mon amitié. J'espère que vous me répondrez à ce sujet, avec la loyauté qui naît dans le malheur.

Ces malheureux, jeunes encore, sont entièrement perdus sans doute pour la société! Voleurs, faussaires, accusés d'assassinat ou de tentative d'assassinat, ils nient et n'ont pas de remords. C'est en cela qu'ils se ressemblent presque tous.

Serait-il raisonnable de leur prodiguer des soins et des conseils inutiles? Ils ne demandent et n'obtiennent pas le patronage plus qu'ils ne le méritent.

Au contraire, d'autres prévenus sont bien disposés. Il est déjà possible de séparer l'ivraie du bon grain dans la maison d'arrêt.

L'hiver, par exemple, aux habitués de la prison, aux vagabonds, aux mendiants, bien connus de tout le personnel, viennent se joindre des malheureux qui ont faim et froid dans la rue, des journaliers sans travail. En décembre 1879, le grand froid fit doubler en moins de huit jours, le nombre des individus arrêtés.

On ne voit guère, à Mazas, le père de famille légendaire, cher aux philanthropes, qui dérobe au boulanger un pain de deux sous pour nourrir tous les siens. Mais voici ce qu'on peut voir souvent. Quelqu'un, — c'est parfois un jeune homme — s'est trouvé tout à coup sans travail, sans pain. Il attend, il reste deux jours sans manger. Bientôt la faim devient insupportable. Prenant alors son parti, il entre dans un restaurant, demande deux fois du vin, de la soupe, un peu de viande même, puis déclare qu'il n'a pas d'argent pour payer la note, un franc, un franc cinquante, et qu'on peut le faire arrêter. C'est le délit d'escroquerie. Le moyen de traiter comme un criminel l'infortuné qui l'a commis ?

Chez les jeunes gens, c'est la prévoyance qui est le plus souvent en défaut. L'homme mûr lui-même, moins excusable, a pu céder un moment à quelque passion qui l'a dominé, s'oublier une fois, commettre une action que la morale réprouve et que la loi ne peut manquer de punir. Ceux-là aussi, cet homme, ces jeunes gens, méritent qu'on leur vienne en aide.

Il convient, dès la première heure, d'éclairer ce prévenu digne d'intérêt, sur sa faute ou son erreur ; de se mettre, pour faire cesser son inquiétude légitime, en rapport avec sa famille ; de lui expliquer ce qu'il gagne à être séparé des autres détenus, et de lui faire toujours envisager la peine, non, simplement comme une souffrance à accepter, mais comme un avertissement salutaire.

On pourrait croire que les prévenus doivent se montrer rebelles à cette direction qui semble s'imposer, résister d'abord, et déclarer que cette morale les fatigue. Il n'en est rien. Il y a peu d'exemples, d'injures adressées ou même d'un mauvais accueil fait à l'aumônier.

Ils sentent tous, instinctivement, qu'il y a là pour eux, une sympathie réelle. Ils jugent avec raison le patronage utile, favorable, imaginé dans leur intérêt. Le ministre de la religion est compris, quand il conseille même à des matérialistes, au nom de la fraternité, de ne pas faire le mal. Son intention du moins est appréciée et son caractère est respecté.

Il peut croire que sa présence est utile, désirée, quand il voit des adversaires déclarés de toute croyance, reconnus athées, lui proposer en riant — ils l'osent quand ils sont détenus seulement pour cause politique, conspiration, société secrète — de partager leur modeste repas de prisonnier.

III

SAINT-LAZARE

LA MAISON D'ARRÊT ET DE CORRECTION. — LES PRÉVENUES. — LES CONDAMNÉES. — FEMMES DÉTENUES ADMINISTRATIVEMENT. — L'INFIRMERIE. — LE MAGASIN GÉNÉRAL DE L'ADMINISTRATION.

§ I

LA MAISON D'ARRÊT ET DE CORRECTION

On arrête six ou sept fois moins de femmes que d'hommes. C'est un fait. Sur 35,083 personnes arrêtées, à Paris, en 1877, il y avait 3,261 femmes majeures et 1,028 mineures. Il est donc certain qu'elles commettent bien plus rarement que les hommes des crimes, délits ou contraventions, soit parce qu'elles ont naturellement moins d'audace, soit parce qu'elles joignent à une religion plus sincère, le goût de la vie domestique, l'esprit d'ordre, une disposition marquée à subir avec résignation la dépendance.

Mais, cela constaté, il n'est pas moins certain qu'une fois condamnées et mises en prison, elles sont moralement aussi mauvaises que les hommes. Elles semblent pires. Tel est l'effet habituel d'une entière dégradation chez la femme. Il est vrai d'ailleurs qu'elle a le vice plus hardi et plus insolent. Dickens a écrit dans l'un de ses contes de Noël : « Si déchues qu'elles soient, elles ont encore dans la main quelques débris de ces plantes arrachées à la pente de l'abîme où elles ont roulé, faute d'une barrière élevée entre elles et ses bords glissants ». C'est une belle image, mais ce n'est qu'une image. En réalité, celles qui voudraient, de tout leur pouvoir, sortir de l'abîme ou en être tirées, sont relativement en petit nombre. Il y a des essais, des efforts plus ou moins sincères et persévérants. Mais un vrai repentir n'est pas commun. Il n'est pas plus aisé de rencontrer Madeleine que le bon larron.

Il n'y a qu'une maison d'arrêt, à Paris, pour les femmes, Saint-Lazare, comme il n'y a que Mazas pour les hommes et la Petite-Roquette pour les jeunes détenus. Mais les condamnés à des peines correctionnelles au-dessous d'un an sont placés après jugement, pour la plupart à Sainte-Pélagie ou à la Santé. Les femmes restent toutes à Saint-Lazare, après comme avant la condamnation, si une peine qui doit être nécessairement subie en maison centrale n'a point été prononcée contre elles.

Ce n'est pas tout. Les filles malades ou détenues administrativement partagent cette maison avec les femmes mises en prison. On pourra donc bien, dans un tel établissement, dans un lieu où presque toutes les femmes arrêtées pour un motif quelconque sont conduites, éviter le désordre, grâce à une exacte, à une attentive surveillance. Mais comment prévenir la contagion, soit physique, soit surtout morale? Comment éviter un certain encombrement?

Un quartier distinct, au Dépôt de la Préfecture, en tout semblable au quartier des hommes qui a été décrit en détail dans un précédent chapitre; une maison d'arrêt, de correction, et, en même temps, de détention administrative, Saint-Lazare; enfin, un bâtiment spécial au Dépôt de mendicité de Saint-Denis; voilà l'ensemble, voilà, pour les femmes tout ce qui peut être mis à la disposition de l'administration pénitentiaire dans le département de la Seine.

Très ancienne, la maison de Saint-Lazare, construite au centre de Paris, n'a été affectée et appropriée à son usage actuel que longtemps après sa construction. Successivement léproserie, asile de la mission organisée par saint Vincent de Paul, elle n'a été transformée en prison, et en prison pour hommes, que vers le temps de la Révolution. Beaumarchais se plaignait d'y avoir été conduit le 8 mars 1785, sur un mot du roi, écrit à sa table de jeu, au dos d'une carte à jouer, parce que c'était la prison des fils prodigues, une maison d'arrêt pour les jeunes drôles pris en flagrant délit d'escapade. Il croyait mériter la Bastille où l'on mettait les coupables sérieux.

« C'est, — disent *les Mémoires secrets*, — une espièglerie du Gouvernement qui a voulu le corriger en riant, et, par cette épigramme en action, le traiter à sa manière. »

Quelques années plus tard, en 1794, André Chénier y passait les quelques jours qui lui restaient à vivre jusqu'au 7 thermidor, et c'est là qu'il écrivait ses derniers vers avant d'aller à l'échafaud :

Comme un dernier rayon, comme un dernier zéphyre
Anime la fin d'un beau jour,
Au pied de l'échafaud j'essaie encor ma lyre,
Peut-être est-ce bientôt mon tour.

Après la Petite-Force, après les Madelonnettes, Saint-Lazare réunit sous Louis-Philippe les filles arrêtées et les détenues pour crimes ou délits.

Le 23 juillet 1834, le Conseil municipal avait voté des fonds pour la création d'une infirmerie. Moins de deux ans après, le 8 février 1836, le nouveau local recevait les filles publiques malades. La prison du faubourg Saint-Denis est encore aujourd'hui ce qu'elle était alors, un mélange singulier de personnes et de choses qu'on n'a pas accoutumé de voir ensemble, vieilles constructions et bâtiments neufs, filles vicieuses ou de mauvaise vie et femmes flétries par la justice.

Dans la rue, ce n'est qu'une vieille maison. Elle est à peu près à l'alignement. Ceux qui l'habitent, ne sont pas comme ailleurs, dans les prisons, isolés dans une enceinte, séparés du reste du monde par de hautes murailles. Mais à l'aile gauche, au point le plus bas en suivant la rue qui descend vers les boulevards, un chemin de ronde sépare Saint-Lazare des maisons voisines. Le long de ce chemin les grilles de fer apparaissent partout, à tous les étages et jusqu'aux mansardes sur les toits, rayant de leurs lignes grises, hachant avec une symétrie parfaite, avec une désespérante régularité, les fenêtres noires de la prison, fermées, sans rideaux, balayées obliquement du vent engouffré qui fait ça et là voler la poussière.

Au dedans, deux vastes bâtiments, convenablement séparés, éclairés par le jour de cours intérieures larges et plantées d'arbres, correspondent aux deux grandes divisions administratives : une section pour les détenues proprement dites, et une autre pour les femmes enfermées administrativement. Un coup d'œil suffit : c'est l'ancienne construction massive, avec ses murs épais, ses dortoirs sous les combles. Pas un coin n'est perdu. Mais il y a longtemps que la maison est remplie, du rez-de-chaussée aux étages supérieurs. Aussi la division en deux sections ne peut-elle être toujours observée en fait. On se mêle. Il faut pour toutes des dortoirs et des ateliers, et les filles soumises envahissent la prison.

Il n'y a pas, à Paris, de maison spéciale pour les jeunes détenues, quelle que soit leur situation : prévenues, condamnées ou filles en correction paternelle. Dans les trois cas, les filles au-dessous de seize ans sont envoyées à Saint-Lazare.

Il n'y a pas de maison de justice pour les femmes. En quel lieu restent les prévenues de délits et les accusées de crimes, jusqu'au jour même de leur jugement ? A Saint-Lazare.

On chercherait vainement une maison de correction particulière pour les condamnées à des peines correctionnelles ne s'élevant pas à plus d'un an. Où sont-elles envoyées après jugement ? A Saint-Lazare.

Dans quel établissement les filles mineures non inscrites, et arrêtées en flagrant délit de prostitution publique, les filles soumises arrêtées pour infraction aux règlements de police, et les malades venant du dispensaire de la Préfecture sont-elles gardées ? A Saint-Lazare. Il n'y a pas pour elles, en effet, un autre lieu municipal de détention.

Ainsi, jeunes filles prévenues, condamnées à moins de six mois ou mises en correction par leur famille [1], femmes en prévention, condamnées des tribunaux correctionnels, filles soumises, insoumises, filles atteintes de maladies syphilitiques, filles ou femmes en hospitalité provisoire, tout un personnel d'employés à la lingerie, à la boulangerie, au magasin général des prisons de la Seine, près de quinze cents personnes, vivent ensemble à Saint-Lazare.

C'est trop. La science pénitentiaire signale, au contraire, aujourd'hui, et démontre jusqu'à l'évidence la nécessité de l'isolement pour les détenus, hommes ou femmes, et le danger de l'agglomération.

On a eu plusieurs fois la pensée de donner aux femmes détenues préventivement pour crimes ou délits, une prison distincte. La maison de la Petite-Roquette devait d'abord, paraît-il, en 1825, leur être consacrée exclusivement. Plus tard, le 22 juin 1867, lorsqu'une loi eut supprimé la contrainte par corps, l'Administration demanda pour elles l'établissement de Clichy. Mais le Préfet de la Seine répondit qu'au moment même il faisait mettre en vente les matériaux de cette maison dont la démolition était prochaine.

1. L'Administration place aujourd'hui les filles en correction paternelle dans des établissements religieux.

Que les vieilles prisons soient tout à fait insuffisantes et qu'on ait raison de ne les point conserver, c'est ce qu'il est impossible de nier. Mais il faudrait alors se décider à construire cette prison modèle pour femmes qu'on a depuis si longtemps le projet d'élever près de la gare d'Ivry, en deçà de l'enceinte des fortifications.

§ II

LES PRÉVENUES

La prudence conseille d'éloigner de Saint-Lazare tout être qui n'est pas encore perdu.

On a pris le parti de séparer des autres, d'abord, les filles en correction paternelle ; puis, de ne les conduire plus à la prison et de les placer dans des établissements religieux. Elles sont reçues dans ces asiles depuis 1873.

Tout ce qu'il y a d'heureux dans cette innovation peut se résumer en un mot : ce n'est plus la prison.

D'abord le costume adopté n'est point celui des détenues. Ces filles, toutes jeunes, passent de l'ouvroir à l'école et de l'école au dortoir, tête nue, les cheveux flottants ou rassemblés, à leur gré, sous les mailles écartées d'un léger filet. Elles ont par dessus leur robe le tablier à manches des enfants. Elles vont et viennent, l'air gai, le visage coloré et souriant, comme à la pension. Aux heures d'étude et même au moment de la récréation, si elles ont fait quelques progrès, si elles paraissent disposées à se corriger, il leur est permis de se mêler aux autres enfants qui viennent du dehors à l'ouvroir ou à l'école.

On n'a jamais l'assurance de combattre avec succès un vice, une mauvaise disposition naturelle. Mais il est certain que si une transformation est possible, c'est là, bien mieux que dans la prison, qu'elle pourra s'accomplir.

Quant aux jeunes détenues proprement dites, c'est-à-dire aux jeunes filles arrêtées pour mendicité, vagabondage, légers délits, ou même pour crime ou délit grave, presque toutes les observations précédemment faites s'appliquent à elles aussi bien qu'aux garçons[1]. Les causes de leurs fautes, les entraînements, sont les mêmes. Leur situation inspire un égal intérêt, et leur relèvement exige les mêmes réformes.

Seulement, celles qui ont le vice inné, s'abandonnent à leurs mauvais instincts avec moins de retenue encore et de secrète honte que les jeunes gens. Elles mentent avec plus de suite et d'au-

1. Chapitre II, première partie, *la Petite-Roquette*.

dace. Il y a plus d'art et de finesse dans l'invention des contes qu'elles vous débitent.

Elles les surpassent en hypocrisie surtout. En effet, elles sont hypocrites avec plus d'intelligence et de succès.

L'une d'elles, âgée de douze ans, avait reçu presque aussitôt après son entrée dans la maison, la visite d'une personne qui venait tout exprès pour parler aux jeunes détenues et leur donner de bons conseils. Non seulement il était honteux de s'exposer à une arrestation, mais encore on réduisait un père, une mère, toute une famille au désespoir. Elle avait le cœur dur, sans doute, puisque rien n'avait pu l'émouvoir et l'empêcher de commettre une mauvaise action.

L'enfant écoutait en silence, frottant ses yeux où ne brillait aucune larme, des yeux ternes, sans regard, noyés, qui s'abritaient d'instinct, pour qu'on n'y pût rien lire, sous les paupières à demi fermées.

On se sépare. On met un terme à la visite, sans résultat apparent.

Mais elle a fait son profit de l'entretien. Le ton, les mots, l'attitude de la personne qui s'en va, fidèlement retenus, induiront en erreur celles qui peuvent venir encore et feront croire à un sincère repentir.

Quelqu'un vient, en effet.

— J'avais tort, dit l'enfant ; je le sens bien.

— Pourquoi donc avoir mal agi ?

— C'est que j'avais le cœur dur.

Suit un long *mea culpa*, la petite hypocrite comprenant bien qu'on doutera moins de son repentir, si l'on pense qu'elle n'a rien caché, qu'elle a fait même des aveux qu'on n'attendait pas.

Sa ruse va réussir. On se propose sérieusement de la rendre à sa famille. Mais elle-même rend inutile tout ce qu'elle a dit, par une confidence imprudemment faite à l'une de ses codétenues.

— Pourquoi donc cherchais-tu à nous tromper? lui demande-t-on. C'était sans doute la peur d'un prochain voyage à la colonie pénitentiaire qui t'inspirait tous ces mensonges?

— Non, répond l'enfant, l'air contrarié. Mais voici le jour de Noël et, bientôt après, les étrennes. Je voulais, avant de partir, passer au moins les fêtes à la maison.

On signale chez les garçons l'admiration pour les criminels célèbres. Ils en imposent habituellement quand ils veulent faire croire, dans le jeune âge, à leur grande perversité. Les filles aussi ont une apparente admiration pour les femmes vicieuses qu'elles ont pu voir ou dont elles savent l'histoire. Quelqu'un qui visitait Saint-Lazare a été surpris un jour d'y lire une inscription obscène, comparable « au cri d'une Sapho éperdue »[1]. Mais les enfants

1. M. Maxime du Camp.

n'ont-ils pas l'habitude de tout entendre au fond des faubourgs de Paris ? Les jeunes détenues qui sont nées dans certains milieux, n'inventent pas ces mots étranges. Elles n'ont qu'à se souvenir.

Quoi qu'il en soit, ces incompréhensibles caractères, ces types sont rares. Il faudrait tenter d'épargner aux autres jeunes filles, en si grand nombre, une vie malheureuse et une triste fin, au moyen d'institutions sérieusement préventives. Actuellement elles vivent dans le même lieu que les filles soumises. On se borne à les empêcher de se rencontrer aux mêmes heures. Il devrait y avoir au moins un petit Saint-Lazare, comme il y a une Petite-Roquette.

Leurs cellules seraient grandes. Mais l'espace est toujours insuffisant pour la population nombreuse de la maison d'arrêt et de correction Il a fallu partager en deux chaque cellule au moyen d'une simple cloison grillée. La porte reste presque toujours ouverte, et le jour vient du couloir, aucune fenêtre ne s'ouvrant sur la cour. Vêtues de la robe brune réglementaire, d'un fichu et d'une cornette d'indienne de couleur claire, les jeunes prévenues travaillent, attendant chaque jour l'heure de la récréation, et, dans trois ou quatre semaines, le jugement.

Sur une moyenne habituelle de douze cents femmes de tout âge détenues à Saint-Lazare, moins de quatre cents subissent la détention préventive.

Les prévenues adultes supportent avec moins de

peine et d'ennui que les hommes, à Mazas, les lenteurs de l'instruction. C'est qu'elles vivent en commun.

Réunies ainsi, dans leurs deux ateliers, elles n'y sont pas confondues. On a l'habitude de les grouper suivant des présomptions de moralité sérieuses, fournies et maintes fois justifiées par l'expérience. En s'appliquant au travail, dans ces ateliers, la femme qui a peut-être laissé plusieurs enfants au dehors peut réserver pour eux quelque chose, gagner 75 centimes par jour.

Enfin, les prévenues ne vont au réfectoire ou dans les cours qu'après les condamnées et les filles soumises. Il n'est jamais permis aux unes et aux autres de s'y trouver en même temps.

Telles sont les règles, actuellement établies, à l'observation desquelles veille l'administration.

§ III

LES CONDAMNÉES

Le déplorable effet de la promiscuité, même lorsqu'il s'agit de personnes condamnées à des peines courtes et d'égale durée, a été cent fois observé et signalé. Il est facile de le constater une fois de plus, manifeste, indéniable, parmi les condamnées à une peine ne dépassant pas un an, gardées à Saint-Lazare. Dans cette catégorie se trouvent comprises en même temps, comme dans la prison des hommes à Sainte-Pélagie, des détenues ayant encore de bons sentiments, punies après une première faute, et des récidivistes habituées de la prison départementale ou de la maison centrale, qui ont commis entre deux délits d'importance, une plus légère infraction. On comprend quels pernicieux conseils, une peu recommandable matrone, déjà mûre, profitant d'un contact quotidien, peut donner à une jeune femme. Des conversations dangereuses entre ces condamnées sont inévitables, malgré toute surveillance, dans les salles de travail.

Une voisine plusieurs fois arrêtée, c'est l'avocat du diable. Non seulement elle enseigne le mal et détruit l'effet des exhortations qui pourraient être salutaires, mais elle communique on ne sait quoi d'elle-même, sa triste expérience, son assurance dans le vice et son mépris du bien. Après l'avoir connue, celle qui a reçu ses confidences, sera non seulement plus corrompue, mais, suivant une expression fort juste, « en garde » contre toute bonne influence.

Physiquement, ce qui frappe d'abord dans le quartier commun des femmes, c'est le costume. On ne voit mieux nulle part, à quel point le vêtement semble élégant ou disgracieux, original ou platement vilain, selon l'expression du visage, le maintien et toute l'attitude de la personne qui le porte.

Quoiqu'il soit fait d'une étoffe grossière, le costume des détenues n'est certainement pas aussi déplaisant à voir que celui des hommes. Eh ! bien, quelques-unes l'embellissent jusqu'à en faire un travestissement qui semble piquant ; d'autres en y encadrant leur visage, usé, ridé, jauni par la misère ou la débauche, le feraient prendre en horreur.

On l'a fort bien remarqué, la femme garde toujours, dans toutes les situations, un peu de coquetterie.

Les regrets, à cet égard, la privation des objets indispensables, commencent au dépôt de la Préfecture. L'arrestation a été inopinée, s'il y a eu flagrant délit. Ou bien, si les agents sont venus à domicile, la femme arrêtée s'est mise aussitôt à leur disposition pour se soustraire plus vite aux regards curieux des voisins. Peut-être aussi n'avait-elle reçu qu'une assignation à comparaître, et le juge d'instruction l'a retenue. Comment faire alors ? Pour un peigne, une serviette, un morceau de savon, elle fait une incroyable dépense d'esprit, de diplomatie. Elle promettrait de bonne foi une reconnaissance éternelle.

Quelques-unes doivent à leur obstination naturelle ou au vif désir qu'elles ont d'échapper à certaines prescriptions impérieuses des règlements administratifs, de trouver parfois des réponses spirituelles, des objections d'un tour piquant et inattendu. Le modèle, en ce genre, c'est cette femme de soixante ans, qui refusa, dans une maison centrale, de se laisser priver de sa blanche et rare chevelure[1].

— Allons, qu'on la tonde, dit brusquement le brigadier.

— Je m'y oppose, répond la vieille.

— Et la raison? fait l'employé d'un ton railleur.

— La raison, c'est que ces cheveux ne sont pas ma propriété. Je viens de convoler en quatrièmes noces, ayant déjà perdu trois maris. Ainsi, ces cheveux ne sont pas à moi. Ils appartiennent à mon époux.

A Saint-Lazare, on reçoit la visite d'une fille, d'un parent, de quelque membre de la famille. Il n'est pas difficile d'avoir en parfums, vinaigres, articles de toilette, ce que chacune selon son luxe ordinaire et ses habitudes, juge indispensable. Ces ressources font-elles défaut? Le travail reste. Enfin, si le travail manque également, il n'est pas défendu de trouver, d'inventer alors quelque chose.

L'une grande, robuste, et pouvant servir de modèle à l'artiste qui voudrait tailler dans le marbre ou représenter sur la toile la « forte fille » d'Auguste

1. Cet usage a disparu.

Barbier, sait arrondir de ses mains et façonner à son usage un corset avec du fil de fer. L'autre, privée de linge, découpe adroitement, pour se parer, dans une grande feuille de papier blanc, une paire de manchettes. La Parisienne cherche et trouve la nouveauté, l'imprévu, dans la manière de porter son bonnet et d'en disposer les plis. Une femme de théâtre réussit à se procurer du fard, en le fabriquant elle-même.

La vanité qui perce dans les plus petites choses; de fréquentes querelles à la fin desquelles il y aurait, si les personnes chargées de la surveillance n'intervenaient pas, plus de cheveux arrachés que de sang versé; une jalousie qu'excite la moindre faveur accordée à l'une des détenues et qui dure autant que la détention; voilà ce qui donne son caractère à part, sa physionomie propre à la femme en prison, et voilà ses préoccupations, les faits, la vie, l'intérieur de la prison des femmes.

Ces condamnées passent les jours de leur captivité dans l'un des quatre ateliers qui leur sont réservés. Elles font de la couture, les unes à la main, les autres à la machine. Si leur peine doit avoir une longue durée, dix mois, onze mois, un an, les plus habiles pourront trouver à la masse, à leur sortie, une somme assez importante. Elles peuvent gagner jusqu'à 2 fr. 50 c. par jour.

Le travail les réunit dans les mêmes ateliers. Elles

entrent à la fin de la journée dans les mêmes dortoirs. C'est la vie en commun à toute heure, avec des inconvénients, des dangers dont la pensée est facile à concevoir. Il n'est peut-être pas impossible de surveiller l'atelier. Mais, le dortoir? En ce lieu, les moins perverties ne peuvent recevoir et avoir sous les yeux, que des leçons et des exemples d'immoralité.

On s'étonne, on dit : les femmes tombent en récidive plus rarement que les hommes. C'est qu'elles ont, peut-être, fait leur profit de ces tristes leçons. Elles ont une malheureuse ressource qui manque aux hommes : la prostitution [1].

On ne pourra jamais soumettre les femmes à des règles invariables. Le rôle qu'elles ont, dans la famille, dans la société, ne le permettrait pas. La femme enceinte condamnée à mort est sauvée par son enfant. La loi veut qu'on la laisse vivre deux ans. Mais la pitié, l'humanité, font accorder à celle qui se trouve dans cet état, des lettres de grâce.

Condamnée pour adultère sur la dénonciation de son mari, une détenue de Saint-Lazare peut être réclamée par lui avant l'expiration de sa peine, et même à un moment quelconque pendant la durée de l'emprisonnement. Elle lui sera rendue.

Une salle de la première section, l'une des plus

1. Jules Simon, Conférence du 30 mai 1880.

saines, des mieux aérées, des meilleures en un mot de la prison, est réservée aux nourrices et aux femmes enceintes. Souvent la mère, après jugement, devrait quitter Paris pour aller dans une maison centrale. Mais il n'est pas rare qu'on la garde à Saint-Lazare, par humanité, jusqu'à ce que l'enfant ait trois ans. A trois ans, l'enfant est confié à l'Assistance publique, et la mère peut partir. C'est la règle. Ainsi la naissance de l'enfant a été deux fois heureuse. Le nouveau-né est deux fois protecteur : non seulement la mère ne part pas, si l'enfant est né ou va naître, mais il la sauve moralement, et, parfois, l'empêche de retomber dans le mal. Il conseille le bien à la femme qui peut aimer encore, se racheter et se réhabiliter par l'amour maternel, mieux que ne le sauraient faire la sœur de charité ou le ministre du culte.

Oui, souvent, la mère se relève et se régénère par l'amour. Il lui est beaucoup pardonné parce qu'elle a beaucoup « aimé », selon le mot si profond, si juste et si peu compris de l'Évangile. Elle devient alors capable de tous les efforts et de tous les progrès. Il n'y a pas d'obstacle qu'elle ne tente d'écarter pour abréger la durée de sa peine, pour mériter la grâce, pour obtenir de rester auprès de lui, jusqu'au moment où elle pourra l'emporter avec elle.

Entre ces condamnées majeures ou âgées de

seize ans au moins, et les jeunes détenues qui restent à la prison si elles sont condamnées à une très courte peine, se placent les filles mineures soit condamnées, soit acquittées comme ayant agi sans discernement et retenues jusqu'à vingt ans. Ces détenues n'entrent pas toutes, sans exception, dans des maisons correctionnelles ou dans les colonies péniteniaires. Comme les filles en correction paternelle, elles sont quelquefois remises par l'administration aux directrices de certains établissements religieux qui se contentent d'une subvention de 60 centimes par jour, et les reçoivent comme elles seraient reçues dans des colonies privées [1].

Cette décision de l'administration est la meilleure et la plus favorable qu'il soit possible de prendre à leur égard.

En pénétrant dans l'un de ces établissements, on oublie peu à peu, délit, juges, prison, tout le triste passé. On croit entrer dans un orphelinat. Tout ce qu'on voit et l'on peut tout voir, est propre, frais, soigné. Les jeunes filles travaillent à l'école ou à l'atelier. Pas de cornette, pas de robe de bure. Presque rien ne rappelle le costume de la prison. Il manque un peu de linge fin, avec quelques points de broderie, autour du cou, des poignets. Mais le règlement n'admet aucun luxe, et ne donne pour

1. La maison des Diaconesses, à Paris, par exemple.

habiller, que le nécessaire. Quoique ces filles puissent avoir jusqu'à dix-neuf, vingt ans, elles portent encore le grand tablier à manches. On croit voir des brunisseuses tranquilles, bien peignées, qui font chaque jour laver leur tablier.

Elles se taisent. Vous remarquez qu'elles sont fâchées d'être vues là. Mais elles n'éprouvent pas toutes cet honnête et modeste embarras.

Celles qui viennent d'entrer dans la maison, et d'autres, arrivées à la fin de leur séjour sans réelle amélioration au point de vue moral, jettent sur vous un regard, un vilain regard de côté, hardi et malveillant. Comme les garçons, elles s'efforcent d'entrer en relations par lettres, à la promenade, à l'atelier, dans les endroits où il n'est pas permis de parler, et, comme eux, parfois, elles se font mettre au cachot. La religion a eu raison d'appeler Satan « le révolté ». Un esprit de révolte et de désobéissance est ce qui distingue tous ceux qui font et feront encore le mal. On a, plusieurs fois par jour, l'occasion d'observer chez ces filles-là, la révolte contre la discipline, contre les surveillantes, quelle que soit la douceur de celles-ci. On se borne alors à exiger d'elles jusqu'à la fin, avec plus ou moins de succès, une conversion extérieure dont il faut bien se contenter. Mais la soumission est-elle véritable et la conversion sincère? Quel encouragement pour la directrice et les femmes dévouées aux soins et à la collaboration desquelles est dû ce résultat !

On peut dire alors que la victoire est complète et que la difficile entreprise a pleinement réussi.

Il n'est pas bon de rappeler sans cesse aux filles prisonnières quelle est leur véritable situation. Mais on n'agirait pas sagement en la laissant tout à fait oublier. Le but de la loi est double : répression et correction. Point de dortoirs. Les cellules sont fermées la nuit. On a posé devant les fenêtres, jusqu'à la moitié de leur hauteur, des volets. Voilà ce qui rappelle la prison.

Mais on ne passe que la nuit dans ces cellules ! Mais on a un peu de linge, suspendu au court portemanteau ! Il n'est pas interdit de clouer au mur une ou deux gravures, d'avoir sur la table de toilette un peu d'huile, d'eau de Cologne, et même — grand luxe ! — une brosse à dents.

Il est donc bien vrai que sous tous les rapports, matériellement et moralement, ces jeunes filles se trouvent mieux là qu'à Saint-Lazare, à la colonie, et, souvent même, si elles avaient de mauvais parents, mieux que dans leur propre maison.

§ IV

LES FEMMES DÉTENUES ADMINISTRATIVEMENT

Il faut, pour arriver à la division réservée aux filles détenues à Saint-Lazare par mesure administrative, quitter la première section ou prison proprement dite, et entrer dans la deuxième section.

Le quartier administratif ne date que du Gouvernement de Juillet. Il est bien construit et il a l'air neuf, comparé à l'autre. C'est un hospice plutôt qu'une prison. La pharmacie, les bains, les cuisines occupent le rez-de-chaussée. Les infirmeries des syphilitiques, salles d'hôpital, et d'hôpital de Paris, vastes et propres, occupent les étages supérieurs. Au premier, les filles soumises. Les insoumises sont plus haut. Les unes et les autres trouvent dans le même bâtiment toutes les choses nécessaires, c'est-à-dire, avec les soins que leur maladie réclame, le dortoir, le réfectoire et l'atelier.

Toutes les filles soumises ne sont pas malades. Quelque infraction a fait conduire à Saint-Lazare un certain nombre d'entre elles, un tiers peut-être, en vertu de décisions prises par le Préfet de police. Les infractions commises par des créatures qui joignent habituellement à la prostitution tous les vices connus, ne sauraient être rares. Elles subissent, d'ordinaire, un court emprisonnement dans le quartier réservé aux femmes publiques.

Quelques insoumises, c'est-à-dire quelques filles non inscrites sur les registres de la police, se trouvent dans le même cas. Mais c'est le très petit nombre. Celles que la police retient après les avoir arrêtées, sont malades pour la plupart. La statistique consultée [1], ne permet de conserver aucun doute à cet égard : 125 filles soumises et 10 insoumises valides, et, dans le même temps, 376 syphilitiques, malades des deux catégories, voilà, pour l'une des dernières années, les chiffres qu'elle fournit.

Qu'elles soient malades ou saines, retenues dans la deuxième section pour l'une ou l'autre cause, maladie ou contravention, on voit aujourd'hui des écrivains, des journalistes, des philanthropes, s'élever contre cette détention qu'ils regardent comme injuste et arbitraire.

Ils réclament, sans se lasser, la suppression de la police des mœurs.

Cette police supprimée, il est clair qu'on ne ferait plus de semblables arrestations. Il faudrait fermer le dispensaire de la préfecture de police. Plus de visite médicale infligée aux prostituées ! Plus d'ins-

1. Enquête parlementaire, t. VII.

cription ! Ce serait aux particuliers à veiller sur leur santé. En un mot, on veut délivrer les femmes de mauvaise vie de la gêne et des rigueurs d'une réglementation spéciale. On veut faire cesser leur état de filles soumises, et les ramener au droit commun.

Pour répondre, il est nécessaire de dire d'abord comment on a dû sortir du droit commun à leur égard, et dans quelle mesure on s'en écarte encore avec elles.

C'est une Ordonnance du 20 avril 1684 qui a particulièrement réservé, dans le passé, une maison, la Salpêtrière, à la réclusion des femmes de mauvaise vie, et qui les a soumises à l'autorité du lieutenant de police. Ces dispositions ont été confirmées dans la suite, par de nouvelles ordonnances [1].

Avant la Révolution, ces femmes étaient déjà soumises à l'inscription sur un registre spécial, à la visite sanitaire et à la réclusion par voie administrative, soit à titre de mesure disciplinaire ou préventive, soit en vue d'un traitement médical.

La première République [2] « pour prévenir par des précautions convenables et faire cesser des fléaux calamiteux » veut aussi que la surveillance soit exercée sur les lieux livrés notoirement à la débauche. C'est une attribution municipale. Le préfet

1. Ordonnance royale du 26 juillet 1713.
— août 1785.

2. Lois du 14 décembre 1789, 16-24 août 1790, 19-22 juillet 1791

de police fait des règlements ou inflige des punitions comme magistrat municipal.

Ainsi, l'usage actuel s'est dès longtemp et très régulièrement établi.

Le Code pénal, à la vérité, ne dit rien de l'espèce de réclusion à laquelle ces femmes de mauvaise vie sont exposées. Mais les termes généraux de son article 484, qui déclare régies par les lois et règlements particuliers les matières qu'il n'a pas réglées permettent certainement de l'employer.

La Cour de cassation appelée à se prononcer[1] a donné en ce sens sa réponse. « La surveillance sur les personnes prostituées exige non seulement des dispositions toutes spéciales, mais encore des mesures particulières au point de vue de l'hygiène publique. »

Enfin, Dupin, procureur général, exprimait encore, en 1850, un avis conforme. Il faisait observer que les employés de la douane ou de l'octroi fouillent bien les voyageurs ; que l'incarcération des filles est moins grave que la visite, dont personne alors ne contestait la légalité, et que ce sont là des mesures jugées nécessaires par la police en vertu du pouvoir discrétionnaire qu'elle exerce sous les garanties constitutionnelles.

Il semble aux adversaires du système actuellement suivi qu'il s'agit ici d'une véritable chasse

1. Arrêt du 3 décembre 1837.

la femme, organisée par la loi, et conduite par la police des mœurs avec le même acharnement qu'en d'autres climats la chasse à l'homme précédant les ventes d'esclaves.

Ils croient qu'au lieu de protéger de malheureuses filles que la misère force à chercher des moyens d'existence dans la prostitution, la police intervient, avec son aveugle réglementation, pour les soumettre de force aux formalités habituelles, hâter leur chute, la rendre définitive et les pousser dans l'abîme. Ils admettent volontiers que les agents de la police des mœurs se laissent conseiller par leur passion, leurs rancunes ou leurs instincts d'inquisiteur, dans les arrestations qu'ils opèrent. Ne se sont-ils pas trompés plusieurs fois? Qu'on se rappelle mademoiselle X... et mademoiselle *** ! Est-il sans exemple qu'ils soient allés jusqu'à arrêter et jusqu'à traîner brutalement au poste, une jeune femme honorable, une jeune fille? N'a-t-on pas vu l'innocence sortir, triomphante sans doute, mais troublée, souillée en quelque sorte par un mauvais contact, déflorée, voilà le mot, d'une odieuse inspection médicale?

Il faut en convenir, le rôle de ces agents n'est pas facile.

Ceux qu'ils arrêtent, filles prostituées ou hommes conduits en prison sous l'inculpation d'outrage aux mœurs, les accusent de brutalité, de parti pris, d'erreur, et leur reprochent d'être aveugles ou stupides. Quoi donc! L'agent qui constate le flagrant délit peut-il prendre des témoins? Ceux ou celles qu'il s'agit d'arrêter ne choisissent-ils pas les lieux solitaires? Ne faut-il pas toujours les surprendre? Le président du tribunal sera donc obligé de croire l'agent sur parole. S'ils étaient seuls, si c'était la nuit, si le désordre des vêtements ne rendait pas le fait indéniable, il faut s'attendre à voir le prévenu d'outrage à la pudeur ou la femme en contravention, nier presque invariablement le délit qui leur est reproché, et faire appel pour être délivrés à l'intervention des passants qui se rassemblent.

Mais il n'est question que des femmes.

Les agents des mœurs ne leur imposent certes pas la prostitution légale. Il est certain qu'à leur égard la police comprend autrement son devoir [1].

Sur dix mille abandonnés, mendiants ou vagabonds, qu'on trouve chaque année, d'après la statistique, errants, mourant de faim, dans les rues de Paris, il y a nécessairement un grand nombre de filles, sans doute une moitié. En 1877, sur 2,582 femmes arrêtées pour prostitution clandestine, on comptait jusqu'à 1,500 mineures. Voilà l'une des principales causes de la prostitution à ses débuts: l'abandon des parents. Mais il y en a d'autres bien

1. *L'Enfance à Paris*, *Revue des Deux-Mondes* du 15 juin 1878, article de M. d'Haussonville.

connues, la coquetterie, les sens et la séduction de l'homme.

Les mineures entrent sans peine dans la mauvaise voie. Parfois la misère et l'abandon les y obligent. Mais le plus souvent c'est dans une brasserie, dans un bal public que la tentation devient irrésistible et la chute inévitable. L'initiation n'a rien de pénible. La jeune fille apprend vite, auprès des habitués de la débauche à fuir le travail, à boire, à aimer les parties de plaisir. Le « protecteur » jeune ou vieux devient alors nécessaire et, à Paris, il est bientôt trouvé.

Ici, vous dira-t-on, l'inscription est prochaine. On rencontre l'agent des mœurs dans les bals et dans tous les lieux où va la foule. Il connait le quartier dans l'étendue duquel il doit exercer sa surveillance. Il a son lot, sa circonscription. Il connait déjà, dans cette circonscription, les filles inscrites. Il arrête celle-ci pour délit de prostitution clandestine et il la conduit à la préfecture où l'inscription a lieu d'office.

Eh bien, non.

Conduite au Dépôt et mise en cellule, elle entre bientôt pour répondre aux questions qui doivent lui être adressées, dans l'un des bureaux de la Préfecture. On la renverra, pour cette fois, après lui avoir infligé deux jours de cellule. On se borne à lui donner un sérieux avertissement à l'occasion de cette première arrestation, et à prévenir sa famille.

Il y a des refuges, des solitudes, des asiles. On lui propose d'y entrer. En un mot, on ne l'inscrira sur les registres qu'après des rechutes volontaires, quand il sera bien constaté qu'elle a pris l'habitude de la débauche.

Les inscriptions, au cours d'une année [1], n'atteignent que le cinquième environ des arrestations.

S'il se trouve, après vérification, que parmi les insoumises arrêtées, figurent en grand nombre des filles atteintes d'affections syphilitiques, n'est-il pas instructif de le constater ? Le résumé des opérations du dispensaire fait connaître que, sur 2,000 insoumises arrêtées, plus de 900 ont la syphilis, la gale ou des ulcérations. Est-il possible, lorsqu'on a de tels renseignements sous les yeux, de s'obstiner encore à soutenir qu'il conviendrait de supprimer l'inscription ou la visite ?

Mme Joséphine Butler [2] dirige surtout ses attaques contre la prostitution qu'elle appelle « légale » Personne ne s'y trompe. Chacun comprend que l'intervention de l'autorité ne signifie pas ici, approbation, mais surveillance, désir de s'opposer aux progrès du mal.

Le dispensaire n'a-t-il pas donné les résultats qu'on attendait? Peut-être. Mais, parce qu'il n'ar-

1. En 1877.

2. Réunion publique du 10 avril 1880, à Paris.

rive à empêcher la contagion que dans une mesure encore insuffisante, est-ce une raison pour renoncer même au bien qu'il fait, et pour se priver des services qu'il peut rendre ?

Il y a de faux agents, c'est certain. Les vrais eux-mêmes se sont trompés quelquefois. Dans le premier cas la plainte est fondée. Mais dans le second, n'est-il pas juste d'avouer que ces erreurs sont rares en somme et que l'allure étrange de certaines personnes peut au moins les expliquer ?

On veut revenir au droit commun. Mais on s'en écarterait au contraire en exposant aux plus sérieux dangers un grand nombre de jeunes gens plus étourdis que pervertis [1]. Si les prostituées sont des esclaves, ce sont habituellement des esclaves volontaires. Serait-il juste de respecter en elles la vie privée, la liberté individuelle, aux dépens de ceux qu'elles prendraient, sans obstacle désormais, pour dupes et pour victimes?

On soutient que les hommes ne supporteraient à aucun prix, une visite pareille à celle que les femmes subissent. Ils seraient, à la vérité, tenus de s'y soumettre, s'il y avait dans leurs mœurs ou leur genre de vie, une menace pour la santé d'autrui. Heureusement il n'en est pas ainsi. Nul ne les voit deman-

1. L'ouverture forcée des Madelonnettes, le 29 juillet 1830, rejeta dans Paris 600 filles publiques... Trois mois après, 209 militaires vénériens étaient entrés au Val-de-Grâce. — Lecour, *la Prostitution à Paris et à Londres*, 1870.

der des moyens d'existence au plus honteux commerce.

Le dernier argument semble le plus fort. Parce qu'une fille a été infâme une fois, voulez-vous la condamner à l'être toujours?

Non. Le travail reste à celles qui veulent cesser d'être infâmes. Il y a des asiles, des refuges. En fait, on peut voir, si l'état de fille soumise est, ainsi qu'on le dit, un enfer, que plusieurs en sortent. A la formalité de l'inscription correspond en effet celle de la radiation dont il leur est permis de faire usage. Le chiffre des radiations par mariage, disparition, entrée dans un asile hospitalier, abandon de la prostitution, ou par quelque autre cause, s'élève annuellement presque au quart du nombre total des filles inscrites.

§ V

L'INFIRMERIE

Cinq ou six mille femmes de mauvaise vie passent chaque année par Saint-Lazare. Toutes ne viennent pas directement du dehors. Plusieurs sont déjà des prévenues ou des condamnées. En effet, les voleuses, les concubines d'affiliés aux bandes de malfaiteurs, les recéleuses, les inculpées d'excitation de mineures à la débauche, ont habituellement parcouru tous les degrés du vice avant d'arriver au plus complet abaissement.

La vue des souffrances de l'homme dans une salle d'hôpital, et même dans une infirmerie de prison où se trouvent des malheureux atteints de maladies ordinaires, fait naître la sympathie, éveille la pitié. L'impression que laisse une visite à l'infirmerie de Saint-Lazare n'est pas la même. On ne parvient ici que par un effort de la volonté et du sentiment à surmonter une répugnance instinctive et un certain dégoût, tant la nature surmenée, soit par l'abus du plaisir, soit par les remèdes mêmes, marque la chute en traits visibles et prend des revanches cruelles.

Non, vous n'éprouverez pas ailleurs au même degré, parmi des malades, cette profonde tristesse. Non, vous n'aurez pas sous les yeux cet enseignement vivant. Ce précoce épuisement de la personne encore jeune, née avec une constitution robuste, et réduite quelquefois, avant l'âge mûr, à la paralysie qui commence, à l'infirmité des vieillards, frappe comme un châtiment sévère et rigoureux, comme un douloureux avertissement donné au nom de la vertu, de la morale, de la sagesse outragées.

Le chevalier des Grieux, malgré sa jeunesse, son inexpérience et ses illusions, découragé par un tel spectacle, n'oserait plus s'écrier : « Quel sort, pour une créature toute charmante qui eût occupé le premier trône du monde, si tous les hommes eussent eu mes yeux et mon cœur ! On ne l'y traita pas barbarement ; mais elle fut resserrée dans une étroite prison, seule, condamnée tous les jours à remplir une certaine tâche de travail, comme une condition nécessaire pour obtenir quelque dégoûtante nourriture. » Saint-Lazare ne ressemble pas à la vieille Salpêtrière. Aussi l'abbé Prévost qui voulait rendre intéressante sa trop légère Manon, s'est-il bien gardé de supposer qu'elle avait déjà reçu les présents funestes de Vénus.

Quand on essaie d'entrer au Dépôt de la préfecture par la première des deux portes qui donnent sur le quai de l'Horloge, on reçoit d'un agent de police de garde dans la première cour, l'invitation de faire encore quelques pas, et d'aller à la seconde porte plus rapprochée de la place Dauphine. Cet agent est mis là tout exprès pour veiller, de 10 heures à 4 heures, à ce que les curieux ne s'arrêtent pas aux abords du dispensaire dont la porte est à l'intérieur, sous la voûte, à égale distance à peu près des deux entrées. Il veille également à ce que les femmes qui viennent à la visite soient introduites aussitôt et ne stationnent pas.

Il y a un rapport étroit entre le dispensaire de la préfecture et l'infirmerie de Saint-Lazare. Ce sont les deux étapes du chemin que va parcourir bon gré malgré la prostituée malade.

Quatorze ou quinze médecins, ayant à leur tête un médecin en chef, doivent procéder à la visite.

Les pensionnaires des maisons de tolérance des différents quartiers de Paris attendent sur place l'examen médical.

Telle est la pratique. L'usage remonte à l'année 1798. Mais c'est un arrêté du 3 mars 1802 qui a prescrit les visites périodiques [1].

On l'a vu, ceux qui demandent l'abolition de la police des mœurs réclament en même temps la suppression de la visite. Or, veut-on savoir quel est le chiffre habituel des malades à l'infirmerie de Saint-Lazare? Plus de 400.

Voici un renseignement plus instructif encore.

Il résulte de calculs faits en 1867 et en 1868, qu'il y a au moins 10,000 personnes atteintes de cette maladie spéciale annuellement traitées dans les différents hôpitaux et dans les infirmeries particulières de Paris. A domicile, cinq fois plus; ce qui donne en tout une moyenne de 60,000. Et le dispensaire n'a pas cessé de fonctionner! Et les médecins ont fait subir plus de 100,000 visites! Que serait-ce s'ils abandonnaient à elles-mêmes sans surveillance et sans soins, ces personnes in-

1. 12 ventôse an X.

fectées? Ne verrait-on pas cette lèpre s'étendre dans une effrayante proportion et faire d'irréparables ravages?

Au contraire, la surveillance donne des résultats satisfaisants, quoi qu'on puisse dire. En effet, tandis qu'il faut compter parmi les malades une moitié des insoumises arrêtées, les filles inscrites, soumises à la visite hebdomadaire, ne présentent qu'un seul cas de maladie sur plus de cinquante-neuf.

Quelque abaissement dans la moralité, quelque oubli de tous les bons principes que la présence à l'infirmerie de Saint-Lazare suppose, les efforts tentés en vue de la régénération et de l'amendement des femmes coupables ou des filles de mauvaise vie, ne restent pas toujours sans heureux résultats. C'est la bonne manière de leur faire du bien. Il ne s'agit pas de leur rendre une prétendue égalité, un droit commun dont elles ne se soucient pas, mais bien de leur apprendre à vouloir elles-mêmes sortir d'esclavage et s'affranchir.

Quant aux vieilles prostituées, qui ont obtenu d'être gardées à Saint-Lazare et d'y être chargées de quelque service, ce sont, comme on l'a dit, les invalides du vice. Au dehors, elles ne sauraient où aller. Elles restent là jusqu'à leur mort.

Ces malheureuses ont si bien pris, et ont pris depuis si longtemps, l'habitude du quartier administratif, qu'elles ne sauraient plus vivre ailleurs. Parent-Duchatelet raconte qu'en 1830, ayant été mises tout à coup en liberté, au moment où s'accomplissait la Révolution, elles rentrèrent toutes le soir, ne pouvant trouver au dehors, ni amis, ni ressources, ni travail, ni rien qui les rattachât à la vie.

§ VI

LE MAGASIN GÉNÉRAL DE L'ADMINISTRATION

Il en est des prisons comme des grandes fermes, comme des communautés isolées, qui n'ont avec un centre de population que des rapports assez rares et assez lointains. Puisque la nécessité oblige à réunir sur un point un grand nombre de personnes, il est sage de chercher sur place l'emploi de leur activité, de se servir autant que possible de tous les bras pour rentrer dans les déboursés, de n'acheter au dehors que ce qu'on ne peut absolument pas obtenir des détenus eux-mêmes.

C'est la règle dans les hospices et dans les grands établissements d'assistance. Toute personne qui n'a aucune infirmité grave est chargée de quelque travail.

Dans les prisons, beaucoup de détenus sont employés à l'intérieur comme auxiliaires. Il y a des ateliers pour l'habillement, la chaussure, etc. Avant d'appeler les entrepreneurs, d'accepter les commandes de marchands en gros, de travailler pour revendre au dehors, on travaille pour la maison. Menuisiers, maçons, charpentiers, serruriers, jardiniers, employés aux écritures, relieurs, caissiers, contremaîtres, font, sur l'ordre du directeur, tout ce qu'ils savent faire. Les vieilles prisons de Paris ont besoin de réparations annuelles. Des groupes de plâtriers ou de peintres vont ainsi d'une prison à l'autre.

Les femmes rendent d'autres services. Il était naturel, par exemple, de placer la lingerie générale et les magasins de vêtements dans le lieu où elles se trouvent réunies, à Saint-Lazare.

Mouchoirs, chemises, draps, tout ce qui doit servir soit aux détenus valides, soit aux malades, est confectionné ou réparé par elles. C'est de leurs mains que l'Administration reçoit les solides camisoles de force qui doivent servir à mettre les révoltés à la raison. Ce linceul de toile grossière que soulèvent aux extrémités et qu'élargissent vers le haut, sur le marbre de l'amphithéâtre, les corps roidis des détenus morts à l'infirmerie, elles l'ont cousu.

Les chaussures mêmes et l'habillement des surveillants, aussi bien que des prisonniers, sont mis en magasin et déposés, sinon confectionnés à Saint-Lazare.

Il peut sembler que l'installation dans la même prison, déjà si remplie, de la boulangerie centrale, ne peut s'expliquer par aucune nécessité, par aucune convenance sérieuse. Quoi qu'il en soit, le pain des prisons se fait à l'entreprise dans un coin de l'établissement de la rue Saint-Denis.

Le pain! Le pain des prisonniers! Ils ont toujours quelque observation à faire, et c'est moins sur la qualité que sur la quantité que portent leurs critiques. Cette petite miche ronde à croûte brune, rappelant à l'œil le pain de munition, vous renseignera mieux que les notes des surveillants, si vous savez voir.

Le prévenu, sous la vive impression que l'arrestation vient de produire, touche à peine à ce pain durant les premiers jours. Vous le distinguerez facilement des autres, surtout des condamnés, sans avoir besoin de consulter les registres d'écrou. Vous verrez, au début, les petits ronds de pain s'accumuler sur l'étagère ou au coin de la table, grattés seulement, la croûte enlevée ici et là, comme à l'emporte-pièce, jusqu'à la mie.

Chez le condamné qui a pris son parti de l'affaire, point de pain dans les coins, pas de réserve. Lui demandez-vous si la petite miche est suffisante? Il répond : « Tout juste ». Il n'y a pas de contrainte matérielle qui puisse amener le détenu indolent, paresseux, ou mal disposé, à faire aller ses bras et à déployer une réelle activité dans l'accomplissement de sa tâche. Que faire ? Lui donner le nécessaire d'abord; puis, mettre à sa charge, comme le fruit et la récompense de son travail, le supplément, la portion additionnelle qu'il peut souhaiter pour sa satisfaction et son plaisir.

Sa masse en sera d'ailleurs augmentée.

Si le détenu a quelques ressources, si c'est un prévenu qui peut, à ses frais, choisir ses aliments, on voit même ce pain de prison parfois utilisé, mais non plus pour le repas.

Quelques détenus font, avec une habileté singulière, des bouquets, de grands bouquets, des boîtes, des chandeliers, mais surtout des fleurs en mie de pain. Ils pétrissent aisément cette mie entre leurs doigts, lorsqu'elle est molle, prise dans le pain frais. Puis elle se sèche et devient dure peu à peu. De vrais artistes vont même jusqu'à se procurer des couleurs. Ils peignent alors leurs fleurs et ils les déposent dans un petit panier ou dans une corbeille. C'est réellement un bel objet qu'on peut, comme tout autre bouquet artificiel, mettre sur les cheminées.

Les anciens forçats de nos bagnes n'avaient-ils pas la réputation de faire au couteau, en bois sculpté, avec une patience infinie, des objets d'art dont l'exécution paraissait merveilleuse ? On croirait que ce talent se transmet comme un héritage, entre les habitués des prisons.

D'autres, moins nombreux, fouillent, évident, sculptent, avec une véritable supériorité, cette matière dure appelée « corozo » qui sert habituellement à faire des boutons. Ils fabriquent de petits vaisseaux. Le travail est infini : mâts, cordages, matelots sur le pont, et jusqu'aux mousses, tout est imité, tout s'y trouve, infiniment petit, mais très distinct. Il faut de longs loisirs pendant la prévention ou même après la condamnation, si le travail vient quelque temps à manquer, pour pouvoir exécuter et finir ces petits chefs-d'œuvre.

Malgré tout, malgré la réunion certainement regrettable à Saint-Lazare de tant de personnes et de tant de choses diverses, le personnel actuel, les sœurs et l'administration semblent tenir tout particulièrement à la vieille maison de Saint-Vincent de Paul, et la préférer aux autres prisons.

« Les épidémies respectent le seuil de Saint-Lazare », dit-on volontiers. Mais cette réponse n'a rien de convaincant pour ceux qui ne croient ni à l'intercession des saints en général, ni à une protection miraculeuse accordée par tel patron à tel ordre religieux.

Quelques personnes paraissent également attribuer à la règle religieuse, l'ordre, la propreté qui règnent dans la prison des femmes. C'est commettre une erreur sur la cause. On observe ailleurs, dans des hospices entièrement confiés aux soins de surveillantes laïques, et, en général, dans les établissements réservés aux femmes, le même ordre extérieur et le même air de propreté.

Mais, cela dit, il est juste de reconnaître que la charité qu'accompagne une pensée religieuse, est, par excellence, une charité patiente, inépuisable. Il n'y a que la religion, — non pas telle Eglise à l'exclusion des autres, mais toute religion sincère — qui sache bien inspirer l'oubli de soi-même poussé jusqu'au sacrifice et communiquer l'espérance nécessaire pour continuer l'œuvre, sans se lasser, malgré les échecs et malgré les déceptions de chaque jour.

Oui, le plus grand défaut de Saint-Lazare, c'est l'agglomération dont le danger a été signalé.

Qu'importe, avait-on dit, si les détenues ne peuvent pas se parler ? « Si elles ne se voient pas, elles se sentent », a répondu quelqu'un qui vivait au milieu d'elles.

Cette parole est vraie. On a eu raison de la répéter. Mais encore faut-il la comprendre et l'expliquer.

Certainement les prisonniers se sentent dans les prisons où ils vivent en grand nombre, ou plutôt, ils trouvent mille moyens inaperçus de communiquer.

Ils vont jusqu'à parler, jusqu'à se répondre de loin par les conduits de fosses d'aisances. Pour eux, chaque regard a une signification. S'ils ont un bon sentiment et s'ils l'expriment, le coup-d'œil d'un compagnon de captivité, d'un auxiliaire arrivera jusqu'à eux, moqueur, ironique, comme une injure. Enfermés jour et nuit, ils savent néanmoins quels sont leurs voisins, parce que, ennuyés, bâillant à l'intérieur de la cellule, ils sont toujours attentifs à ce qui se dit au dehors, dans la galerie. Ils commentent chaque parole ; ils sont mis sur la voie par un simple mot. Ils communiquent enfin, sans difficulté, avec des auxiliaires, des surveillants, des commissionnaires, des coiffeurs qui leur coupent les cheveux ou leur font la barbe, des parents qui viennent les voir.

C'est ainsi que ces femmes se sentent. C'est ainsi que les détenus, quels qu'ils soient, ne sont pas sans influence, les uns sur les autres, dans les maisons même cellulaires où ils sont réunis en grand nombre. Ils communiquent entre eux sans qu'on s'en aperçoive, et ils osent penser, parler, agir comme des malfaiteurs, parce qu'ils se sentent là serrés et nombreux.

CHAPITRE III

LE JUGEMENT

CONCIERGERIE

CONCIERGERIE

LA MAISON DE JUSTICE. — LA SOURICIÈRE. — LE PETIT-PARQUET. — L'AFFAIRE. — LE CASIER JUDICIAIRE ET LA SURVEILLANCE. — DÉNOUEMENT.

§ I

MAISON DE JUSTICE

Le prévenu, averti que l'instruction de son affaire était terminée, a attendu, soit à Mazas, soit à Saint-Lazare, soit à la Petite-Roquette, d'être amené devant ses juges.

S'il est reconnu innocent, ou, s'il n'y a pas pour établir sa culpabilité des preuves suffisantes, une ordonnance de non-lieu est rendue en sa faveur[1].

1. Instruction criminelle, art. 28.

S'il s'agit d'une affaire correctionnelle ou de simple police, le renvoi direct de l'affaire à ces tribunaux est prononcé par le juge d'instruction.

Si c'est pour crime que l'inculpé a subi la détention préventive, il y a lieu au renvoi du procès-verbal du fait et des pièces au procureur général de la Cour du ressort. La chambre des mises en accusation est saisie. Si la Cour trouve les charges suffisantes, elle ordonne la mise en accusation, et envoie le prévenu devant la Cour d'assises compétente. Le procureur général dresse immédiatement l'acte d'accusation. L'accusé qui a dû rester jusque là dans la maison d'arrêt, doit être immédiatement transporté dans la maison de justice établie près la Cour d'assises [1].

Le président est chargé d'entendre l'accusé, lors de son arrivée dans la maison de justice, dans les vingt-quatre heures [2].

L'accusé a cinq jours pour former une demande en nullité contre l'arrêt de renvoi. Son conseil, soit appelé, soit désigné d'office, peut alors communiquer avec lui [3].

Telles sont les dispositions de la loi.

Le transport d'une prison à l'autre, c'est l'espérance des rares détenus qui ne se résignent pas à

1. Articles 233, 242, 243, Instruction criminelle.
2. Art. 266, 293.
3. Art. 294, 302.

leur sort, c'est la seule chance d'évasion. Il suffit d'avoir visité, à Paris, quelques lieux de détention pour s'en convaincre. En effet, un être fait de chair et d'os, s'il n'a pas le don de se rendre invisible, comme le héros d'un roman connu, peut être rusé. Comment sortirait-il de Mazas ou de la Grande-Roquette ? Il y a tant de portes à ouvrir et un si grand nombre de surveillants derrière ces portes que ce serait folie de le tenter.

Il est matériellement impossible de sortir malgré l'administration d'une cellule de Mazas ou de la Santé.

Seuls, les auxiliaires qui circulent dans toutes les parties d'une prison et les détenus qui vivent en commun dans les maisons centrales, peuvent, à de longs intervalles, profiter d'une circonstance exceptionnellement favorable.

Il n'y a pas longtemps, deux détenus d'une maison centrale de l'Est, mirent ainsi en défaut la surveillance de tous leurs gardiens. Ils étaient venus dans la cour d'entrée, à la fin d'une semaine, déposer le travail fait, et le remettre à l'entrepreneur. Celui-ci part, une heure après. Il emportait dans des sacs, sur sa voiture, les objets qu'il était venu chercher. Mais il emportait aussi sans s'en douter les deux détenus étendus sous les sacs, dans un espace qu'ils avaient eu soin de laisser libre en chargeant la voiture. Au bout d'une heure, en pleine campagne, libres, au grand air, ils sortent de leur retraite avec mille précautions, et, n'étant pas aperçus, se mettent à courir dans la direction du prochain village. Hélas! tout n'est pas fini quand on n'est plus prisonnier. Le télégraphe, la gendarmerie, la police sont encore à craindre. Les deux amis se séparèrent. L'un fut pris presque aussitôt; l'autre court encore.

On n'entend jamais parler de telles évasions à Paris. Les détenus le savent bien. Aussi n'est-ce guère que des voitures cellulaires, lorsqu'ils vont à la Conciergerie ou lorsqu'ils en reviennent qu'ils cherchent à sortir.

D... qui fut condamné à mort, il n'y a pas longtemps, pour incendie volontaire, et, par grâce spéciale, envoyé seulement à la Nouvelle-Calédonie, l'avait tenté à plusieurs reprises, et même, la première fois avec succès. Pendant le trajet de la maison d'arrêt à la maison de justice, il enfonçait dans la voiture les planches du fond. Le bruit qu'il faisait était couvert par le bruit plus fort des roues courant sur le pavé. Alors, hardiment, il se laissait aller et glissait jusqu'à terre.

Mais, il faut l'avouer, en fait d'évasions, on n'entend guère parler que de tentatives. Encore ces tentatives sont-elles rares.

L'accusé, après avoir quitté Mazas, la maison d'arrêt, arrive donc à la Conciergerie. Derrière la porte de fer qu'on voit sur le quai, près du Pont-au-

Change, il entre dans la première cour. Dans l'angle de cette cour, à droite, sur une porte basse, on lit l'inscription : *Maison de Justice*.

On trouve dans cette maison, en même temps que les accusés, quelques détenus que les chefs de la police ont besoin d'avoir sous la main, et des condamnés, soit en appel, soit ramenés à Paris pour une nouvelle affaire.

Les détenus ne font, pour la plupart, qu'un court séjour à la Conciergerie. C'est dire qu'elle appartient plutôt à l'histoire et à l'architecture qu'à la science pénitentiaire. Nos anciens rois, aux temps de la première race, et de la seconde, avaient leur habitation dans les bâtiments où la justice est actuellement rendue. Tout près, dans le lieu même où se trouve aujourd'hui la prison, le concierge du palais avait son logement[1]. De là, ce nom de Conciergerie, qui est resté. Il y a dans les livres spéciaux des récits et des légendes sur chaque tour[2], et presque sur chaque salle de l'ancien palais. Mais c'est l'intérieur qu'il importe à présent de connaître.

On arrive, après avoir descendu plusieurs marches, dans une immense salle voûtée. C'est la salle des gardes. Un surveillant se tient toujours à l'en-

1. Synonyme, autrefois, de préfet ou maître du palais, fonction très importante.

2. Les tours d'Argent, Bonbec, Montgomery, etc,.

trée, pour ouvrir la porte de cette salle gothique. Une grande table posée en face de cette entrée, supportant quelques registres, remplace à peu près le rond-point de Mazas et de quelques autres prisons. Fraîche en été, bien chauffée en hiver, cette salle offre à ceux des employés que leur service oblige à s'y tenir, un séjour très supportable et même très agréable.

Au fond, dans la partie la plus rapprochée du quai, s'ouvre la porte vitrée par laquelle on arrive aux chambres des prisonniers.

On ne peut comparer qu'à une vaste cage, placée au milieu d'un immense espace libre, le bâtiment intérieur, composé d'un rez-de-chaussée, et d'un étage à balcons où s'alignent les cellules. Ces cellules d'attente, avant jugement, sont en tout semblables à celles de Mazas.

« Souterraine, insalubre, entièrement privée d'air, » — écrit l'auteur d'un article d'Encyclopédie — » la Conciergerie présente plutôt l'aspect des ca- » chots de l'Inquisition qu'un lieu de détention pro- » visoire. Mais ces cachots sont enfouis sous le siège » même du tribunal qui n'a qu'à évoquer les » ombres pour qu'elles sortent aussitôt de l'enfer. »

Il faut avouer que la première impression n'est pas très favorable. Mais il y a, dans ce sombre, dans ce funèbre tableau, une erreur ou une exagération à chaque ligne.

Il est vrai qu'une demi-obscurité enveloppe les énormes piliers qui soutiennent l'édifice, mais il ne peut guère en être autrement, au rez-de-chaussée, sous la voûte épaisse du premier étage. Dans les prisons nouvelles, à Mazas par exemple, le gaz, sur divers points, reste également allumé en plein jour, pendant plusieurs mois de l'année.

Cette obscurité d'ailleurs, n'envahit pas les cellules. Elles ont des fenêtres qui s'entr'ouvrent en plein air et en plein ciel sur les préaux intérieurs.

Il est vrai encore que les cellules sont souterraines, placées au-dessous du quai ; mais pas aussi bas que la Seine. Ici, comme au Dépôt, et comme dans toutes les maisons du bord de l'eau, les caves sont quelquefois inondées par infiltration, mais les caves seulement.

Enfin, ce n'est pas l'observation exacte, c'est une imagination féconde qui peut seule permettre d'établir une sérieuse comparaison entre la Conciergerie et les cachots de l'Inquisition.

C'est là que l'accusé passe quelques jours, avant de comparaître, au tribunal, devant ses juges.

Il est, ici, plus calme qu'à Mazas. A-t-il avoué son crime? Il veut connaître son sort, savoir quelle sera la durée de la peine. Est-il innocent?.. Enfin!.. C'est la justice, la réhabilitation ; c'est la liberté prochaine.

En finir, c'est son idée fixe. Il appelle une solution

de tous ses vœux. Et puis, n'a-t-il pas l'espérance ? Par elle, il vit, il se console. Coupable ou non, il croit jusqu'au dernier moment qu'il pourra être acquitté.

Les accusés de crime, eux-mêmes, ceux dont le nom seul prononcé excite dans le public une indignation mêlée de dégoût, se persuadent qu'on aura pour eux de l'indulgence. Prévot, le gardien de la paix, avait été selon l'usage, mis en commun, dans une cellule, avec trois autres prévenus ou accusés qui devaient en même temps vivre avec lui et le surveiller. Il crut jusqu'à la fin qu'on ne le condamnerait pas à mort.

« J'ai appartenu, disait-il, à l'armée, à la police. Ils craindront le scandale. Ils n'oseront pas rendre contre moi une sentence de mort. Je veux même supposer qu'une telle sentence soit prononcée. Une exécution n'est pas possible. L'ordre de me livrer au bourreau ne sera jamais signé ! »

§ II

LA SOURICIÈRE

Il y a un dépôt judiciaire destiné à recevoir un peu avant le jugement, et aussitôt après, les prévenus, hommes ou femmes qui sont traduits, au Palais, devant les chambres correctionnelles.

Les habitués des prisons, dans leur langage pittoresque, l'ont nommé : *la Souricière*. Ils ont également baptisé *Panier à salade* la voiture cellulaire dans laquelle ils montent pour se rendre de la prison au tribunal.

La Souricière est au rez-de-chaussée du bâtiment long et étroit qui termine, du côté de la Seine, le Palais de justice. On y entre, à l'intérieur du vaste édifice, par la cour de la Sainte-Chapelle. Les quatre chambres correctionnelles sont situées au premier et au deuxième étages du même corps de bâtiments.

Pendant longtemps, on le croirait à peine, il n'y a pas eu d'employés chargés de surveiller d'une manière particulière ce dépôt. Le service était fait par les huissiers audienciers de la police correctionnelle. Cependant, le dépôt judiciaire a une réelle importance. Il reçoit chaque jour, en moyenne, 90 à 100 prisonniers. Ce n'est, à la vérité, qu'un lieu de passage, mais quelle émotion doit éprouver le détenu ! Il va subir, souvent pour la première fois, la flétrissure d'une condamnation publique. Il faudrait que tout, autour de lui, disposât au recueillement. Il lui faudrait l'isolement, la paix. Or, le pêle-mêle et la confusion semblent inévitables, puisqu'il n'y a que 87 cellules étroites et une petite salle commune.

Les détenus arrivent jusqu'à onze heures. Ils commencent à revenir, après le jugement, vers deux heures. Les derniers sont rentrés à six heures du soir. Comme ils viennent de quitter la cellule de la prison préventive, ils sont très disposés à parler entre eux. Comment de dangereux renseignements ne seraient-ils pas donnés ou reçus pendant les heures d'attente? La surveillance d'un sous-brigadier et de quelques rares gardiens, même exercée avec zèle et intelligence, doit souvent être insuffisante.

Quant aux femmes prisonnières, faut-il répéter encore aujourd'hui, qu'elles ne doivent jamais être dans les mêmes maisons que les hommes? Le système des prisons communes, telles qu'on les trouve dans certains départements, est absolument condamné. De plus, des surveillantes ou des sœurs, en un mot des personnes de leur sexe, doivent, comme à Saint-Lazare ou dans les maisons centrales, faire le service, et donner les soins nécessaires à celles qui sont indisposées.

On a maintes fois demandé la suppression des cantines dans les prisons, au nom de l'égalité. Mais non, ne manquait jamais d'ajouter ironiquement celui qui écrivait sur ce sujet : devant la loi des prisons, il n'existe d'autre égalité que l'égalité de la bourse !

Convient-il donc d'interdire rigoureusement la cantine aux prévenus qui ont quelques ressources? Non. Les autres ne seraient pas, pour cela, plus heureux. Ce serait aller trop loin. Mais il faudrait, quand un prévenu en extraction est conduit, soit à l'instruction, soit à sa demeure, pour une visite domiciliaire, soit à la Souricière, au moment où il va être jugé, penser à ses repas.

Certes, à Mazas, il ne fait pas bonne chère, mais il reçoit, le matin, sa ration de pain, et, deux fois par jour, à neuf heures et à trois heures, les aliments qui lui sont destinés. Au contraire, vient-il à l'instruction? Est-il jugé? S'il n'a pas emporté son pain sous le bras, et s'il n'a pas d'argent pour recourir à la cantine il restera jusqu'au soir sans manger. Cette souffrance s'ajoute à la peine, sans utilité. C'est un châtiment qui n'est pas dans la loi. Rien n'est plus absurde que le préjugé qui prête à tous ces malfaiteurs une forte santé que rien ne saurait ébranler et compromettre. Beaucoup de prisonniers, affaiblis encore par l'insomnie, le chagrin, par des privations de toute sorte, ont, au contraire, une faible constitution qui ne saurait s'accommoder d'un aussi long jeûne.

Est-ce imprudence de leur part? Ils sont partis de Mazas sans emporter leur pain. Mais s'ils n'avaient pas déjà été jugés, ils ne savaient nullement à quoi ils devaient s'attendre. D'autre part, aucun règlement connu, n'impose, à Mazas, au surveillant de leur division, l'obligation de les prévenir.

Il convient de réformer cette pratique irrégulière,

et de la réformer par simple mesure administrative. Il ne faut pas laisser dire que l'Administration, la magistrature, et les juges d'instruction en particulier, s'ils ne peuvent plus donner la question, comme avant la première République, ont néanmoins conservé le droit « de torturer le moral et l'estomac ».

§ III

LE PETIT-PARQUET

Il n'est pas rare de rencontrer, dans la prison départementale à Sainte-Pélagie ou à la Santé, des détenus qui ne connaissent pas Mazas. Ils n'ont pas subi la prison préventive. Ils ont été traduits en police correctionnelle, et jugés presque aussitôt après leur arrestation,

C'est à la loi du 16 mai 1863 sur les flagrants délits qu'ils doivent d'avoir évité la prévention.

Il n'y a pas pour eux de lieu de dépôt spécial. Ils restent au Dépôt de la préfecture en attendant l'interrogatoire qu'ils vont bientôt subir. Petit-Parquet, c'est le nom dont on se sert dans la pratique pour désigner le lieu où s'instruit rapidement leur affaire. La loi qui a établi cet usage étant encore récente, on n'a point adopté d'autre désignation.

Ici, pas de lenteurs, pas de séjour au dépôt, pas d'écrou à Mazas. Après le premier examen de la police, les individus arrêtés ou appelés sont remis à l'autorité judiciaire. Des substituts du procureur de la République les interrogent. Ils sont amenés par groupes assez nombreux, et chacun attend son tour.

Grâce au Petit-Parquet, 40,000 à 45,000 affaires par an peuvent être réglées par une décision presque immédiate et terminées ainsi rapidement.

On avait voulu d'abord, se borner à faire un essai, sans éclat, sans frais d'installation. Aussi cette innovation réellement très heureuse est-elle encore mal connue du public. Il est vrai que la détention préventive dure trop longtemps pour les individus arrêtés sur lesquels il a été nécessaire de prendre des renseignements, relatifs à l'identité ou au délit même, soit dans leur département, soit à l'étranger. Il est certain que des non-lieu trop fréquents permettent de faire entendre quelques plaintes. Mais les partisans de la suppression absolue de la prison préventive en matière correctionnelle, de leur côté, ne tiennent pas un compte suffisant de ce progrès accompli, quand ils font entendre ces plaintes, tantôt justes, et tantôt, on l'a vu, mal fondées.

§ IV

L'AFFAIRE

Faut-il renoncer d'une manière absolue à l'instruction secrète ? Convient-il de soumettre au jury les affaires correctionnelles? C'est à la commission extraparlementaire qui étudie la réforme du code d'instruction criminelle, puis au pouvoir législatif, qu'il appartiendra de porter l'examen sur ces points divers et de prendre une décision.

On suit ici pas à pas le détenu. C'est de lui, des épreuves qu'il doit d'abord subir, de ses impressions et de l'influence qu'elles doivent avoir sur sa vie, dans l'avenir, que l'on s'occupe principalement.

S'il s'agit d'un crime ou d'un délit grave, le fait est consigné dans les journaux. Le public est tenu au courant des progrès et des résultats de l'instruction. Vous saurez à quoi X... passe son temps dans sa cellule; si le coupable paraît fort ou semble abattu; ce qu'il a dit aux personnes qui lui ont parlé; si quelque espérance reste encore au malheureux; si, pour se distraire en attendant le jugement, il fait des vers ou de la prose. Il acquiert, grâce à la presse, une espèce de célébrité, depuis l'arrestation jusqu'au jugement.

Tout ce bruit est fâcheux : pour le prévenu, qui prend une attitude, se met à jouer un rôle, en prison ; et pour le public même qui finit par s'intéresser au héros du triste roman.

Jusque-là, le mal ne serait pas grand, si ce n'était point toujours un très grand mal d'affaiblir le sens moral, d'égarer involontairement la conscience publique, d'attirer l'attention, l'intérêt, la pitié quelquefois, sur des scélérats qui ne méritent ni attention, ni intérêt, ni pitié. Mais il y a plus. Le prétendu criminel peut être innocent. Il peut n'avoir commis qu'un simple délit, au lieu de l'horrible attentat que lui prête d'abord la brillante imagination des rédacteurs de faits divers.

M... est arrêté. On l'accuse d'avoir voulu tuer son fils et sa femme. Pendant un mois les journaux s'occupent de lui avec l'attention qu'ils donnent aux grands criminels. On recueille tous les bruits sur son compte, et il a bientôt, dans la gazette, non au parquet, heureusement, un dossier écrasant. Cependant l'autre dossier, le bon, est complété peu à peu, par les soins du juge d'instruction. Le jour du procès arrive, et il se trouve que le monstre, le bourreau de tous les siens, n'est qu'un malheureux poussé à bout par la femme sans mœurs qu'il a eu la faiblesse d'épouser, et par le fils de cette femme. A la fin, une condamnation à six mois de prison, pour coups, est simplement prononcée.

L'homme est, au demeurant, un ouvrier laborieux, un franc-maçon. Il lisait beaucoup mais sans choix et sans grand profit. C'est un songeur si l'on veut. Mais ce n'est certes, ni un criminel, ni un homme dangereux. Les six mois écoulés, il va se retrouver dans son milieu, parmi ses anciens compagnons de travail. Est-il permis de croire qu'il ne restera rien de ces calomnies, de tout le bruit qui s'est fait autour de son nom ? Est-ce qu'on n'a pas diffamé cet homme? Ne lui a-t-on fait aucun mal ?

L'opinion publique devrait réagir contre cette indiscrétion des journaux, contre cet usage qui paraît malheureusement établi. Elle devrait épargner à l'infortuné cette criante injustice.

Voilà un mal auquel elle pourrait s'opposer.

Voici un bien qu'elle pourrait faire : imposer moralement aux familles des détenus leur devoir, un devoir qu'elles méconnaissent trop souvent.

Deux choses en apparence indifférentes, peuvent avoir sur les résolutions du détenu, au point de vue de son relèvement, une certaine, une mauvaise influence : le désir qu'il a de laisser ignorer aux siens la faute commise, et le parti que la famille elle-même prendra trop souvent, de ne plus s'occuper de lui.

L'influence de la famille, pendant la prévention, pendant le procès, et après, mais surtout dans les deux premières périodes, est utile et nécessaire. On peut aller jusqu'à dire qu'elle est presque indispensable.

Entrez dans la cellule d'un prévenu et adressez lui quelques questions.

— Avez-vous fait l'aveu de la mauvaise action qu'on vous reproche?

— Oui, dit-il, sans s'émouvoir.

— N'avez-vous pas craint de vous déshonorer? Un silence...

— Et de déshonorer en même temps votre famille? Ici, vous verrez, surtout s'il est jeune, et si ce n'est pas un malfaiteur d'habitude, ses yeux se remplir de larmes.

— Gardez-vous bien d'écrire à mes parents, dira-t-il enfin, au moment où vous vous disposerez à le quitter.

Il serait bon de n'en rien faire, de ne tenir aucun compte de cette dernière demande. En effet, qu'arrive-t-il? Il s'est persuadé avec la facilité d'illusion des jeunes gens qu'il ne serait condamné qu'à un ou deux ans de prison. Il se résigne à laisser pendant ce temps sa famille sans nouvelles. On le cherchera partout, à la Morgue, à l'étranger. On croira qu'il a été assassiné. Il se promet, plus tard, de reparaître et de débiter un conte à ceux qui seront curieux de savoir ce qu'il était devenu. Il se trompe. Sa famille, après quelques semaines de la plus vive inquiétude, finira par tout savoir. Ne valait-il pas mieux commencer par la prévenir?

D'autres fois, c'est la famille qui ne veut plus entendre parler de celui de ses membres qui la déshonore. Les parents ont peur de tout : d'un procès, des prisons, de la justice. Ils n'ont plus d'espoir. N'était-il pas libre de ne commettre point cette faute ? La responsabilité des mauvaises actions est personnelle.

Ils se trompent, à leur tour. Ce qu'ils croient pouvoir dire ainsi n'est pas toujours vrai. Au contraire, pour ceux que la police a flétris de son contact, il ne reste souvent que ce dernier moyen de salut : le pardon, dans la famille d'abord, et par elle, avant de retrouver une place dans la société.

Le bureau des prisons à la préfecture de police a pour mission de rendre, autant que les règlements le permettent, ce rapprochement possible.

La présence des parents au procès ne sera pas non plus inutile à l'accusé. Les membres du jury se laissent émouvoir, quand l'avocat peut leur montrer dans la salle, un père, une mère, une femme ou des enfants affligés. On en rit quelquefois, on ne voit là qu'un lieu commun de l'éloquence judiciaire, un artifice de la défense. Peut-être. Au fond, les jurés n'ont pas tort. Ils doivent penser, sans doute, au mal déjà fait, au péril social. Mais n'est-il pas évident que si la famille est là pour recevoir le malheureux, si elle le cautionne moralement, en quelque sorte, ils n'ont plus besoin de s'interdire à eux-mêmes l'indulgence, comme une erreur et un danger ?

C'est déjà un malheur pour le prévenu, une grande difficulté de plus, dans l'œuvre de son relèvement, si difficile, de se sentir isolé, sans amis, sans parents. Mais que sera-ce, s'il entre en lutte avec l'autorité, représentée par ses agents ?

Dans les procès civils, les parties sont entre les mains — quelques-uns disent *les griffes* — des huissiers, qu'on a définis « ces braves et honnêtes portiers de la loi, comme les portiers sont les huissiers du vulgaire », d'après l'étymologie de leur nom. Dans les affaires correctionnelles ou criminelles, les prévenus et les accusés à leur tour, ont des rapports nécessaires avec les agents de la sûreté. Les plaintes contre ces agents sont rares, il est juste de le reconnaître.

Chargés parfois de conduire un prévenu en extraction, d'employer toute leur adresse à constater son identité en le faisant entrer dans des lieux publics où il peut être reconnu, ils mettent un certain amour-propre à découvrir la vérité tout en traitant leur homme avec les égards dus aux malfaiteurs d'importance. Ils ne cessent d'observer avec lui cette politesse un peu ironique, mais parfaite extérieurement, dont certains chefs célèbres de la police ont établi la tradition et donné l'exemple. Les habitués des bals et des cafés, ne se doutent pas, eux qui vont demander les émotions du drame aux théâtres et aux romans, qu'un drame se joue là sous leurs yeux, à la table voisine, entre quelques personnages, fort tranquilles consommateurs en apparence : un criminel, le complice qu'il va rencontrer, et des agents que rien dans leur costume ne permet de reconnaître.

Il n'est ni indispensable ni nécessaire qu'un détenu trouve, dans l'homme qui le conduit ainsi, un agent amoureux de son état et un adversaire en belle humeur. La modération habituelle suffit.

Mais que l'inspecteur de police se garde bien, en pareil cas, d'adresser à celui qu'il surveille, des injures empruntées au répertoire des halles ! Qu'il n'affecte pas de le soupçonner d'être l'assassin que l'on cherche, ou le caissier en fuite dont tout le monde parle dans ce moment-là ! Ce serait détestable. Tel inculpé, tel auteur de simple délit, se mettrait alors à rêver la vengeance, deviendrait peut-être un malfaiteur, en haine de celui qui l'aurait maltraité, et, dans le trouble de son esprit, rendrait la société responsable de cet excès de zèle des agents.

Le prisonnier est assez naturellement disposé à s'aigrir, à accuser la société. Dans son intérêt même, il ne faut lui laisser aucun sujet de plainte légitime.

Il ne faut pas, non plus, lui donner le prétexte

ou l'occasion d'oublier le respect qu'il doit à la justice. Il l'oubliera s'il voit que l'on vient à la Cour d'assises comme à un drame nouveau, si les romanciers, les auteurs dramatiques, les critiques, les acteurs et les actrices en vogue, les gens du monde, les habitués du Bois et de l'Opéra, sont aux premières places, et, pour ainsi dire, aux premières loges.

Le prévenu, de son côté, croit aisément qu'on a commis une injustice à son égard, lorsqu'on a refusé d'entendre jusqu'au bout la défense ou les explications qu'il se proposait de présenter. Certes, les auteurs de délits viennent en si grand nombre devant les chambres correctionnelles, que les juges ont raison de se hâter. Mais ceux qui sont jugés, n'ont-ils pas au moins le droit d'espérer qu'on prendra le temps de prononcer distinctement leur sentence? Ne feraient-ils pas entendre ensuite de justes réclamations, si, en désaccord avec l'administration sur la durée de la peine prononcée, ils étaient obligés de subir des jours de prison supplémentaires, en attendant de nouveaux et précis renseignements?

Rien ne s'opposerait plus victorieusement au repentir.

Il importe avant tout que le prisonnier ne puisse pas se persuader, après réflexion et dans sa conscience, qu'il a le droit d'adresser à ses juges le reproche d'injustice.

§ V

LE CASIER JUDICIAIRE ET LA SURVEILLANCE

Il n'est pas rare d'entendre accuser la justice elle-même de rendre presque impossible, par des aggravations de peine ou des sévérités malentendues, le relèvement du condamné.

Le casier judiciaire, à la vérité, rend de tels services à la police et à la justice, dans la constatation de l'identité des prévenus et dans la recherche de leurs antécédents, qu'il ne serait pas raisonnable de le supprimer [1]. Mais il est certain qu'on peut commettre, en se servant mal à propos des renseignements qu'il fournit, des indiscrétions regrettables.

Il est aisé de le prouver.

N..., un condamné, s'était repenti. Ayant pris, en sortant de prison, la résolution de vivre honnêtement, il était en effet devenu, sans s'égarer de nouveau, employé d'abord dans une maison de commerce, puis, associé du patron. Comme il avait eu soin de quitter la ville où il était connu, chacun ignorait son triste passé, et il commençait à l'ou-

1. L'usage du casier judiciaire, depuis l'année 1850, est dû à l'initiative de M. Bonneville de Marsangy.

blier lui-même. Un jour cependant, le facteur dépose un papier chez le concierge de sa maison. C'est une pièce officielle relative au service militaire, adressée par le ministre de la guerre aux hommes faisant partie d'une certaine classe. Or, sur ce papier, les renseignements empruntés au casier judiciaire ont été transcrits. La pièce est restée quelques heures chez le concierge. On l'a lue, on sait ce quelle contient; et le malheureux N..., réduit au désespoir, doit consentir à une séparation que son associé juge nécessaire, et se résigner à quitter le pays [1].

Faut-il donc toujours que le passé, le souvenir abhorré de la chute, s'attache à celui qui s'est acquitté, même après qu'il a subi l'expiation?

C'est un fait malheureusement certain: les libérés dénoncent comme anciens détenus ceux qu'ils ont connus en prison. Faut-il, au danger de ces odieuses révélations, ajouter encore la dénonciation par l'extrait du casier judiciaire?

La surveillance de la haute police prononcée, crée à celui qui doit la subir une situation plus difficile encore [2]. Il ne peut pas même espérer qu'on ignorera sa vie passée. Il est connu. L'autorité du lieu de sa résidence a le devoir de constater sa présence à de courts intervalles.

1. M. Jules Simon a rapporté ce fait, et plusieurs autres, dans sa conférence de mai 1880, sur le patronage des libérés repentants.

2. Cette surveillance s'étend en France à 16,000 individus.

Le gouvernement, selon la loi, a la faculté d'interdire au condamné, après qu'il a subi sa peine, le séjour en certains lieux déterminés [1]. Le condamné, de son côté, a dû désigner à l'avance le lieu où il entend fixer sa résidence.

Le Code de 1810 avait d'autres exigences. Il donnait au gouvernement le droit de déterminer impérativement un lieu d'où il serait interdit au surveillé de sortir. Si le surveillé rompait son ban, le gouvernement pouvait, sans jugement, le faire détenir pendant cinq années. Il est donc juste de reconnaître que la loi du 28 avril 1832 a réalisé un grand progrès, en modifiant profondément les articles 44, 45 et 46 du Code.

Aujourd'hui, c'est le libéré qui choisit sa résidence. Un petit tableau contenant le nom des villes dans lesquelles il ne lui est pas permis de séjourner, reste au greffe des prisons [2]. On le met sous les yeux du prisonnier. Il peut [illegible]ler partout ailleurs. Peut-être, quoique le tableau [illegible]emble assez court au premier coup-d'œil, a-t-on eu le tort de faire trop longue encore, en la dressant, la liste des interdictions.

Dans les cas de rupture de ban, la durée de l'emprisonnement prononcé, cinq ans, est un maximum et il faut que cette détention soit ordonnée non plus

1. Code pén[illegible] articles 44 à 51.

2. Les plus [illegible]andes villes, les villes frontières, le département entier de la Seine, certaines colonies, etc.

arbitrairement par l'autorité, mais au tribunal correctionnel par des magistrats. C'est un nouveau progrès.

Le devoir de la police est d'agir avec tact, mesure et discrétion. Mais il faudrait ne connaître point les détenus, il faudrait pour ainsi dire vouloir faire en tous lieux de nouvelles dupes, pour supprimer entièrement la surveillance.

Il dépend d'ailleurs des condamnés eux-mêmes presque autant que de la police, de rendre l'embarras dû à la surveillance moins fréquent, et moins funestes les effets qu'elle peut avoir.

Souvent cette peine accessoire est la conséquence de l'ivresse habituelle. Elle menace les incorrigibles. L'éloignement seul avait été prononcé. Mais les infractions à un ordre d'éloignement sont très fréquentes. Le magistrat finit par infliger la surveillance.

D'autres fois, c'est presque volontairement que le condamné a encouru la peine de cinq ans d'emprisonnement maximum pour rupture de ban. La négligence a fait tout le mal.

Voici le cas.

Z... a quitté Paris. Il se rend à la ville de son choix où il doit subir la surveillance. L'avis de son arrivée prochaine a été adressé à la police du lieu. Il tombe malade en route et il entre à l'hôpital. Il aurait fallu simplement écrire, prévenir par lettre le commissaire central de la ville où il était attendu.

Mais il a négligé en même temps d'avertir et de prendre sur sa situation une information quelconque, soit au début de la maladie, soit pendant la convalescence. On vient l'arrêter à sa sortie de l'hôpital. Il pouvait bien s'y attendre.

La police, de son côté, peut venir en aide au malheureux, lui procurer l'assistance, lui rendre moins lourd à porter le fardeau de la surveillance.

Le condamné est-il, à sa sortie de prison, souffrant, incapable d'arriver avec ses propres ressources jusqu'à la localité qu'il a choisie ? Le certificat du médecin suffit. On procure au surveillé un billet de chemin de fer, et l'on prend toutes les dispositions nécessaires, pour qu'il puisse faire, jusqu'au bout, son voyage.

Dans la ville où le condamné passe ses années de surveillance, toutes les précautions peuvent être prises, toute faveur peut être accordée. Tout est convenu, réglé entre la police et lui. S'il est laborieux, si sa conduite est bonne, il obtiendra de ne venir faire acte de présence à la mairie qu'à des intervalles de plus en plus éloignés. L'autorité consentira même à ne recevoir qu'une lettre tous les six mois, tous les ans.

Ce qu'on peut signaler de plus grave, c'est pour le surveillé, l'impossibilité de trouver du travail dans la ville où il est obligé de rester. Les ouvriers de la capitale vont nécessairement en province. Paris leur est interdit. Ils sont plus que d'autres exposés à éprouver cette déception. C'était l'industrie de luxe qui leur fournissait le pain de chaque jour. Comment vivraient-ils ailleurs? Ils ne savent faire que l'article Paris. Cependant le mal, même alors, n'est pas aussi grand qu'on pourrait le croire. Il y a quelque embarras à la vérité, une difficulté réelle. Mais ils ne sont pas forcés de rester dans cette localité. Ils peuvent en choisir une autre. Et ce n'est pas un privilège, une faveur, c'est un droit. Ils n'ont qu'à prévenir le maire de leur prochain déplacement.

Le défaut de la surveillance actuelle, la vraie cause d'un grand nombre de condamnations pour rupture de ban, c'est le séjour forcé de six mois auquel le surveillé doit se résigner avant de quitter la ville où il est allé d'abord.

§ VI.

DÉNOUMENT

Les condamnés correctionnels destinés aux prisons départementales, attendent à la Souricière, le passage des voitures cellulaires, tandis que les condamnés à la réclusion, aux travaux forcés, ou à la peine de mort, vont attendre à la Conciergerie leur transfèrement.

Jusqu'alors c'était la lutte, l'information avec ses révélations inattendues, la prison préventive avec ses alternatives d'espoir et de découragement. C'est, à présent, l'heure des réflexions graves Il y a transformation. Le prévenu s'imposait un rôle. Subitement le condamné redevient lui-même, insouciant ou triste, endurci dans le mal ou repentant, selon sa nature, soulagé ou accablé.

Soulagé quelquefois.

Supposez qu'il fût question de coups et blessures suivis de mort. La préméditation établie, une peine grave est encourue. Est-il admis, au contraire, qu'on se trouve en présence d'un meurtre commis dans l'ivresse ? La maison centrale suffira, et, dans cette maison, un séjour de durée moyenne. Dans ce dernier cas, le détenu délivré de sa crainte, délivré de l'obsession de ses antécédents judiciaires qu'il sentait, par surcroît, peser lourdement sur lui, respire et se dit qu'il a été heureux encore.

Accablé, plus souvent.

Dans sa cellule, le prévenu se défendait contre les attaques, les reproches de sa propre conscience. Il s'était jugé lui-même. Il s'était promis l'acquittement peut-être, si les preuves matérielles manquaient à ses yeux. Tout au plus s'attendait-il à deux ou trois ans de prison. L'homme est sujet à ces illusions. Alors la sentence, réclusion, travaux forcés pour huit, dix, quinze ou vingt ans, tombe sur lui comme un coup douloureux au delà de toute expression, comme un malheur irréparable, inattendu. Elle pèse, elle l'accable.

Brusquement le naturel reparaît, l'homme avec son vrai caractère, sa force ou sa faiblesse.

L'habitué des prisons parle de tout ce qui vient de se passer avec un ricanement nerveux.

Les affiliés à une bande qui ont joué « à l'agneau » pendant la durée de la prévention, retrouvent toute leur brutalité habituelle, après avoir entendu le jugement prononcé. Malheur à celui qui a fait des aveux ! Le moment de l'expiation est venu pour lui. Le signal est donné. Les coaccusés culbutent un moment, par surprise, les gardes municipaux. Ils se précipitent sur le révélateur, et le frappent, le mordent, cherchent à le défigurer. Un chef de bande se fit couper un doigt par les gendarmes qui avaient dégainé. Ils serrait dans ses mains le cou du dénonciateur et ne voulait pas lâcher prise [1].

Les condamnés correctionnels destinés aux maisons centrales ne prennent pas facilement leur parti, s'ils sont frappés sévèrement, de la dure sentence qu'ils viennent d'entendre prononcer. Il leur reste la voie de l'appel.

N'espérez plus leur arracher un aveu, un mot de repentir. Ils sentent que pour qu'on puisse croire à

1. Historique et récent.

leur innocence, ils ont besoin d'y croire eux-mêmes; et ils répètent le récit qu'ils ont fait, ils comptent sur les moyens de défense qui leur ont déjà servi, ne variant jamais.

Souvent c'est en vain. Mais ils s'attachent à cette ressource de l'appel comme à la suprême espérance. Ils s'en repentiront peut-être. Les juges d'appel pourront se montrer plus sévères que les premiers juges, augmenter la peine au lieu de la diminuer, appliquer le maximum. Ils perdront du temps, c'est presque certain, pendant les délais d'appel. Trois semaines, un mois, peut-être plus, seront perdus jusqu'au moment où la décision des nouveaux juges sera connue.

Si vous les retrouvez alors au dépôt des condamnés, ils renoncent à feindre. Ils ont oublié l'histoire qu'ils savaient si bien, et qu'ils vous avaient racontée. Ils évitent de vous parler encore de leur affaire, ou, si c'est impossible, ils font en souriant tous les aveux.

Le criminel a des préoccupations d'une autre nature.

Il rentre étourdi dans sa cellule. Il a dû faire un grand effort aux Assises pour paraître indifférent, pour entendre sa sentence jusqu'au bout. Resté seul, il verse des larmes, surtout s'il est jeune. Il compare l'espérance et le fait, le but entrevu et le résultat.

Son mauvais naturel, sa vie dissipée, les causes

de sa chute, la préméditation, cet ensemble de faits qui, pour vous, explique son crime, et permet de le bien juger, il oublie tout cela. Il n'en tient compte. Pour lui, tout se réduit à ces caractères illisibles, aux cinq ou six lettres d'une fausse signature qu'il a tracées, au coup qu'il a porté avec l'arme qui se trouvait sous sa main. Et c'est pour cela, pour cette action rapide comme l'éclair, pour ces dix secondes, qu'on lui prend vingt ans de sa vie ou toute sa vie! Il gémit, il devient lâche, en pensant à l'échec et à ses conséquences. Il ne retrouve plus son ancien mépris pour la faiblesse des hommes qui se soumettent aux lois de l'honneur. Il avait, comme chacun, ses espérances d'un bonheur selon ses goûts qu'il allait obtenir par ces moyens détestables. Il regrette cette espérance perdue. Il plaint sa chair des jouissances qu'elle n'aura pas, et son corps des privations prochaines, de tout ce qu'il aura à souffrir. Et des larmes, non pas les larmes bienfaisantes du repentir, mais les larmes de l'impuissance et de la peur, jaillissent de ses yeux!

Pour le condamné à mort, enfin, c'est, en quelque sorte, la veillée funèbre, c'est l'agonie qui commence.

Jusque-là il était avec d'autres détenus dans une cellule, et la surveillance de ces indifférents suffisait. La meilleure sauvegarde pour l'homme en cet état, c'est toujours l'illusion naturelle, la pensée qu'on ne peut aller jusqu'à le priver de sa vie. Mais à présent, il est gardé à vue, non par d'autres détenus, mais par des surveillants, par des agents de la sûreté.

Il pourrait penser au suicide, vouloir devancer l'arrêt. Il pourrait!... Mais telle est rarement sa pensée. Près de périr, il obéit à l'instinct. Il vous interroge de temps en temps pour juger du danger qui le menace d'après vos craintes. Il est heureux de s'attacher à l'espérance de salut que, par pitié, vous lui donnez sans y croire. Puis il retombe dans son silence. Il semble se recueillir. Mais il n'a en réalité que deux idées, deux idées fixes. Il va sans cesse de l'une à l'autre : le pourvoi en cassation et le recours en grâce.

CHAPITRE IV

PRISONS DÉPARTEMENTALES

I

SAINTE-PÉLAGIE

ADOPTION DU SYSTÈME CELLULAIRE. — LA RÉCIDIVE. — LA VIEILLE PRISON. — LA VIE EN COMMUN. — DU PROGRÈS MORAL DANS LA PRISON COMMUNE. — DÉTENUS POLITIQUES.

§ Ier.

ADOPTION DU SYSTÈME CELLULAIRE

Les prisons départementales reçoivent les neuf dixièmes de la population pénale.

A Paris, si la condamnation est d'un an ou au-dessous, celui qu'elle frappe n'est pas envoyé dans une maison centrale. Il reste dans l'une des prisons départementales, à la Santé ou à Sainte-Pélagie [1]. Dans les autres, Mazas, Saint-Lazare, Jeunes-Dé-

1. La prison du Cherche-Midi est reservée aux militaires.

tenus et Grande-Roquette, quelques divisions sont réservées aux prisonniers de la même catégorie. Mais la prison a une destination spéciale : prévention, dépôt provisoire, maison d'arrêt, de justice, etc. Au contraire Sainte-Pélagie et la Santé reçoivent presque exclusivement les condamnés à un an et au-dessous.

La Santé est mixte, c'est-à-dire divisée en deux grands quartiers, l'un cellulaire, l'autre commun. Sainte-Pélagie n'a pas de cellules. Il sera possible, après avoir donné sur ces deux prisons les explications indispensables, de porter un sérieux jugement sur l'un et l'autre mode de répression, sur les deux systèmes d'emprisonnement comparés.

Pour les sceptiques qui ne veulent pas croire à l'amendement, le choix du système importe peu. L'engouement pour le régime adopté dans les prisons d'Amérique aurait commencé vers 1836, à l'époque où M. de Tocqueville revenant des États-Unis publia son livre bien connu [1]. Il aurait cessé sous l'Empire. Enfin quelques hommes, ceux-là mêmes qui avaient préparé sous la monarchie de Juillet la réforme pénitentiaire, ou les fils qui ont hérité de leur nom, de leur position, et en même temps de leurs chimères, auraient profité de la liberté de discussion plus large dont on jouit sous

1. *Du Système pénitentiaire aux États-Unis et de son application en France*, 1836.

la République, pour attirer de nouveau l'attention sur ces études et sur ces projets.

Exposer ainsi la question, c'est d'abord commettre une erreur au point de vue historique. Mais c'est aussi porter un jugement faux et superficiel ; c'est parler légèrement d'un mal trop visible et trop certain.

En réalité, c'est au XVIIIe siècle, qui a tout soumis à son examen curieux, cherchant déjà, avant la Révolution, à résoudre tant de problèmes, c'est à Servan, Voltaire, à Beccaria qu'il faut attribuer, sur la gravité des délits et l'efficacité des peines, les recherches, les premiers doutes sérieux, et des préoccupations qu'on n'a plus cessé d'avoir.

En 1772, sous Marie-Thérèse, a lieu un premier essai en Europe de travail en silence dans une prison de Gand [1].

En Amérique, dès l'année 1786, le système de l'emprisonnement séparé était établi dans la maison de Valnut-Street [2]. Puis, ces premiers essais ayant donné de bons résultats, on l'introduisait successivement dans le Maryland, le Maine, le Nouveau-Jersey et la Virginie. Aux noms si connus du pénitencier de Philadelphie, Cherry-Hill, et d'Auburn dans l'État de New-York, se lie le souvenir de cette transformation et des progrès rapidement accomplis.

La Révolution française s'efforce de faire dispa-

1. *Enquête parlementaire*, t. VII, rapport de M. Bérenger.
2. F. Desportes, *la Réforme des prisons*, 1862.

raître tout ce qu'il y a d'inhumain dans les usages de l'ancienne justice criminelle, la gêne, le carcan, la marque, la roue, le chevalet, l'écartellement, le billot, et propose même d'abolir la peine de mort. On trouve déjà dans le rapport de Lepelletier de Saint-Fargeau sur le projet de Code pénal, la proposition de remplacer les galères par l'emprisonnement à long terme.

L'Angleterre, avertie par ces expériences qu'il y a des progrès à faire et que le vieux système de répression doit être abandonné, commence par reconstruire ses prisons.

En France, l'Ordonnance du 9 septembre 1814 prescrit, à Paris, la création d'une prison d'essai, dans le but de donner, s'il est possible, aux criminels, une direction propre à les transformer. On se demande déjà si ces ennemis de la société ne pourraient pas, mieux dirigés, surveillés et instruits, devenir des citoyens utiles.

Presque au début de la Restauration, une Société royale pour l'amélioration des prisons est formée, par Ordonnance du 9 avril 1819. En même temps, des livres, des écrits périodiques sont publiés pour attirer l'attention sur cette matière, pour éclairer l'opinion et préparer des réformes. La Société royale ne cessa de fonctionner qu'en 1829.

La même préoccupation se retrouve, sous le nouveau Gouvernement, dans l'Adresse présentée par les députés, le 6 octobre 1830. Pourquoi les représentants du pays, sous tous les régimes, expriment-ils le même vœu ? La réponse est bien simple. C'est qu'il y a là un besoin profond. La statistique, l'instructive statistique criminelle, signale d'année en année une effrayante augmentation du nombre des récidives.

L'étude des réformes à introduire dans le système pénitentiaire n'a pas cessé sous le gouvernement de Juillet d'être à l'ordre du jour. On veut, par l'isolement, empêcher le prisonnier de faire des progrès dans le mal, de se corrompre dans la prison même. Il y a déjà, pour ceux que cette étude intéresse, des sources où ils peuvent puiser la science et l'enseignement, une doctrine. Le Gouvernement, après une enquête faite en France et poursuivie à l'étranger [1], s'arrête au système auburnien du travail en commun et en silence pendant le jour, et de la séparation de nuit.

Adopté à la Chambre des députés, avec des modifications dans le sens de l'isolement absolu [2] le projet du Gouvernement n'était pas destiné cependant à être mis à exécution [3]. La Chambre des pairs demande l'avis de tous les hommes compétents, de la Cour

1. Missions de MM. de Tocqueville et Elie de Beaumont, après 1830, et de MM. de Metz et Blouet, en 1837, aux Etats-Unis.

2. Sur la proposition de M. de Lamartine, on admit qu'après dix ans de cellule les détenus seraient transportés hors du territoire de France, sans cesser d'être à la disposition du Gouvernement.

3. Discussion terminée à la vingtième séance, le 19 mai 1844.

de Cassation, des Cours, des préfets [1]. Quatre ans, elle étudie, consulte, prolonge la discussion dans les commissions et sous-commissions. Elle examine tout avec une attention si scrupuleuse que la Révolution de 1848 ne lui laisse pas le temps de faire une loi et de conclure. En attendant, l'Administration refusait d'autoriser les réparations dans les prisons. La transformation n'était-elle pas prochaine? On attendit ainsi dix ans [2].

M. Dufaure, en 1849, indique d'un mot les progrès accomplis et l'état de la question : « Les per- » sonnes sérieuses sont unanimes pour l'isolement, » quand il n'excède pas une année [3] ».

Pendant la période de la monarchie de Juillet, la France ne s'occupait pas seule de ces questions. La Russie en 1835, la Prusse en 1836 [4], la Belgique en 1839, la Suède [5], commençaient leurs expériences. L'Angleterre, depuis 1838, avait un pénitencier cellulaire modèle, et la Suisse, la Belgique, ayant adopté le même système, deux nouveaux pénitenciers s'élevaient, à Genève et à Louvain. Des représentants de ces différents pays, se réunissaient en Congrès à Francfort-sur-le-Mein, en 1846.

1. Rapport de M. Bérenger.
2. Circulaires du 2 octobre 1836 et du 9 août 1841.
3. Circulaire du 20 août 1849.
4. Mission du docteur Julius, chargé d'inspecter les nouveaux pénitenciers.
5. Prince Oscar de Suède, *des Peines et des Prisons*.

Le Second Empire, en France, aurait pu reprendre l'ancien projet au point où le dernier Gouvernement, non la République de 1848 sitôt perdue, mais la monarchie de Juillet l'avait laissé. L'utilité publique, la nécessité, commandaient ces réformes, et par bonheur, elles étaient, on le pensait du moins, étrangères à la politique. Cependant, l'Empire ne consentit pas à les faire.

Le 17 août 1853, dans une circulaire adressée aux préfets, M. de Persigny écrit qu'il faut s'en tenir à la séparation par quartiers, l'adoption du système cellulaire devant rendre nécessaires de trop grandes dépenses.

La loi du 5 août 1850 sur les colonies agricoles de jeunes détenus; l'essai, en Corse, d'une colonie agricole des adultes; la loi du 30 mai 1854 sur la transportation, voilà tout ce que l'Empire crut devoir faire. Plus tard, peu de temps avant la chute, le 6 octobre 1869, M. de Forcade, Ministre de l'Intérieur, revint à cet important sujet pour demander, dans un rapport, la nomination de commissions chargées de l'étude du patronage des jeunes détenus et même des libérés adultes. Au fond, l'opinion du Gouvernement impérial sur la question pénitentiaire peut se résumer ainsi : séparation des catégories légales, classifications nouvelles selon le degré de moralité, création de quartiers d'amendement.

Il était réservé à la République actuelle de rendre possible le retour aux idées de réforme, et surtout d'établir, dans les prisons, la séparation individuelle des détenus.

Les récidivistes, les hommes déjà frappés d'une condamnation de droit commun, entrent pour une forte part dans le compte des forces de l'émeute. Voilà ce que ne pouvaient plus ignorer, après les évènements de 1871, ceux qui avaient traversé la triste période de la Commune, en observateurs intelligents autant qu'en patriotes désolés.

Sur l'initiative de M. d'Haussonville qui a consigné cette exacte observation dans le volume de l'Enquête qu'il a rédigé, les projets de réforme reparaissent à l'ordre du jour de l'Assemblée nationale. L'enquête parlementaire est terminée en 1875, et, la même année, les premières dispositions sont prises pour soumettre une importante catégorie de détenus à l'emprisonnement cellulaire [1].

Le Gouvernement, avec l'aide du Conseil supérieur des prisons, semble disposé à continuer la réforme. La Société générale des prisons, de son côté, poursuit l'enquête, étudie consciencieusement chaque question, et s'efforce ensuite de soumettre à la discussion dans les assemblées, sous forme de proposition de loi, le résultat de ses études.

En 1879 enfin, une circulaire ministérielle vient d'être adressée aux conseils généraux. Le vote de

1. Les Congrès sont devenus fréquents. La Commission pénitentiaire internationale s'est réunie à Paris en novembre 1880.

crédits pour la transformation cellulaire des prisons leur est demandé. « Qu'on ne s'arrête pas à la pensée d'un changement de vues sur la réforme pénitentiaire », écrit le Ministre. Après cette déclaration il n'est pas vraisemblable que la réforme soit une fois de plus retardée. La pensée du Gouvernement sur ce point pourrait-elle changer encore?

§ II.

LA RÉCIDIVE

Ceux qui disent ou écrivent que la réforme pénitentiaire a été mise à la mode en France sous Louis-Philippe, oubliée sous l'Empire, et réclamée de nouveau par les hommes qui avaient d'abord espéré l'obtenir, sous le Gouvernement républicain, à partir de 1872, commettent donc une erreur historique évidente.

Ils pensent aussi que les résultats sont nuls, qu'il n'y a là qu'une inutile agitation. Ce n'est pas une erreur moins grave.

L'idée philosophique, c'est que la prison doit disposer au repentir, procurer l'amendement. Le fait, c'est qu'on n'atteint pas le but, c'est que cette amélioration du détenu est rare dans les prisons actuelles. Le nombre des crimes et des arrestations n'a pas cessé d'augmenter depuis le commencement du siècle, et ce progrès du mal s'explique par le nombre toujours croissant des récidives.

De 1825 à 1870, le chiffre des individus poursuivis en France a doublé dans la statistique : 65,040 dans la période de 1825 à 1830 ; 155,509, sans tenir compte des contraventions spéciales dont les diverses administrations doivent s'occuper, en 1867 ; et 163,729 tout compris en 1878. Voilà les chiffres.

Combien de récidivistes ? Presque la moitié. Exactement : prévenus récidivistes, 40 p. 100, femmes 31 p. 100 [1].

Ce qu'il importe de remarquer encore, c'est la progression actuelle de la récidive, non plus par périodes, mais d'année en année. Il y a 48,890 récidivistes en 1865, 53,963 en 1866, 59,303 en 1867, 65,211 en 1868, et 69,556 en 1878.

En observant, après 1850, cette augmentation extraordinaire du nombre des récidives, on dut chercher l'explication de ce fait désolant. Les casiers judiciaires commençaient à renseigner très exactement la justice sur les antécédents des prévenus ou des accusés. On pensa que les progrès de la récidive n'étaient qu'apparents. Le mal, sans doute, était le même. Seulement, les renseignements fournis par l'Administration étaient plus complets, plus

1. Les accusés en récidive sont plus nombreux : 49 p. 100 pendant l'année 1878.

exacts. Erreur. Les années s'écoulèrent, et le chiffre effrayant ne cessa pas de s'élever.

On voulut espérer encore.

La loi du 30 mai 1854 sur la transportation n'allait-elle pas éloigner chaque année de la France, les plus redoutés et les pires criminels? En effet, le nombre des accusés diminua aussitôt : 5,748, au lieu de 7,248, en une seule année, mais pendant deux ou trois ans seulement.

Que devait-on penser? La conclusion s'imposait à l'esprit. Le mal faisait des progrès dans la prison et par la prison même. Et telle était sans doute la cause unique de la marche ascendante de la criminalité, puisqu'en écartant, dans les calculs, les récidivistes, c'est-à-dire dans la dernière période de dix ans, une moyenne de 40 à 50 p. 100 de poursuivis, on constatait pour les autres infractions, chaque année, des chiffres inférieurs à ceux de l'année précédente, 93,086 en 1875, au lieu de 123,405 en 1855.

La corruption des détenus, par le contact, dans la prison même est-elle donc la seule cause du mal, et l'isolement ou l'emprisonnement cellulaire le seul remède? Non. Les dispositions naturelles de l'homme, un penchant indéniable à commettre de nouveau les fautes déjà commises, l'irritation que le chatiment ne peut manquer d'exciter et d'entretenir, expliquent en partie les récidives. Mais, en partie seulement. Celui qui était mauvais devient pire en fréquentant ses codétenus. Cela est certain.

L'expérience de l'emprisonnement cellulaire conseillée par la raison et l'observation, devait en conséquence être faite.

§ III.

LA VIEILLE PRISON

Un coup d'œil jeté du dehors sur la prison de Sainte-Pélagie suffit pour avertir qu'on se trouve en présence d'une de ces vieilles constructions hospice, caserne ou couvent, que l'ancienne administration des prisons trouvait moyen d'utiliser. Elle recevait naguère assez d'air et de jour de la place du marché du côté de la rue Monge. Mais le terrain libre vient d'être vendu à des entrepreneurs qui se sont hâtés de construire de grandes maisons, les maisons à six étages du Paris actuel. Aujourd'hui Sainte-Pélagie se trouve enfermée, perdue, entre quatre rues étroites. Il ne reste un peu d'espace et quelques arbres du côté du Jardin des Plantes que sur une petite place, sorte de cul-de-sac, humide, moisi, vert de folles herbes et de mousse où les passants ne vont jamais.

Il y a loin de cette masure aux prisons construites sur les nouveaux plans. C'est la vieille prison carrée, avec cours intérieures. Le long des murs, très élevés, point de fenêtres, mais de loin en loin des meurtrières comme on en voit aux murs des forteresses. A la place où devraient être les toits, une plate-forme, et, dans les coins, des guérites à l'abri desquelles les surveillants ont l'air d'hommes d'armes chargés d'observer la marche de l'ennemi

Sous l'immense fer à cheval que formait sans doute à l'entrée la voûte de l'ancien couvent, on a installé, fabriqué en bois, comme dans les constructions provisoires, une sorte de vestibule. Au dessus, cinq ou six fenêtres à jalousies, plus larges que hautes font loucher la façade et donnent à l'ensemble le moins agréable aspect. Tout est grillé au rez-de-chaussée et à la hauteur du premier étage. Entre les vitres et la grille de fer de l'une de ses fenêtres, la lingère a mis des serins. Des oiseaux en cage! C'est la seule enseigne qui puisse indiquer à l'étranger observateur la destination de la maison.

Le chemin de ronde à l'intérieur passe au-dessous de ces murailles auxquelles adhèrent encore de petites constructions qui empiètent sur la largeur et abritent le vestiaire, certains ateliers, *les cartons*, comme disent les détenus. Là, dans le fond, eut lieu, sous la lanterne, au coin le plus rapproché de la rue Monge, l'exécution de Chaudey. On se trouve successivement, en suivant ce chemin qui fait le tour de la maison, devant l'amphithéâtre, la chapelle, l'oratoire protestant, les logements du brigadier et de l'aumônier. Il faut revenir sur le devant pour voir les chambres des détenus politiques et l'appartement du directeur.

Ce chemin de ronde, séparé par les hauts murs qu'on voit au dehors, de la rue et du monde extérieur, court de chaque côté le long du grand corps de bâtiments où sont, sur une hauteur de trois ou quatre étages, les ateliers et les dortoirs. Les détenus, à l'heure du repos et de la récréation, se tiennent dans les cours intérieures.

En tout, après une première et rapide inspection, l'édifice paraît vieux. On demande la date. Il a été réparé, refait. Il présente des vestiges de dix constructions, destinations et architectures différentes. La vue seule de cette maison de correction où rien n'a été fait pour l'usage actuel, où l'entassement et la promiscuité sont constants et inévitables, révèle l'imperfection, le défaut du système adopté, plaide en faveur de la réforme des prisons.

Ce qui distingue Sainte-Pélagie, c'est sa population spéciale. On n'y voit que des hommes plusieurs fois condamnés, et condamnés à un an ou au-dessous. Là ne s'applique pas la loi du 5 juin 1875 sur l'emprisonnement cellulaire avec réduction du quart de la peine. C'est la vieille prison, et c'est aussi l'ancien prisonnier regardé presque comme incorrigible qui subit la répression selon le vieux système. Là viennent se mêler, le vagabond, le mendiant, le voleur, l'homme condamné pour outrage aux agents, rebellion, outrage aux mœurs, le souteneur de filles, le pick-pocket assez heureux pour avoir échappé à la maison centrale, etc., etc.. C'est, avec tous ses défauts, toutes ses imperfections bien connues, la prison commune.

Ces *chevaux de retour* qu'on y trouve, ces habitués des Chambres correctionnelles, sont avec ceux qu'on envoie pendant deux, trois, quatre ou cinq ans en maison centrale, la pire espèce de délinquants. C'est l'évidence même. Réunis, ils ont tous les vices.

On frémit en pensant qu'un jeune homme arrêté deux fois et condamné à de courtes peines, va se corrompre entièrement dans ce milieu, puisqu'il ne peut plus, après seize ans être mis aux jeunes détenus. Il est vrai que les plus jeunes sont placés, à part, sous la surveillance d'un auxiliaire, détenu lui-même. Mais l'administration sera-t-elle toujours heureuse dans le choix de ses auxiliaires ? Elle est parfois obligée de leur retirer sa confiance avant l'expiration de leur peine. Trop tard, pour la morale. Il faudrait avoir des cellules.

Un autre défaut du vieux bâtiment, c'est que,

comme toutes les maisons d'un autre âge, constructions trop anciennes pour être conservées, il est très humide quand le ciel est nuageux, quand il y a du brouillard, pendant les jours d'automne ou d'hiver.

C'est très grave, car il y a en permanence environ 500 détenus, 2,500 ou 2,600 écrous par an. Cette vieille bâtisse, élevée en 1665 pour être une maison de filles repenties, a servi longtemps à cet usage, puis a été transformée en prison, vers 1790. C'est humide; cela favorise le vice. Quand donc cette antique construction disparaîtra-t-elle, pour faire place à une prison nouvelle [1] ?

§ IV.

LA VIE EN COMMUN

Sainte-Pélagie ne reçoit que des hommes ayant subi au moins deux condamnations et des détenus étrangers à la France qui n'ont pas de moyens d'existence avouables. On trouve là, non le criminel dangereux, le voleur de profession enrégimenté

1. « La préoccupation constante de l'Administration est d'arriver à remplacer Saint-Lazare, Sainte-Pélagie et Saint-Denis. » *Enquête*, t. III, p. 30.

déjà dans quelque bande, mais le membre gangrené du corps social, l'homme presque inaccessible à toute influence morale.

L'instruction proprement dite ne s'étend pas très loin chez ces prisonniers, quoiqu'on trouve exceptionnellement parmi eux des étudiants et de prétendus professeurs ou hommes de lettres

Mais ils sont rusés pour la plupart et possèdent une remarquable intelligence.

Un jour, au cours d'un entretien avec l'un des plus jeunes pensionnaires de l'établissement, quelqu'un demandait, après avoir lu le mot *Batise*, au lieu de Baptiste, écrit sur le mur, si c'était lui qui avait gravé là cette inscription?

— Pourquoi, dit-il, cette question?

— C'est que c'est une singulière orthographe.

— Ah ! c'est vrai, répondit aussitôt, en frappant dans ses mains et en éclatant de rire, le prisonnier, quelle faute !

— Vous n'écririez donc pas ainsi ce mot-là, vous, jeune homme?

— Non, oh ! non ; j'écrirais *Batisse !*

Voilà la moyenne de l'instruction dans la maison. Mais ils savent à merveille leur métier, s'ils ignorent les règles de la grammaire et de l'orthographe.

Les vagabonds et les mendiants, fort nombreux à Sainte-Pélagie, semblent être, au premier abord, de ces détenus auxquels s'applique naturellement l'expression consacrée « plus malheureux que coupable ». Il est vrai que ceux qui sont tombés dans l'état de vagabondage ou de mendicité ne réussissent guère à en sortir. Les ouvriers eux-mêmes sont quelquefois durs pour les simples journaliers ou hommes de peine qui n'ont pas de métier. Ils vont jusqu'à refuser de leur faire accueil et même de les employer comme manœuvres.

Un détenu, arrêté deux fois pour vagabondage, racontait ainsi, en l'expliquant, sa seconde arrestation :

« Revenant de la campagne où j'avais trouvé un » peu d'occupation pendant les grands froids de » l'hiver 1879-1880, je regagnais Paris, et j'avais » épuisé mes ressources. Près de Saint-Denis, sur » la route, j'ai la chance de rencontrer le propriétaire d'une machine à vapeur qui consent à me » recevoir parmi les ouvriers qu'il emploie. Je me » félicite de cette rencontre, et j'espère avoir bientôt à ma disposition quelques économies. Mais » j'étais mal vêtu. Après une demi-journée passée » auprès de mon nouveau patron, les ouvriers » disent qu'ils ont vu « de la vermine » sur mon » linge, et refusent de travailler avec moi. On me » donne un franc, on me congédie. Deux jours » après, j'étais arrêté sans asile et sans pain, à » Paris. »

C'est sans doute à ces pauvres, à ces malheureux intéressants, qu'on voit errer, sans travail, privés des moyens d'existence ordinaires par l'âge, l'ignorance ou quelque infirmité, que pensait aussi Béranger quand il faisait dire à son vieux vagabond :

> J'aurais pu voler, moi, pauvre homme,
> Mais non : mieux vaut tendre la main.
> Au plus, j'ai dérobé la pomme
> Qui mûrit au bord du chemin.
> Vingt fois pourtant on me verrouille
> Dans les cachots, de par le roi.
> De mon seul bien on me dépouille,
> Vieux vagabond, le soleil est à moi.

Mais c'est une exception.

Le mendiant de profession que l'on rencontre d'ordinaire à Sainte-Pélagie, ne cherche pas le travail et n'accepte guère de travailler que dans les cas de nécessité extrême. C'est, bien réellement, un délinquant. C'est un vice, la paresse, qui explique son délit habituel et le rend inévitable, de même qu'un vice, la cupidité ou l'immoralité révoltante, explique les délits de certains autres.

Les délits de rébellion, coups et blessures, outrages aux agents, que commettent si souvent les habitués du lieu et que la loi punit de peines correctionnelles, sont commis ordinairement dans l'ivresse.

Tant qu'on n'aura pas trouvé le moyen d'empêcher certains individus de s'enivrer, et, ce moyen, il semble qu'on aura de la peine à le trouver, puisqu'on s'enivre dans toutes les classes de la société et dans tous les milieux, il faudra que la philanthropie renonce à fermer les prisons, ce qui est son rêve favori, quelque parfaite que soit devenue l'organisation sociale. Des hommes qui s'oublient jusqu'à tomber dans l'ivresse, et des ivrognes qui frappent, résistent, menacent, disent des injures, voilà ce qu'on a pu voir en tout temps. Le besoin de s'enivrer revient à de courts intervalles à quelques individus, comme les atteintes d'une maladie chronique. La prison est alors inévitable, et Sainte-Pélagie verrait s'augmenter dans une forte proportion le nombre de ses pensionnaires, si Sainte-Anne et Bicêtre n'étaient pas là.

Le séjour à l'armée, c'est triste à dire, mais il faut le constater comme un fait, devient pour quelques jeunes gens, à ce point de vue, tout à fait funeste. Ils prennent l'habitude de l'intempérance. Tel régiment d'Afrique a fourni seul un assez grand nombre de détenus aux prisons de Paris.

L'un des aumôniers, parlant à un condamné connu déjà dans la maison de correction où il était venu quatre fois pour coups aux agents, exprimait quelque étonnement, et demandait :

— Comment expliquez-vous vos arrestations périodiques?

— Par l'ivresse et les femmes.

— Et la paresse?

— Non. Je travaille au dehors. Mais bientôt je me grise, et j'ai le vin mauvais.

En Algérie, au régiment, le vin était trop cher. J'ai pris l'habitude de l'absinthe. Ils la fabriquent, bon marché, pour vingt ou trente sous le litre... avec du palmier... et... je ne sais quelles saloperies. Il y a beaucoup de femmes espagnoles dans notre colonie. Elles viennent rôder autour des casernes. Je disparaissais de temps en temps de la chambrée, et je m'enivrais avec elles. Une nuit, fou d'absinthe, je battis la générale et mis en émoi tout le quartier. J'ai fait trois ans de pénitencier militaire. On m'a soigné. Mais je n'ai jamais perdu l'habitude de l'absinthe et de l'eau-de-vie. Je m'enivre; mes patrons me renvoient. Puis, quand on m'arrête, je frappe les agents, parce que, dans l'ivresse, c'est précisément à eux que j'en veux. Ils m'ont si souvent arrêté!

Mais de tous ces différents types de la prison en commun, le plus répugnant, et par malheur, hélas! le moins rare, le plus facile à rencontrer, c'est le souteneur de filles.

Il n'est plus à décrire extérieurement. Sa casquette haute, son foulard vainqueur, sa longue blouse aux plis raides, son pantalon clair, toutes ces pièces de l'ensemble desquelles résulte sa sale élégance, sont restées empaquetées au vestiaire et ont été remplacées par le costume de la prison. Il n'a plus conservé de son type connu que ses cheveux poissés, son teint jaune sale, sa bouche avachie, et ses dents noires, veuves du brûle-gueule tant que dure l'emprisonnement.

S'il vient pour son compte, c'est comme affilié à quelque bande dont il protégeait les méfaits et partageait les profits sans participer à l'exécution. C'est aussi, et plus souvent, pour excitation de mineurs ou de mineures à la débauche.

S'il n'est pas fort ou adroit, et, ce qui est alors inévitable, très querelleur, il tâche de ne pas se compromettre.

Sorti tard du logement qu'il occupe avec sa maîtresse, séparé d'elle par un étage, quelquefois par une simple cloison, aux moments où il est nécessaire qu'il ne soit pas dans la chambre même, il ne se lève guère avant midi. C'est vers deux heures qu'il prend son premier repas, puis son café et le reste. Il attend la nuit chez le marchand de vins ou dans une brasserie du faubourg, si la saison ne permet pas d'aller dormir au soleil ou respirer à la barrière. Le soir, il danse, il boit du vin chaud au Vieux-Chêne, au Progrès, à la Marine, pendant que sa femelle *travaille*. Enfin, vers une heure ou deux heures du matin, il rentre ivre, furieux, et prêt à jouer des poings pour faire payer le plus cher possible son triste plaisir au malheureux qui s'est risqué chez la fille de trottoir.

Quelque naïf qui avait reçu sa paye, quelque ouvrier faisant la fête et attardé, le provincial qui est venu pour s'amuser dans *la Capitale,* vont être insultés, dépouillés, et gratifiés par surcroît d'une grêle de coups retentissant sur leur échine endolorie comme le battoir sur le banc à laver, d'une de ces volées homériques dont ils ne perdront plus jamais le souvenir.

On se cache ensuite. Mais la fille est arrêtée chez elle, conduite à Saint-Lazare. Son souteneur est bien connu. Il a naturellement un rôle dans tous les coups faits ou à faire au profit de la communauté. C'est le complice connu d'avance. Il est ainsi venu, ou plutôt revenu à Sainte-Pélagie, suivant une pente naturelle, comme il revient d'autres fois à son bal ou à son cabaret.

L'esprit, dans la réflexion, rapproche volontiers ceux qui vivent de la débauche des filles avec lesquelles ils se sont accouplés, et les autres condamnés venus deux ou trois fois dans la prison commune pour outrage aux mœurs ou à la pudeur. Il n'en est pas ainsi dans la réalité. L'entremetteur considère qu'il accomplit un acte moins déshonorant en profitant de la prostitution presque légale d'une fille inscrite, que l'homme arrêté dans un lieu public pour outrage à la pudeur. Ainsi voit-on le voleur, qui ne sait guère mendier, s'isoler volontiers du vagabond. Ce reste de dignité chez des hommes également déshonorés, ce besoin inné d'établir des catégories et de conserver quelque raison de s'estimer soi-même en se comparant à d'autres, est curieux à observer. Il prouve que les hommes ainsi réunis par une condamnation, sentent eux-mêmes le dégoût de la promiscuité et n'ont jamais perdu toute notion de morale. Il prouve, de plus, que l'établissement de catégories, inférieur, à la vérité, comme système d'emprisonnement à la séparation absolue, n'est pas du tout arbitraire.

On peut voir par l'outrage à la pudeur, si fréquent, qu'un délit ne s'explique pas, comme on est trop porté à le croire, par un état social mauvais, par l'absence d'éducation. A de rares exceptions près, une seule explication est possible : l'oubli momentané de la dignité, de toute morale et de tout respect de soi-même, la passion brutale. Il est aussi curieux qu'il est triste de voir l'homme qui avait une position, le père de famille, rappeler qu'il est marié, qu'il est assez riche, pour se procurer, s'il lui plait, toute jouissance désirée, dans ce Paris, lieu de plaisirs faciles, et, en un mot, se débattre, démenti, accablé par le fait trop réel.

Ceux qu'une première faute a fait connaître, sans qu'on puisse dire qu'ils ont à l'état habituel ces mœurs infâmes, ne sont pas ici. Mais les hommes corrompus et abjects, plusieurs fois frappés par la justice, pour le même motif, s'y trouvent. Par quels angereux conseils, par quelles honteuses leçons ne oivent-ils pas troubler l'imagination, souiller, pour insi dire, l'âme et la pensée de jeunes codétenus rop disposés à les écouter.

Les escrocs, les voleurs en tous genres, les ondamnés pour rupture de ban ou pour infraction un arrêté, soit d'expulsion, soit d'éloignement, omplètent cette galerie de portraits, cette liste des abitants de la prison commune.

On refuserait de croire, si le fait était moins cerain, qu'une partie de ces individus qui remplissent es prisons départementales s'exposent volontaireent à de nouvelles condamnations, sans cause, ns nouveau délit. C'est la vérité, pourtant.

La grande ville, Paris, n'a pas de plus sincères dmirateurs, d'amants plus disposés à revenir quoiu'ils soient constamment rebutés, que ces hommes ui ont déjà été plusieurs fois condamnés. On veut u'ils s'éloignent pour que la capitale en soit délirée. On veut qu'ils choisissent une autre résidence. lais est-ce possible? Paris, avec ses hôtels garnis i justement suspects, avec ses cabarets, ses bals e barrière et de faubourg, ses foules, ses préoccupations diverses qui détournent l'attention et perettent d'échapper à la police, est le seul endroit ù ils puissent vivre. On veut qu'ils restent à 'étranger; on les dépose à la frontière. Mais ils ont ne petite masse, le produit du travail qu'ils ont fait dans la prison. Ils s'en servent pour prendre le train et regagner Paris.

L'aumônier se rend, un jour, au dépôt de la préfecture, pour remettre à un libéré étranger à la France depuis la perte de la Lorraine et désigné pour être reconduit à la frontière, un objet qui lui appartient.

— Il est parti depuis quarante-huit heures, lui dit-on.

Le ministre du culte exprime le regret de ne pouvoir lui remettre cet objet.

— Oh ! répond le directeur, soyez sans inquiétude. F... n'est jamais longtemps hors de Paris. Vous le reverrez bientôt.

— En prison?

— Sans doute.

En effet, huit jours s'écoulent, et F... reparaît, arrêté de nouveau, à Paris, pour rupture de ban.

Ces hommes qui rivalisent sans cesse d'habileté, de ruse, avec la police, sont les philosophes de la prison. Ils connaissent les traditions, les règlements, les usages, et ils donnent à leurs compagnons de captivité, sur leurs affaires, sur le mode d'exécution des peines, sur les moyens à employer pour se procurer des ressources à la sortie, les plus exacts renseignements. Au dehors, ils se déguisent comme d'excellents acteurs pourraient le faire. Un costume d'Anglais, une fausse barbe, des lunettes bleues leur suffisent.

Que doit-il résulter de la rencontre de tous ces

hommes, vagabonds et mendiants de profession, journaliers paresseux, ivrognes et querelleurs, souteneurs de filles, auteurs d'outrages à la pudeur, escrocs, voleurs, condamnés pour rupture de ban? L'échange de mauvais propos, de tristes conseils, l'irritation contre la société, le mécontentement de tout et de tous, la contagion de l'aigreur, de l'immoralité, de la révolte.

Ils causent au dortoir, à l'atelier, dans les cours, au chauffoir. Ils racontent les scènes dont ils furent les spectateurs ou les héros : prisonniers, dans quelque maison de force ; libres, dans quelque maison de tolérance.

Ils disent, car l'homme sait trouver une excuse à toutes ses erreurs et ne manque jamais d'accuser les autres, la société, que le temps est long, qu'ils voudraient bien savoir comment ils ont mérité la condamnation qu'ils subissent. Puis, d'un air farouche : « Une autre fois je prendrai mes précautions, et puisque de nouvelles condamnations sont sans doute inévitables, j'aurai soin de ne pas commettre un délit sans importance. Je saurai mériter ma condamnation. »

Ils préparent dans les coins mal surveillés de nouvelles *affaires* pour le jour de la sortie.

Il y a le voleur impudent qui raconte à la galerie charmée comment, dans un restaurant, un café, après avoir pris sa consommation, il demandait, au comptoir des pièces d'or ou d'argent en échange d'un billet de cent francs. Vous les recevez, vous les comptez avec attention et vous les mettez dans votre porte-monnaie; puis, vous soutenez hardiment que la personne qui tient la caisse a reçu le billet d'abord, avant de vous rendre la monnaie. L'escroquerie est-elle prouvée? il est possible encore de se sauver, si les agents ne sont pas trop près de la porte au moment où on les appelle.

Il y a le voleur aux douces paroles, aimable, hypocrite. Il conte à demi-voix comment il travaille. Oh! le tour est simple et réussit presque toujours. Vous avez deux lettres, entièrement semblables. Vous entrez dans un magasin et vous demandez un billet de banque à mettre sous l'enveloppe en échange de cinq pièces de vingt francs que vous allez déposer sur le comptoir. La courte opération terminée, vous mettez la lettre dans la poche. Mais...fatalité!... vous avez précisément laissé sur votre table, tout près, à l'hôtel voisin, les cinq pièces d'or. Vous laissez la lettre, l'autre toute semblable, où n'est pas le billet, et vous courez les chercher. Alors le tour est fait, il suffit de ne plus revenir.

Mais tout cela détaillé, expliqué, avec les changements de ton, les nuances, les sourires, les silences, les gestes du conférencier, du professeur spirituel dans sa chaire, de l'orateur aimé ou du comédien.

Il y a l'aigrefin qui met de l'esprit, de l'invention dans le mal qu'il fait, qui choisit les coups auxquels il prend part pour n'encourir que des condamnations légères, capable de tout, même d'une belle action. C'est aussi un conteur. Il est amusant, il a un bon style et décrit à merveille tout ce qu'il a vu dans ses voyages. Il était en Espagne pendant la dernière guerre civile. Il a été soldat en Écosse, zouave pontifical. Il ne sait plus exactement les dates, mais tout ce dont il a gardé le souvenir se lie à quelque événement politique. C'était... à la naissance du prince impérial. C'était... avant ou après la Commune. C'était... avant ou après la mort de Pie IX. A présent il est braconnier. On rit aux larmes quand il conseille de verser de l'acide sulfurique sur le poil des lapins de garenne tués en fraude, pour leur donner l'apparence de vulgaires lapins de choux, aux yeux des employés de l'octroi.

Il vend les coqs pour des faisans. Sachant en effet que les cuisinières n'apprêtent pas les têtes de faisans, il les leur demande. La tête est, au moyen d'une baleine de corset ou de parapluie rattachée au corps du coq et habilement cousue. Il soutient que les cuisinières se laissent ainsi facilement tromper.

Plusieurs fois il a vendu aux gardes mêmes des bois de l'État le gibier tué en fraude. Et... ma foi!... l'homme n'est pas parfait... les gardes n'ont pas manqué de profiter de l'occasion et du bon marché.

Enfin, si vous y tenez, il vous montrera quelques médailles militaires obtenues dans les différents pays où il a servi, médailles qu'il a... par là..., et des certificats signés de noms connus, des papiers en règle attestant qu'il a dû faire preuve en plusieurs circonstances de sang-froid et de courage.

C'est l'escroc classique, amusant, spirituel. On réfléchit, et l'on pense au Scapin de l'ancienne comédie, surtout au Crispin de Regnard :

J'ai couru l'univers, le monde est ma patrie.
Faute de revenus, je vis de l'industrie
Comme bien d'autres font ; selon l'occasion
Quelquefois honnête homme et quelquefois fripon.
J'ai servi volontaire un an dans la marine,
Et me sentant le cœur enclin à la rapine
Après avoir été dix-huit ans flibustier
Un mien parent me fit apprenti maltôtier.
J'ai porté le mousquet en Flandre, en Allemagne
Et j'étais miquelet dans les guerres d'Espagne[1].

Il se trouve que ce type amusant, invraisemblable, qui semblait emprunté par l'auteur comique au théâtre de la foire est pris sur le vif et tout à fait vrai.

Les détenus soumis au régime en commun peu-

1. *Les Folies amoureuses*, acte I, scène v.

vent entendre ces cours en plein air, et faire, hélas! surtout les plus jeunes, leur grand profit de ces leçons.

Ce qu'on ne saurait trop fortement exprimer, ce que les prisonniers de cette catégorie sentent eux-mêmes à merveille, c'est qu'il serait impossible de vivre dans une société composée en majorité d'êtres de leur espèce. On peut avoir pour eux un grand mépris, mêlé de pitié s'il y a lieu; ils en ont secrètement un plus grand pour leurs compagnons de captivité.

La domination, la brutalité du plus fort, sont dans les mœurs des prisons et s'exercent malgré toute surveillance. Aussi comprennent-ils la nécessité d'une loi protectrice et d'une autorité.

Ils sont mauvais individuellement; comment ne l'avouerait-on pas?

Dans le quartier commun de l'une des prisons de Paris, le prisonnier ayant le titre de bibliothécaire avait un chat qu'il soignait comme on ne soigne pas un ami quand on est libre. On sait ce que peut être pour un prisonnier un animal quelconque, même un rat, même une araignée. Des détenus convalescents qui venaient dans la cour de la bibliothèque, aperçurent le chat que le bibliothécaire les pria d'épargner. Vaine prière. Ils retrouvèrent exprès des forces, de l'adresse et des jambes pour atteindre le malheureux animal. Ils n'eurent de repos qu'après l'avoir tué.

Ils sont durs, farouches, et avec eux facilement une plaisanterie finit par avoir un dénouement tragique. L'escroc qui sait rire n'est pas tout à fait inconnu, mais c'est une exception.

Deux auxiliaires pris parmi les détenus, et d'abord jugés dignes d'avoir un emploi dans la maison, avaient ensemble des rapports de bonne amitié. Ils nettoyaient les grosses lampes de la prison. Une clef s'égare, et l'un deux soupçonne son collègue de l'avoir cachée. Ils tenaient dans ce moment-là leur lampes à la main.

— Rends-moi ma clef, dit le premier.

— Cherche, répond son camarade.

— Tu ne veux pas la rendre? vocifère l'autre détenu, Eh bien tiens !...

Alors, d'un seul coup vigoureusement asséné, cette brute lui brise sur la tête une lampe et le renverse assommé.

Voilà l'effet, le danger, voilà parfois les exemples de la vie en commun.

§ V.

DU PROGRÈS MORAL DANS LA PRISON COMMUNE.

L'aumônier ayant pour mission de disposer, selon son pouvoir, chaque détenu au repentir, et, par suite, à l'amendement, il peut et il doit, même dans les prisons où est établi le régime en commun, distinguer ceux qui ont encore de bons sentiments, et leur adresser, dans des entretiens particuliers, des exhortations spéciales.

Mais ce sera l'exception dans ces prisons-là.

L'enseignement moral, voilà la règle, sera donné dans des conférences familières, aux détenus réunis.

L'homme frappé de plusieurs condamnations à de courtes peines est-il incorrigible ? Telle est la question. Plusieurs répondent affirmativement, et il est vrai qu'ils ont, en faveur de leur opinion les apparences. Il faut avoir observé longtemps les détenus et avoir étendu l'observation à un grand nombre d'entre eux, pour exprimer un avis contraire. La religion seule qui a les longs espoirs, et par devoir, ne veut pas céder au découragement, a pu poursuivre cette étude avec assez de persévérance, pour découvrir sous l'apparence décevante, la réalité favorable.

On parle beaucoup aujourd'hui. On fait des cours, des conférences, on construit des écoles. A qui veut-on faire comprendre l'utilité de l'instruction? A des ignorants, sans doute. On le tente et on réussit. De même ici. On enseigne la morale à ceux qui ne la connaissaient pas. Le médecin va directement aux plus malades.

Jean-Jacques Rousseau a fort bien observé que les hommes pris en masse sont vertueux, qu'une assemblée, une foule même, si les passions politiques ou religieuses ne l'aveuglent et ne l'égarent pas, est bonne, aime et comprend la morale. On connaît la légende du meurtrier qui, son crime accompli, se rend à l'Ambigu, s'émeut au mélodrame, pleure sur la victime et dénonce à haute voix l'assassin. Ce que l'écrivain de génie a dit, et ce qu'on répète ainsi de la moralité des hommes assemblés dans un théâtre, il faut le dire également, même d'une réunion de malfaiteurs. La raison, chez eux, n'est pas atteinte ; autrement, ils seraient fous. L'instrument n'est pas mauvais : c'est le sens moral qui est faible, insuffisant, soit parce qu'il n'a pas été éveillé, développé par l'éducation, soit parce qu'une passion maîtresse, une ou plusieurs fois, a facilement dominé leur conscience.

Ainsi, première observation : on peut profiter du recueillement forcé pendant les longs jours de l'emprisonnement, adresser aux détenus des exhortations fréquentes, et, si ce qu'on dit vient du cœur, leur communiquer une émotion salutaire, leur donner l'idée de la vérité, de la justice, montrer que le bien est ici, non pas ailleurs, et, s'adressant à tous en même temps, les forcer ensemble à en convenir.

« N'est-ce pas un effet nécessaire de la constitution » des choses, écrit exactement Rousseau dans la » *Lettre à d'Alembert*, que le méchant tire un » double avantage de son injustice et de la probité

» d'autrui ? Quel traité plus avantageux pourrait-il
» faire que d'obliger le monde entier d'être juste,
» excepté lui seul, en sorte que chacun lui rendît
» fidèlement ce qui lui est dû et qu'il ne rendît ce
» qu'il doit à personne ? Il aime la vertu, sans doute,
» mais il l'aime dans les autres, parce qu'il espère en
» profiter : Il n'en veut point pour lui parce qu'elle
» lui serait coûteuse. »

C'est vrai ; mais il s'agit là du méchant qui fait assez bien son calcul pour n'être jamais atteint par la justice. Ici, la souffrance actuelle, le sentiment amer et la gêne de la peine subie, s'unissent à la raison pour prouver à l'auditeur qu'il trouvera dans le bien seulement, dans le devoir accompli, le bonheur, le repos et la liberté.

De plus, pour un grand nombre de ces détenus, tout enseignement est un bienfait. On essaie de leur donner l'instruction proprement dite, mais aux plus jeunes seuls, mollement. Il faudrait des règlements tout nouveaux pour que la prison devînt un lieu où l'ignorant pourrait s'instruire. Deux obstacles se sont toujours opposés à cet égard à la grande réforme nécessaire : d'abord une question d'argent, tout le temps disponible des détenus étant dû aux entrepreneurs qui tiennent de l'Administration le droit de les faire travailler ; et, en second lieu les clameurs inévitables d'une partie du public, hostile à tout projet de changement dans les prisons.

Eh bien, à ces déshérités qui n'ont jamais eu dans la famille que de mauvais exemples, qui sont à peine allés à l'école, qui n'ont reçu depuis l'âge de douze ans que de tristes leçons dans l'atelier ou dans la rue, il est possible par des explications claires, simples, mises à leur portée, de commencer à faire entrevoir ce qu'ils n'ont jamais appris.

Nul n'est censé ignorer la loi. Mais nous voyons qu'en fait beaucoup d'individus l'ignorent, et même qu'ils croient faire, en la violant sur certains points, la chose la plus simple et la plus légale du monde.

Les erreurs sont fréquentes en matière de dépôt.

Les objets perdus appartiennent-ils à celui qui les trouve ? Beaucoup de détenus répondront affirmativement. Ils ne croiront pas commettre un vol, lorsque, assis sur un banc, ils verront tomber de la poche d'une personne qui passe un billet de banque ou un objet ayant quelque valeur. Ils ramassent cet objet, ce billet, et se l'approprient quand la personne est éloignée.

Ils pensent avoir droit à une récompense en rapportant sans frais et presque sans déplacement, à quelques pas de l'endroit où ils l'ont trouvé, un bijou, un portefeuille perdus. La récompense attendue ne leur est-elle pas remise, une autre fois, disent-ils, je ne rendrai plus rien. Cette autre fois arrive et les voilà en prison.

Il est certain que l'enseignement de l'aumônier pourra donner à ceux-là un nécessaire supplément d'instruction.

Il y a plus. La société qui n'envisage que l'acte délictueux et exerce un droit en arrêtant le malfaiteur, doit à ce malfaiteur l'éclaircissement, l'instruction qui paraît lui avoir manqué. Il ne faut pas se contenter de frapper; l'avertissement doit accompagner la répression. Cet avertissement, où donc les détenus le recevraient-ils ? En justice ? Mais on a trop d'affaires à juger pour écouter longtemps les explications embrouillées, les systèmes de défense si souvent menteurs qu'inventent ceux qui sont jugés. Les observations du président, quelques courtes phrases de reproche et de blâme, cela peut-il suffire ? Après le jugement, le condamné ne pense qu'à la peine plus ou moins sévère qu'il va subir et tout est oublié. Blâmer n'est pas avertir. « Laver la tête », selon l'expression qui a cours au Palais, ce n'est pas expliquer et corriger. La société doit cette instruction aux égarés pour qu'ils retrouvent leur chemin, et aux coupables, même de volonté et d'intention, pour qu'ils s'amendent. C'est à eux qu'il appartient ensuite de se décider pour le bien ou pour le mal dans la liberté de leur conscience.

On voit déjà, par les réflexions qui précèdent, de quelle nature doit être l'enseignement donné dans la prison commune.

M. de Tocqueville qui comprit à merveille l'utilité de cet enseignement quand il fit son voyage en Amérique, s'exprime ainsi : « Presque toujours » le ministre qui célèbre l'office, l'accompagne d'un » sermon dans lequel il s'abstient de toute discus- » sion sur le dogme pour ne traiter que des points » de morale religieuse. »

C'est sans doute une erreur.

On a dû dire devant lui, au cours de l'enquête qu'il poursuivait de concert avec M. E. de Beaumont, qu'aux États-Unis où les Églises protestantes sont nombreuses, on évite d'appeler l'attention des prisonniers sur des discussions relatives au dogme qu'ils n'entendraient pas d'abord, et qui fourniraient, de plus un aliment, mille occasions de critique, à la malignité toujours en éveil de plusieurs d'entre eux.

Mais on peut parler du dogme, et même on le doit quelquefois. Est-il possible de leur refuser les explications, les éclaircissements qu'ils demandent? M. de Tocqueville, en écrivant ces lignes, prêtait involontairement aux États-Unis les habitudes des pays catholiques.

En fait, au contraire, une grande liberté dans l'enseignement, une grande variété dans le choix des sujets sont nécessaires. Comment demander à des détenus qui, lorsqu'ils sont en liberté ne vont jamais ou presque jamais au Temple, à l'Église, à la Synagogue, d'écouter un sermon avec suite, avec une attention soutenue? Un événement récent, un procès, une loi, un voyage de découvertes fait par un homme courageux et patient, un bon livre qui vient d'être publié, une biographie, le programme d'une nouvelle œuvre de charité et de patronage, un fait récent observé dans quelque prison, une exécution si le meurtrier s'est repenti, voilà avec l'enseignement moral proprement dit, le thème intéressant, le sujet bon à traiter. Pourquoi se priver d'une discussion relative à la croyance, si cette discusion peut intéresser, instruire ? Il n'y a que deux choses indispensables : bien connaître les détenus, c'est-à-dire être auprès d'eux depuis longtemps, et rester maître de sa parole.

On se trompe d'ailleurs sur le compte des détenus quand on les croit rebelles à tout enseignement moral. C'est un préjugé. Ils viennent sans qu'on les force à venir, assister à l'instruction ou au culte. L'aumônier qui les voit seul et reste au milieu d'eux, ne court habituellement aucun danger sérieux. Ils évitent de se mettre en colère et de décourager les seules personnes qui leur témoignent quelque intérêt. L'Administration aussi, à la vérité, s'intéresse à eux, mais d'une autre manière. Ils saisissent bien la nuance.

M. d'Haussonville a écrit à propos des aumôniers de maisons centrales que « leur ministère n'est

» pas l'objet d'une répulsion aussi systématique » qu'on pourrait le croire[1]. » Non certes. Le mot exact, sur ce point, a été dit par M. de Tocqueville : « La présence d'un homme qui vient s'entretenir avec eux est un bienfait immense dont ils apprécient toute l'étendue ». Les prisonniers en commun ne seraient pas hommes s'ils ne sentaient pas, malgré leur chute, qu'on ne vit pas seulement de pain et de travail imposé, mais encore d'idées exprimées, de leçons reçues ; et ils ne seraient pas des contemporains arrêtés dans Paris, s'ils ne prenaient aucun plaisir à s'instruire et à écouter les exhortations, les discours qu'on leur adresse. C'est un fait : les condamnés de la Roquette, destinés aux maisons de réclusion et aux travaux forcés, sont les plus attentifs à l'enseignement donné, et, sans y être contraints, en tenant compte de quelques rares exceptions, les plus assidus au culte.

Quel est donc l'effet de cet enseignement du bien dans la prison commune ? Les malfaiteurs sont-ils corrigés ?

De tels hommes, ces escrocs, ces voleurs d'habitude, ces ivrognes et ces paresseux ne peuvent que rarement se transformer d'une manière radicale. On ne l'espère, on ne l'attend pas. Mais on empêche plusieurs d'entre eux de faire des progrès dans le

1. *Enquête parlementaire*, t. VI, p. 223.

mal, de devenir des assassins ou des incendiaires. Pour d'autres malgré tant d'obstacles, cet enseignement devient même le point de départ, le principe du relèvement.

Le célèbre directeur du pénitencier d'Auburn, Elam Lynds, au moment où la réforme pénitentiaire était déjà en cours d'exécution aux États-Unis, tout en niant que la régénération complète de ces détenus fût possible, tomba d'accord avec M. de Tocqueville qu'on pouvait espérer l'amélioration et qu'il l'avait vue se produire.

Elam Lynds, d'ailleurs, comme tous les administrateurs, n'attendait guère de bons résultats certains que des règlements, de la discipline ou de son influence personnelle.

Il fit un jour une dangereuse expérience.

Un criminel redouté, ancien coiffeur, l'avait menacé de mort.

Le directeur l'appelle dans son cabinet.

— Rasez-moi, dit-il.

Et il tend son cou, sa joue, à son redoutable ennemi qui le rase sans faire entendre une injure ou une plainte.

Beaucoup d'administrateurs ressemblent au célèbre directeur américain. Ils ne croient qu'à une action pour ainsi dire matérielle, à la bonne conduite obtenue, non par l'instruction ou quelque influence morale, mais par la crainte. Ils ne remarquent pas le lien sympathique qui finit par unir les détenus à l'aumônier qui leur fait et leur veut du bien. Ils croient et ils disent volontiers que les détenus n'assistent au culte que pour obtenir des faveurs, des secours en vêtements et en argent, etc.

Les faits prouvent que ces pessimistes n'ont pas raison. La charité « espère tout. »

Il est vrai que les prisonniers sont adroits, hypocrites. Les jeunes détenus à la Petite-Roquette pleurent à volonté. Mais il y a des adultes, des hommes, chose étrange! qui ont ce singulier don de larmes. Il arriverait ainsi qu'on pourrait s'intéresser à un scélérat trois ou quatre fois récidiviste, si l'on n'avait pas soin d'aller au greffe, prendre les renseignements nécessaires.

Ont-ils commis une erreur, fait auprès de vous une fausse démarche? Pleins de ruse et de calcul, ils réparent leur faute au plus vite.

S... escroc et faussaire, avait une femme et un enfant dont il ne demandait pas même des nouvelles tandis qu'il éprouvait pour une fille galante la plus vive affection.

Il parle un jour à l'aumônier :

— Je voudrais qu'on fît de ma part une visite à madame ***.

— Quelle est cette personne?

— Ma maîtresse.

— Je ne puis me charger de lui parler. Si j'acceptais une mission, ce serait auprès de votre femme que vous avez dû laisser dans la désolation et la misère.

S... ne réplique pas, et l'aumônier reste quelque temps sans le revoir.

Enfin, il reparaît.

— J'ai mon renseignement, dit-il. La démarche est faite.

— Par qui ?

— Par X...

Ce dernier interrogé, répond qu'il est allé voir, en effet, chez elle madame ***. Seulement, trompé par le prisonnier, il a cru faire une visite à la femme légitime.

Ils vous raconteront quelque touchante histoire dont l'invention ferait honneur au plus fécond et au mieux inspiré des romanciers.

P... vient d'être arrêté pour escroquerie. Il se dit écrivain, victime de la calomnie, faussement accusé par des adversaires politiques. Il ne demande rien pour lui... Non... Gardez vos aumônes... Il supportera tout noblement. Mais la pure et innocente vic-i me en tout cela, c'est une jeune fille qu'il aime et qu'il se dispose à épouser après sa libération. Elle n'a pas hésité, sous l'empire de la passion, à quitter la maison paternelle et à fuir avec son fiancé persécuté. Elle a dû se suicider; elle est morte sans doute... Oh! si vous alliez voir! Vous auriez droit à la reconnaissance de toute une famille. Voilà une véritable occasion de faire du bien.

Vous allez à l'hôtel qu'il vous indique. Vous trouvez l'ingénue souffrante. Elle allait sortir pour acheter du charbon. Elle est pure. Elle ne pouvait prévoir toute la méchanceté des hommes.

Vous lui donnez de l'argent pour retirer ses effets du Mont-de-Piété, faire à la hâte le voyage et se remettre au plus tôt sous la protection de ses parents.

Le soir, si vous passez par là, vous constatez avec surprise et douleur, qu'elle n'est pas partie. Elle va et vient, de huit heures à minuit... devant sa porte... sur le trottoir.

Voilà des faits. Il serait aisé d'en citer d'autres. Mais que prouveraient-ils ? Quelque habitude des prisons donne l'expérience. On ne saurait tomber dans ces pièges grossiers.

D'autre part, parce qu'il y a de faux misérables et des mendiants qui trompent, faut-il donc nier la misère ? Le vrai, c'est que l'enseignement du bien dans la prison commune est nécessaire, indispensable ; c'est qu'il faut reprendre, exhorter en même temps que l'on punit ; c'est que, malgré tout, chez les mieux disposés, une réelle amélioration est possible et un certain progrès évident.

§ VI.

DÉTENUS POLITIQUES.

Deux quartiers distincts de Sainte-Pélagie étaient destinés à recevoir l'un les condamnés de droit commun qui pouvaient, en payant, obtenir par faveur la pistole, l'autre les détenus pour cause politique, spécialement pour délits de presse.

La pistole a été supprimée depuis plusieurs années comme contraire à l'égalité.

Mais tous ceux qui n'ont pas un empire suffisant *sur ces démangeaisons qui nous prennent d'écrire*, savent déjà ou pourront apprendre quelque jour que l'autre quartier reste ouvert pour les recevoir.

« Tarquin le Superbe — écrivait Raspail, il y a
» quarante ans — se plaisait, dans son parterre à
» abattre les têtes de pavots... La verge de nos
» justiciers ne frappe pas si haut. Elle laisse
» debout le lys et les pavots, et va s'appesantir
» au-dessous, sur la pensée et la violette. »

La remarque est toujours juste.

Dans un coin de la maison, aux étages supérieurs, six ou sept cellules sont réservées aux condamnés pour cause politique. Combien d'hommes d'esprit, de cœur, de talent, s'y sont succédé!

Quelles admirables pages furent écrites pendant leurs heures de prison, depuis un demi-siècle.

Mobilier : un lit, deux chaises, un placard, une cuvette, une table, etc... Le détenu peut faire apporter un fauteuil, et, bien plus, se meubler lui-même sur une simple autorisation du directeur. On affirme qu'un ancien règlement imposait aux directeurs l'obligation de mettre un certain costume à la disposition des condamnés. Mais ils refusèrent tous de quitter leurs habits de ville.

Les hôtes connus, quelques-uns illustres, de ce quartier de Sainte-Pélagie, n'ont pas manqué de publier leurs remarques et leurs critiques. On passait selon la saison du froid excessif à l'extrême chaleur. De là ce nom : *la Sibérie*. De là ces plaisanteries sur les tortures comparées qu'il faut subir au nord et au sud. Lamennais mourant de soif, écrivit au mois de juillet, pour avoir au moins l'illusion de la fraîcheur, une de ses plus belles légendes : *la Jeune Fille au bord de la mer* [1].

Qu'on ne cherche plus ici l'amélioration ! Il n'y a qu'un remède sûr : la suppression. Il faut laisser à chacun la liberté d'écrire et ne soumettre au jugement des tribunaux que les délits de droit commun commis par la voie de la presse.

On voit souvent, dans les prisons, de faux hommes

[1] Emile Forgues, *Correspondance de Lamennais*.

de lettres. On trouve aussi des individus qui se sont fait condamner pour escroquerie, vol, etc., après avoir acquis une certaine notoriété comme publicistes. Ils espèrent être conduits aux cellules des détenus politiques. Mais il est clair que la distinction de la loi porte sur la nature du délit, non sur la profession des personnes. Grande est souvent leur déception ! On les conduit bien à Sainte-Pélagie, oui, et, quelquefois, sur leur demande : mais avec les autres, au quartier commun.

II

LA SANTÉ

LA NOUVELLE PRISON. — DU PROGRÈS MORAL DANS LA CELLULE. — LA VIE EN CELLULE. — COMPARAISON DU SYSTÈME CELLULAIRE ET DU RÉGIME EN COMMUN. — L'INFIRMERIE CENTRALE.

§ I.

LA NOUVELLE PRISON.

Comparée aux vieilles prisons, la Santé est un palais ; comparée à la prison moderne, à Mazas par exemple, elle est mieux construite, étant plus récente.

La grande porte, rue de la Santé, s'ouvre sur une cour, comme celle de Mazas. La même distribution a été adoptée : au rez-de-chaussée le greffe ; au premier étage, la direction ; derrière, le quartier cellulaire d'abord, et puis le quartier commun.

Tout est pareil, ce dernier quartier excepté ; mais, à la Santé, tout est peut-être mieux fait.

La cour est tranquille, moins souvent traversée par les voitures cellulaires accompagnées de gardes municipaux à cheval, plus rarement visitée par les agents, par des hommes vêtus de noir ayant un portefeuille sous le bras, par des parents au visage attristé, par des femmes en deuil, comme à la suite d'un malheur récent.

Les avenues, jusqu'au rond-point, sont larges. Vous ne vous sentez pas ici envahi, à peine entré, par une irrésistible mélancolie. L'escalier qui va de ce rez-de-chaussée aux sous-sols où sont les parloirs du quartier commun, est large et bien éclairé.

Au rond-point, deux choses sont nouvelles. La roue d'abord[1], n'a que quatre rayons correspondant aux quatre divisions du quartier cellulaire, au lieu de six, comme à Mazas. L'espace qui aurait pu être occupé par les deux autres a été utilisé pour l'église. On entr'ouvre les cellules à l'heure du culte à tous les étages des quatre divisions, et les détenus de ce quartier regardent par la porte entrebaillée. Les autres quittent ensemble, au moment de la messe, le quartier commun, et viennent s'asseoir sur les bancs

1. Voir, Chapitre II, la description de Mazas.

de l'église. On ouvre les portes ; et, de toutes parts, les prisonniers, soit séparés dans leurs galeries, soit réunis dans la chapelle, aperçoivent le prêtre et l'autel.

L'autre disposition nouvelle, empruntée aux prisons d'Amérique, permet de construire un oratoire protestant, mais un oratoire qu'on pourrait appeler aussi cellulaire. Il est, de même, au rond-point, au premier étage, pris dans l'intervalle qui sépare deux divisions, et il n'est pas apparent comme l'autel catholique. Les détenus doivent y être conduits l'un après l'autre. Là chacun s'enferme dans l'une des étroites cellules qui vont, en demi-cercle, ouvertes par devant, d'un côté à l'autre de la salle. La chaire est au centre de cette demi-circonférence, dans l'angle du mur. Chaque détenu voit le pasteur et ne peut être aperçu de ses codétenus, dans les cellules voisines.

C'est par la chapelle que s'établit la communication entre le quartier cellulaire et le quartier commun. Un couloir étroit de chaque côté de l'église, sert aux communications journalières. On voit au bout, les bains, le vestiaire, et quelques marches conduisent, à la hauteur d'un premier étage, aux vastes cours, aux ateliers du quartier commun.

Les cours, les ateliers de papiers peints, menuiserie, boites en carton, boutons, plumeaux, s'y trouvent comme ailleurs, comme à Sainte-Pélagie, plus neufs et mieux entretenus, voilà tout. Mais il y a ici une application du système d'emprisonnement dit *auburnien*, travail en silence, le jour, dans les ateliers, et isolement la nuit, dans des cellules.

Sur ce dernier point, « isolement la nuit », on s'écarte de la pratique de Sainte-Pélagie. Il n'y a plus de dortoirs. On remarque avec plaisir cette différence essentielle. Il est certain que la population de la prison commune à la Santé est meilleure, dans son ensemble, que celle de Sainte-Pélagie, bien qu'il s'agisse également d'hommes plusieurs fois condamnés.

En tout, la Santé est une prison qui peut servir de modèle.

Le défaut le plus apparent qu'on puisse observer, est dans le plan et la construction. Les cuisines s'ouvrent sur les premières cours, non loin de la porte d'entrée principale. C'est trop loin de l'autre extrémité de la maison. Avant d'être distribuée à tous les détenus, aux séparés dans leurs cellules, et aux autres, dans les divisions communes, la soupe sera peut-être tiède ou froide, en hiver.

Le travail manque assez rarement. Les prisonniers reçoivent la moitié du prix de leur journée. Mais non pas tout de suite. Un quart leur est remis dans la cellule ou à l'atelier, et un quart est mis à la masse qu'ils recevront à leur libération. Ils peuvent gagner ainsi jusqu'à un franc par jour. Mais quand le travail manque, ils doivent se reposer, attendre dans les cours. C'est encore un malheur, c'est-à-dire, un défaut.

Cependant — ces observations faites — il est certain qu'on est bien ici dans la prison moderne, dans cette prison propre, cirée, remplie d'air.

Installer le dégoût et l'infection à demeure et par système dans la prison, comme on l'a fait longtemps, c'est rendre le relèvement trop difficile et c'est trop aggraver la peine. Un emprisonnement même très dur, très pénible à subir n'exige pas l'emploi de tels moyens.

Ce qu'on trouve à la Santé, c'est presque la recherche et le luxe. Plusieurs fois par semaine l'escouade des auxiliaires parcourt en tous sens l'établissement. On met de l'huile aux serrures. On fait reluire les boutons de porte. Le détenu lui-même frotte avec un cul-de-bouteille le parquet de sa cellule.

Qu'elles soient vieilles ou nouvelles toutes les prisons sont chauffées en hiver. Mais c'est surtout l'éclairage qu'il est impossible de ne point remarquer ici. Ce n'est plus, comme à Mazas, un simple bec de gaz, sans verre, répandant son odeur dans la cellule et l'éclairant de sa flamme blanche, de sa lumière vive et crue. On a placé le gaz, près de la porte de chaque cellule, au milieu d'une petite fenêtre creusée dans le mur, et s'ouvrant d'un côté dans la cellule, de l'autre sur la galerie. A chaque ouverture s'applique un globe blanc. Ainsi, à l'intérieur, le détenu a la clarté douce et très suffisante que donnerait une forte lampe; et, à l'extérieur, sur toute la ligne, l'autre globe empruntant sa clarté à la même lumière, éclaire d'un vif rayon les diverses galeries de chaque division.

La nuit, et surtout l'hiver, quand on vient d'allumer le gaz, vers cinq heures, l'effet produit est étrange, féerique. On se croit enfermé dans quelque vaisseau fabuleux, le vent faisant relâche, l'agitation des flots ayant cessé, et le passager, après avoir regagné sa retraite, cherchant le repos et le sommeil au milieu d'un grand silence.

§ II

DU PROGRÈS MORAL DANS LA CELLULE

La loi nouvelle n'impose la cellule qu'à ceux qui subissent une première condamnation. Dans la prison départementale cette condamnation doit être d'un an ou au-dessous. Un jour de plus produirait un changement complet dans le mode d'exécution de la peine. Il faudrait aller dans une maison centrale.

Est-ce à dire cependant que tous ceux qui sont dans ce cas recevront avec profit l'instruction, l'enseignement moral et religieux, grâce aux visites de l'aumônier et aux leçons de l'instituteur? Evidemment non. Il y a ici, une sorte de sélection, un choix à faire.

Le voleur de profession pourra se trouver là, si, pour son début, il s'est borné à commettre un délit sans gravité. Avec quelque habitude de la visite des prisonniers, on peut lui prédire presque à coup sûr, ce qui l'attend dans l'avenir. Ici, subissant une première, une courte peine, il ne parle pas des grands coups qu'il médite. Mais il se laisse pénétrer facilement. Il n'a pas un regret, il n'est sensible qu'à ce que son état présent a de matériellement désagréable et douloureux. Il a pris le travail en dégoût. Il pense aux moyens de vivre sans travailler. Si, averti par ces symptômes significatifs, vous voulez être renseigné sur son compte, essayez seulement d'obtenir de sa famille qu'elle le reçoive à la sortie. Ni le père ni la mère n'y consentiront. Il a déjà vingt fois trompé sa famille, lassé la patience de chacun. Il s'est rendu insupportable.

Un autre type curieux, un être presque incorrigible, c'est l'homme qui s'était trouvé placé par la naissance et avait d'abord vécu au sein d'une famille honorable, ou riche, ou aisée et qui, de chute en chute, par l'oisiveté, par le jeu, par la débauche, est arrivé, descendu jusqu'à la prison. Le ressort est brisé.

L'aumônier essayait un jour de retrouver chez l'un de ces malheureux quelque affection, quelque sentiment du devoir et de la responsabilité. Il écouta longtemps, ayant sur les lèvres un vague sourire. Il dit enfin : « Vous parlez de famille ! J'ai réduit la » mienne au désespoir et je me suis indignement » joué de son affection. Vous parlez d'honneur !... » Je ne sais plus ce que c'est. J'ai vécu des honteux » profits de quelques femmes perdues. J'ai pris un » jour une guitare, moi qui avais reçu une certaine » instruction, moi qui avais connu l'aisance, et je » suis allé dans les cafés, chanter et quêter des » sous. Vous voyez bien que vous parlez en vain. Il » est trop tard. J'ai bu toute honte. »

Mais on trouve dans la cellule également, et bien plus souvent que dans la prison commune, des hommes qui ne sont pas encore pervertis, des jeunes gens surtout, qu'il vaut la peine d'instruire après les avoir isolés.

Un alcoolisé était arrivé presque au degré d'hébètement qui rend nécessaire l'entrée à Sainte-Anne, au moment où on l'arrêta. Il répondait à peine à ce qu'on lui disait. Dans ses idées il n'y avait plus de suite, rien que de vague et d'incertain.

Il avait entendu dire qu'il était à la maison de la Santé, et il prenait *la Santé* pour une dame. Un jour, il demande à l'aumônier si, par hasard, il la connaît, lui présente une lettre et le prie de la lui remettre, pour obtenir quelque faveur. Le ministre du culte reçoit le papier et lit ces mots sur l'enveloppe : *A madame, madame la Santé, à Paris.*

Il était condamné à six mois ; c'est dire qu'il dut s'abstenir de vin et de liqueurs pendant cette période. Il sortit guéri. La cellule, avec la vie calme et les privations imposées, l'avait soustrait à la tyrannie de l'habitude et l'avait débarrassé de son mal [1].

Un jeune homme de dix-sept ans, presque un enfant, savait lire et ne savait pas écrire. Ce n'est pas rare. En commun, il n'avait reçu que de mauvais conseils, dans la cour, à la sortie des ateliers. Mais il est seul, en cellule. Il se hâte au travail. Il consacre chaque jour, quelques heures à imiter les lettres tracées sur des modèles d'écriture qu'on lui a procurés. En neuf mois, il avait appris seul. Il savait écrire.

L'aumônier peut remarquer qu'un détenu sans grande instruction, entièrement privé de cette éducation qu'il faut surtout demander à la famille, a le sens moral, mais non développé. La cellule est favorable. Il faut revenir souvent, instruire ce détenu, lui donner des vues certaines sur la morale, lui découvrir les devoirs de l'homme dans leur ensemble, lui révéler l'âme. C'est facile dans le

1. Ce n'est pas une exception. Ce bon effet de la cellule pourra souvent être constaté. M. Rouville, aumônier depuis vingt ans, signale parmi les causes les plus fréquentes de l'emprisonnement, le célibat, l'abus des liqueurs et du tabac.

tête-à-tête; ce serait impossible sous le régime en ommun.

Ne serait-ce pas un crime, en vérité, d'exposer au ontact et au mauvais conseils d'hommes qui sont irrémédiablement pervertis, ces jeunes gens? On peut avoir commis un vol, une escroquerie, par légèreté dans l'entraînement de la jeunesse. Combien de détenus de dix-huit à vingt-cinq ou vingt-six ans sont dans ce cas! On peut avoir commis même un acte grave d'immoralité et se trouver suffisamment averti par un premier châtiment. On peut avoir été condamné pour coups et blessures, et cependant, être vif et brutal plutôt que méchant. Voilà l'heureuse influence de l'aumônier, de la cellule : parler à ceux qui peuvent écouter encore, les isoler afin qu'ils ne restent pas exposés à la contagion, et après avoir acquis l'assurance qu'ils ne sont pas incurables, entreprendre de les guérir.

Ce qu'on ne sait pas comprendre habituellement quand on s'occupe de déterminer le régime auquel doivent être soumis les détenus, c'est la nécessité d'établir une juste distinction.

La loi de 1875 sépare avec raison les malfaiteurs d'habitude et les récidivistes presque incorrigibles des hommes qu'un premier châtiment suivant une première faute doit sévèrement avertir.

On dit que les détenus, d'ordinaire, manquent d'instruction. C'est mal parler. C'est l'éducation qui a manqué. Elle reste à faire ou à compléter, non sans espoir de succès, lorsqu'une seule faute a été commise.

Toute la mission de l'aumônier est là, et, en même temps, dans sa difficulté et sa grandeur, le devoir de la société qu'il représente auprès du détenu.

Il est vrai que cette solitude semble parfois insupportable.

On veut « disposer le coupable au recueillement, » à la méditation, et au repentir dans sa cellule soli» taire »[1]. C'est bien, mais à la condition de ne pas aigrir le prisonnier et de ne compromettre en aucune manière sa santé.

Certainement la distraction manque. Il ne faut pas, comme on l'a fait jusqu'ici dans les ouvrages spéciaux, dire que les aumôniers, les instituteurs, les visiteurs charitables, procureront la distraction au prisonnier. Pour se distraire et s'amuser il faut être libre. Il faut avoir à peu près même rang, même instruction, mêmes goûts. Qui va au sermon par plaisir? Personne. La morale est bonne, utile, mais elle ne distrait pas. Il faut un jeu pour distraire. De la morale, cela n'est jamais amusant.

Ce qui est vrai, c'est que l'arrivée du visiteur fait paraître un moment cette vie moins monotone. Si

1. Bérenger, *De la répression en matière pénale*, 1855.

le condamné déclare qu'elle est supportable, il ne faut rien désirer de plus.

Les jours s'écoulent. Le terme est prochain. Si les détenus sont incorrigibles, si les soins de l'aumônier étaient inutiles, pourquoi donc certains prisonniers, au moment du départ, l'appellent-ils, comme un ami, afin de lui serrer la main ? Pourquoi, de la province, de l'étranger, reçoit-il des lettres contenant soit de sincères remerciments, soit l'expression d'une vive reconnaissance ?

Ceux qui lui écrivent ainsi, ceux qui l'appellent auprès d'eux, n'ont aucun intérêt à se rappeler à son souvenir. Ce sont précisément les meilleurs, ceux qui sortent corrigés et qu'il ne doit plus revoir.

§ III

LA VIE EN CELLULE

L'enseignement moral est nécessaire partout, même dans la prison commune, à Sainte-Pélagie. Par malheur, les entretiens de l'atelier et de la cour auxquels le détenu ne peut éviter de prendre part détruisent la salutaire impression que cet enseignement a pu produire. Il n'en est pas de même dans la cellule. Ici les prisonniers ne peuvent recevoir que de bon conseils.

Ils l'ont compris, depuis l'application qui a été régulièrement faite de la loi de 1875.

En général le détenu ne désire pas la cellule. Mais s'il l'a acceptée dans la prison départementale où l'emprisonnement n'est jamais à long terme, il est rare qu'il veuille la quitter. L'espoir d'être délivré bien plus tôt lui procure la résignation nécessaire.

On peut aller plus loin. Il est certain que les prisonniers se sont habitués, au cours des cinq années qui viennent de s'écouler depuis la première application de la loi, à subir sans effroi la nécessité de vivre isolés pendant quelque temps. Il arrive souvent qu'après avoir accepté un emploi d'auxiliaire pour être libres d'aller et de venir dans la maison, ils changent d'avis. Ils demandent et ils obtiennent facilement d'être enfermés pour jouir de la réduction du quart de la peine. Cette réduction est calculée sur le temps qu'il ont encore à passer dans l'établissement.

Ils travaillent dans la cellule, et ils ont droit à la même rétribution que s'ils étaient restés dans le quartier commun. On a soin alors de ne leur confier qu'un travail qu'ils pourront faire seuls, sacs en papier, fleurs artificielles, et, s'il ont du goût, dessins de broderie.

Mais un simple journalier qui voudrait apprendre un état, ne doit pas compter pour cela, il faut bien le reconnaître, sur le temps qu'il passe, soit au quartier cellulaire, soit au quartier commun d'une prison départementale. Il n'apprend pas réellement un état pendant l'année qu'il peut passer là. Quand il sort, il n'est ni cordonnier, ni tailleur, ni menuisier. Il ne sait pas l'un de ces métiers qui lui permettraient de vivre partout où il pourrait aller.

Par malheur, les libérés ont plus d'une fois l'occasion de le regretter amèrement. Quelle maison de banque ou de commerce consentirait à recevoir un caissier déjà condamné pour vol? Les employés aux écritures trouvent difficilement de nouvelles places. L'apprentissage complet qu'ils feraient d'un nouveau métier, surtout manuel, serait un grand bienfait pour eux. Or, cet apprentissage, ils ne le font ni à la prison départementale parce qu'ils y passent trop peu de temps, ni, parfois, à la maison centrale, à cause de l'extrême division du travail imposée par les entrepreneurs. C'est un grave défaut, une lacune qu'on pourrait combler, sinon dans les prisons de Paris, du moins dans les maisons centrales.

Mais il faut se borner à cette exigence et ne demander que les choses possibles. Le travail dans la cellule procure la distraction : c'est l'essentiel. Il permet aussi d'obtenir à la cantine un supplément très nécessaire de nourriture.

A six heures [1], aussitôt après son lever, le dé-

1. En été.

tenu reçoit un pain rond qui doit suffire pour toute la journée. A neuf heures, son guichet s'ouvre, et un auxiliaire dépose sur la tablette intérieure la soupe ou le bouillon. A trois heures enfin, on lui donne à la gamelle quelques légumes, remplacés le jeudi et le dimanche par de la viande. Le tout en petites quantités, selon le règlement. Avec un tel ordinaire, il doit être permis, on en conviendra, sans commettre le péché de gourmandise, de se procurer de temps en temps, à la sueur de son front, un dessert et du pain blanc.

La cellule, semblable aux cellules de Mazas, sur la description desquelles il n'est pas utile de revenir, va s'embellir par les soins du détenu qui l'habite. Sur un calendrier préparé par lui et collé au mur, il se donnera la satisfaction de rayer jusqu'à la fin les jours écoulés. Il encadrera quelques dessins pour les suspendre à l'épaisse cloison. Il fera un recueil des quelques chansons qu'il peut savoir : invariablement, et sans choix, le chant patriotique ou la chanson obscène, deux sujets, deux notes, et pas plus.

S'il n'est point sans instruction, et si vous pouvez lui procurer une grammaire, un dictionnaire, anglais, allemand, il s'efforcera d'apprendre une langue. N'a-t-il pas toujours le vague projet d'aller vivre à l'étranger, dans un pays où ses antécédents ne sont pas connus? Cette bonne pensée, ce désir de compléter son instruction, lui sont directement inspirés par les calculs, les méditations de la cellule. Seul, loin des mauvais conseillers, à l'abri des tentations du dehors, il renait, il se régénère.

Voici, pour finir sur ce sujet, un progrès, une bonne action qu'il serait tout à fait impossible d'obtenir dans un quartier commun.

Votre prisonnier n'était pas seul, avant sa condamnation. Il vivait, en faux ménage, avec une femme qu'il a rendue mère. Elle s'occupe de lui, au dehors. Elle lui prouve son attachement en lui envoyant quelques fleurs, quelques provisions, de l'argent. Il pense à l'épouser. S'il parlait de son projet à d'autres détenus, dans la cour, ils se moqueraient de lui. Mais seul, il s'arrête à cette idée. Il fait part de son désir à l'aumônier. Que devient-il, quand il apprend qu'une bonne pensée devant au plus tôt être mise à exécution, le cas est prévu? Non seulement il aura la satisfaction de se mettre en règle, mais encore, il sera rendu à ces enfants, à cette femme, un jour, tout un jour.

Il accepte.

Mais il faut, avant tout, recevoir de la Préfecture de police une autorisation qui est rarement refusée. On pourrait l'avoir le jour même. En effet, rien n'est aisé, dans toutes les prisons, comme d'adresser une demande à la Préfecture. Un fil télégraphique met tous les greffes en communication avec le cabinet du Préfet de police. Bien plus, si les employés au greffe en expriment le désir, grâce à ce même cabinet, ils sont mis en rapport entre eux sur tous les points de Paris.

Ici, l'aumônier se charge dans une affaire qui n'intéresse pas l'Administration, d'obtenir lui-même une réponse favorable.

Le jour venu, le détenu cesse d'être un irrégulier. Il va réparer un trop long oubli à la mairie, à l'église. Sa conduite, peut-être, ne mérite pas, au fond, beaucoup d'éloges. Flétri déjà par la justice, décidé souvent par le seul espoir d'une sortie de faveur, il a fallu le pousser encore à cet acte de réparation. Mais la femme, qui a des enfants dont il est le père, ne peut refuser de partager jusqu'au bout sa destinée. Il est trop tard. Elle doit être heureuse encore de devenir épouse à ce prix.

La police n'a l'ordre de refermer sur le prisonnier la porte de la cellule que le soir. Y... racontait qu'il avait pu, de cette manière, rester dehors tout un jour, annoncer lui-même son mariage à deux ou trois amis, se promener avec sa femme à la foire aux pains d'épice, escorté seulement à distance par des agents qui marchaient derrière lui, et ne rentrer qu'à la nuit, content de sa journée, pour attendre la fin de sa peine.

§ IV

COMPARAISON DU SYSTÈME CELLULAIRE ET DU RÉGIME EN COMMUN

Après avoir examiné séparément les deux modes de répression ou les deux systèmes d'emprisonnement, cellule et régime en commun, il reste à les comparer et à voir quel est celui qui doit être préféré.

Et d'abord, il est évident que la distinction n'est pas arbitraire. Il y a là une question pénitentiaire importante. La réforme n'est pas affaire de mode, et ce n'est pas le rêve, la chimère de quelques hommes qui ont cru sous tel gouvernement, tel jour, devoir proposer d'imiter en France ce qu'ilsavaient vu à l'étranger. Il y a un intérêt social à rechercher, à reconnaître, parmi les prisonniers, ceux qu'on pourrait sauver. Il faut, par humanité, tendre la main à ceux qui n'ont été que malheureux, et par justice, ne les point condamner, parce qu'ils auront commis une faute, à vivre toujours parmi les malfaiteurs.

On peut dire, en empruntant une image au théâtre contemporain, qu'il faut séparer ces hommes, très différents les uns des autres, au point de vue de la moralité. S'il est juste de distinguer dans la société un vrai monde, chaque jour, hélas! plus difficile à reconnaître, et un demi-monde déjà gâté ; s'il est vrai qu'il y a là, selon la comparaison ingénieuse et familière de l'écrivain, d'un côté les pêches à un franc et de l'autre les pêches à quinze sous; il est certain également qu'en prison, ce sont les pêches déjà gâtées qu'on a sous les yeux. Que faire? Imiter le marchand : mettre des feuilles entre ces fruits, des compartiments, des cellules. En prison, la cloison d'une cellule sera comme la feuille protectrice qui doit retarder ou arrêter le progrès du mal et empêcher la corruption par le contact.

M. de Persigny, dans la circulaire ministérielle qu'il adresait aux préfets, le 17 août 1853, ne méconnaissait pas la nécessité de certaines séparations à établir.

S'il rayait d'un trait de plume tout ce qui avait été fait, écrit, projeté, sous la monarchie constitutionnelle, c'était parce qu'il craignait de dépenser trop d'argent pour établir le système cellulaire.

Que proposait-il d'ailleurs ? *La séparation par quartiers.* Or, ce système est mauvais. Il n'arrête pas le mal. Il est insuffisant, et c'est son moindre défaut. Qu'on le remarque aussi : cette distinction établie entre les détenus, la séparation par quartiers est simplement administrative, trop arbitraire. D'abord elle n'ajoute rien à la rigueur salutaire de la répression. On vit toujours en compagnie, et en mauvaise compagnie. De plus, elle est établie d'après l'âge, la gravité du délit, le nombre des condamnations, ce qui ne prouve rien, ce qui n'a aucune signification certaine.

Ne sait-on pas qu'il y a parmi les récidivistes des hommes dignes de pitié, d'intérêt, tandis qu'au contraire de vrais scélérats, réservés d'avance aux longues peines, et pour toute leur vie, vont se trouver, au début, dans la prison départementale? Est-ce de l'âge des détenus qu'on tiendra compte en les séparant? Abadie, Gilles, Menesclou, étaient à peine assez âgés pour être conduits dans la prison des hommes à Mazas, au moment où ils venaient de commettre leurs crimes. Eugène Ollivier n'avait que quinze ans.

Qui s'oppose encore à l'adoption du système cellulaire? Les philanthropes, les économistes.

Les philanthropes trouvent que tout, dans le régime des prisons, est trop rigoureux. Ils ne sauraient en conséquence soutenir de leur approbation un mode de répression qu'ils jugent plus rigoureux que l'ancien. Une fausse pitié pour ceux qu'ils s'obstinent à regarder comme de simples malades les égare.

Les économistes demandent si la justice a pris « un trousseau de clés pour glaive » et si l'on va longtemps encore dépenser de grosses sommes à construire des prisons nouvelles, à entourer de luxe et de bien-être les malfaiteurs?[1]

Refuser l'argent nécessaire à la construction de nouvelles prisons, c'est faire une déplorable économie. C'est vouloir que le nombre des récidives, et, dans la même proportion, le danger social, augmente sans cesse. Ne faut-il rien dépenser pour garder tous ces récidivistes en prison? Ne faut-il rien perdre? Libres, ne rendraient-ils pas à la société de plus grands services?

On veut refuser à des malfaiteurs un bien-être, une aisance, dont les ouvriers ne peuvent pas jouir! On cite avec complaisance la plainte de ces paysans vivant dans le voisinage des nouvelles maisons centrales, au dire desquels il y aurait moins d'avantage et de profit à être honnête homme! Est-ce sérieux? Eh bien! qu'on essaie de prendre au mot quelques-uns de ceux qui se plaignent et de les y mettre à leur tour. On verra s'ils auront hâte de sortir!

1. Coquelin et Guillaumin, *Dictionnaire de l'Économie politique*, 1873.
« A voir le nombre infini des prisons chez nous, maisons de dépôt, » salles de police, violons, casernes de gendarmerie, chambres de sû- » reté, maisons de justice, de correction, de force, forteresses, colo- » nies, on dirait que la justice a pris un trousseau de clés pour » glaive.
» Si ce système nouveau de pénalité carcérienne est plus philan- » thropique, plus moral, il n'est pas aussi économique que l'ancien.
» Outre 60 millions de construction de prisons depuis trente ans, » on dépense 12 millions par an pour environ cent mille dé- » tenus, 4 millions pour frais de justice criminelle, et 4 millions » pour frais de surveillance sur les récidivistes et les libérés. Le tout, » déduction faite du travail des condamnés. »

La vérité, c'est qu'il y a dans le régime cellulaire une réelle aggravation de la peine. La cellule est bien plus difficile à supporter que l'emprisonnement en commun, et si c'est un luxe de subir dans une maison de belle apparence l'emprisonnement cellulaire, le prisonnier expie ce luxe par un redoublement salutaire de rigueur.

La répression est sentie, sous le système cellulaire; elle est presque nulle pour les habitués dans le régime en commun. C'est agir selon la raison et la science que de diminuer la peine matériellement, c'est-à-dire d'une part de rendre la prison habitable, et d'autre part de veiller, au point de vue moral, à ce que l'emprisonnement atteigne son but.

Pour le reste, les soins, la propreté, l'ordre, il n'y a jamais trop de luxe. Si ces hommes qui sont souvent, au dehors, ou pendant la prévention, d'une saleté repoussante, prennent pendant leur détention quelques bonnes habitudes, nul ne saurait le regretter. C'est un heureux résultat de plus.

Ainsi l'emprisonnement cellulaire est préférable à l'autre. Mais c'est ici surtout qu'on peut dire : l'abus est près du bon usage.

Il s'agit de fixer la limite. Quelle peut être la durée de cet emprisonnement?

On a vu, en lisant les pages consacrées aux cellules de Mazas, que la querelle était vive entre les partisans du régime en commun d'un côté, et, de l'autre, ceux qui demandent la transformation de toutes les prisons en établissements cellulaires. Ces derniers, frappés des avantages que présente la séparation des détenus, ont soutenu que cette séparation est préférable, même physiquement, même pour la santé des prisonniers.

L'ont-ils prouvé ? Non.

Une seule chose est certaine parce qu'on peut l'observer sur place et parce que l'expérience est déjà faite. L'emprisonnement en cellule donne de bons résultats dans les prisons départementales, parce que les détenus de ces prisons ne sont pas, d'ordinaire, condamnés à plus d'un an. Beaucoup de prisonniers ont été soumis à ce régime depuis 1875, et quoiqu'ils aient éprouvé un long et profond ennui, ils n'ont pas été sérieusement malades soit pendant, soit après l'emprisonnement.

Mais il est déjà difficile de supporter la cellule pendant huit ou neuf mois, par exemple. Une double observation va le prouver, et l'Administration elle-même va se voir d'abord forcée d'en faire l'aveu.

Première observation : la mise en cellule est une punition. Qu'arrive-t-il, en effet, lorsque deux prisonniers, dans la cour ou dans l'atelier, à Sainte-Pélagie ou dans le quartier commun d'une autre prison, se sont querellés et ont fini par se battre ? On les enferme. Voilà le châtiment que la direction, sur le rapport des surveillants, inflige chaque jour.

Il y a même dans les maisons entièrement cellulaires, à Mazas, à la Petite-Roquette, des cellules plus noires, traversées dans leur longueur d'un simple lit de camp, qu'on appelle cellules de punition. Ainsi, on enferme un détenu quand on veut lui infliger une aggravation de peine. Telle est la vérité, démontrée par l'expérience.

Seconde observation. La loi du 5 juin 1875 ordonne bien de tenir en cellule les condamnés à un an et au-dessous. Mais le législateur estime qu'ils sont ainsi punis plus sévèrement qu'ils ne l'étaient dans la prison commune. Et pour leur offrir une compensation pour les encourager à tout subir sans se plaindre, à persévérer dans l'obéissance et le repentir, il accorde la réduction du quart de la peine. Jusqu'à trois mois, il n'y a pas de réduction. Mais au delà, le condamné ne restera que quatre mois et demi dans sa cellule, si sa condamnation est de six mois. L'individu condamné à un an sera retenu pendant neuf mois.

Au contraire, le prisonnier est-il de ceux qui n'ont pas pu supporter la cellule? A-t-il accepté un emploi d'auxiliaire dans la maison? Il sera privé de cette faveur, parce qu'en effet il souffre moins, et il n'y a plus de bonne raison pour la lui accorder.

Tel est bien l'esprit de la nouvelle loi. Appliquée d'abord aux français, elle a été ensuite étendue parfois à des étrangers qui en faisaient la demande. Restreinte, au début, à ceux qui n'avaient pas commis certains délits honteux, l'outrage à la pudeur, par exemple, elle a tout embrassé, par la suite, l'administration s'étant de plus en plus attachée à son esprit et ayant pensé avec raison qu'il faut rendre possible pour tous le relèvement et le repentir. Quelques détenus même ont pu réclamer la cellule à leur seconde arrestation, lorsque, la première n'ayant pas trop d'importance, ils paraissaient encore mériter cet encouragement.

Ainsi, soit le texte de la loi même, soit l'application qui en a été faite, tout concourt à prouver en même temps qu'elle avait une extrême importance dans la pensée du législateur. Il accordait une faveur, parce qu'il avait conscience de s'être d'abord montré sévère. Pour engager les uns à s'y soumettre sans murmurer, pour donner aux autres le désir de la subir volontairement, il a accordé la réduction énorme du quart de la peine.

Possible et préférable à tout autre système de répression, malgré sa rigueur, quand il faut faire subir, au plus, une condamnation à un an réduite à neuf mois, l'emprisonnement cellulaire doit-il être imposé aux individus condamnés à trois, quatre, cinq ans de prison et à la réclusion même?

Le sentiment répond, avant la raison. C'est de l'effroi qu'on éprouve à la pensée de condamner un voleur même, un coupable, mais un homme, un malheureux, un être fait de chair et d'os, à dix ans de solitude.

Encore faudrait-il aller au delà, et parler de quinze ou vingt ans, si la proposition de quelques partisans du système de l'isolement était adoptée. Ils ont proposé, en effet, de ne plus établir parmi les condamnés que deux catégories. Ceux qui ne sont ni très corrompus, ni coupables d'un grand crime seraient condamnés à de courtes peines. Pour les autres, la transportation serait supprimée et remplacée par l'emprisonnement à long terme puisqu'il serait nécessaire d'exercer longuement une salutaire influence sur ces prisonniers.

L'homme peut-il donc supporter, et subir avec profit, tant pour lui que pour la société, ce long supplice de la solitude?

Au pénitencier de la Roquette où l'on essaya d'abord le système de l'isolement sur des enfants reçus dans cette maison en correction paternelle, l'expérience réussit [1]. En octobre 1839, 233 enfants sur 508, soumis à ce régime, ne s'en plaignirent pas. On vit le nombre des récidives diminuer : 7 au lieu de 15 p. 100.

On cita bientôt comme très digne d'attention dans le même sens, le fait suivant [2].

1. BÉRENGER, *de la Répression*, etc.
2. Id.

« M. Russel, inspecteur des prisons de la Grande-Bretagne, en 1844, au moment où 345 convicts allaient être embarqués, leur demanda d'écrire sur une feuille de papier qui ne serait lue qu'après leur départ, leur impression sur le système cellulaire. Ils l'approuvèrent tous uniformément. »

Il ne serait pas étonnant qu'on eût, aux premiers jours, accordé trop d'importance à ces faits. Le second, quand on connaît les détenus, paraît tout à fait étrange et contestable.

Épris du système américain, désirant le bien avec ardeur, les partisans de la réforme acceptaient, sans réserves, des aveux semblables à celui que faisaient dans leur livre MM. de Tocqueville et de Beaumont, après leur visite à Cherry-Hill.

« Le moment de l'entrée est le seul critique. La » cellule solitaire du criminel, est, pendant quel- » ques jours, pleine de fantômes. Il refuse les ali- » ments, les consolations. Mais on peut le mettre » au cachot... Il est rare qu'il faille plus de deux » jours d'un tel régime, pour soumettre le détenu » le plus rebelle à la discipline. Dès que le criminel » *a triomphé des terreurs qui le poussaient à la* » *folie et au désespoir*, lorsqu'il est *tombé d'acca-* » *blement*, et a cherché dans le travail une distrac- » tion à ses maux, le voilà dompté et soumis pour » toujours aux règles de la prison. »

Oui. Mais peut-être ne triomphera-t-il pas de ces

terreurs! Peut-être ne pourra-t-il pas supporter la cellule au delà d'un an ou dix-huit mois! Persister alors à imposer au détenu un tel supplice, c'est révolter sa conscience, c'est le placer dans l'alternative, ou de haïr ceux qui lui ont fait subir cette épreuve, ou de tomber dans l'hébêtement.

Le même besoin de hâter la réforme dicta plus tard au docteur Lélut des affirmations paradoxales.

Il signale l'invasion des incompétences. Il y a, dit-il, en faveur de l'emprisonnement cellulaire, *évidence nauséabonde.* Avec l'autorité d'un médecin des prisons de Paris, membre du Corps législatif, ayant fait de l'aliénation mentale une étude particulière, il réfute, en divers écrits, les partisans de l'autre système, le docteur Coindet et divers médecins de Genève qui déclarent, après avoir fait de leur côté une sérieuse expérience, que l'emprisonnement cellulaire développe la folie. Il tient à dire toute sa pensée et formule nettement son opinion.

« Pour que les criminels ne se corrompent pas les » uns les autres; pour que l'action réformatrice de la » société s'exerce sur eux; pour qu'ils ne se con- » naissent pas dans la prison; pour qu'ils ne puis- » sent pas, s'étant connus, s'associer à leur sortie; » pour faire des économies, l'emprisonnement » cellulaire étant meilleur marché; pour éviter la » sodomie... qu'on adopte la séparation! Si c'est » trop dur pour les femmes et les enfants, et s'il

» n'y a pas dans l'emprisonnement collectif les
» mêmes dangers, qu'on les mette en commun.
» Mais qu'on n'oublie pas que tous les détenus ont
» une âme ! [1] »

Ce dernier mot explique tout. C'est vrai. Ils ont une âme. Mais perdre résolument le corps pour sauver l'âme, c'est se résigner à un sacrifice par trop semblable à ceux que le fanatisme, en d'autres temps, conseillait aux Inquisiteurs.

A ces affirmations, le docteur Collineau, rapporteur de la commission chargée d'une sorte de contre-enquête, répondait, dans la même année 1855, par des affirmations contraires non moins catégoriques.

« Ayez l'emprisonnement cellulaire pour les
» courtes détentions, disait-il. Mais, l'expérience
» prouve que la détention prolongée dispose à la
» folie, au suicide, aux maladies lymphatiques et
» tuberculeuses, mais surtout à la phthisie pulmo-
» naire; et que ce sont les caractères les plus gais,
» communicatifs, sociables, qui, supportent le moins
» la solitude et l'isolement forcé. Vous redoutez la
» sodomie en commun ? En cellule vous aurez le
» vice solitaire. Non, quel que soit le système de dé-
» tention, la prison par elle-même ne moralise ni ne
» fortifie. Quelque sévère que soit l'isolement, il ne
» change pas le naturel. Appliqué à des êtres sen-

1. *Union médicale*, 10 avril 1855.

» sibles et intelligents, même très vicieux, il décou-
» rage, désespère, opprime, abrutit et dégrade.
» N'est-ce pas enfin une prétention anti-hygiénique
» de soumettre au même régime des caractères, des
» organisations, des tempéraments si divers? »

Ces dernières affirmations sont assez graves, quand on n'a pas de parti pris, pour faire concevoir des doutes sérieux sur la possibilité d'établir un emprisonnement cellulaire à long terme.

Les partisans du système américain ont d'abord dû reconnaître que ce système était excessif. Ils se sont bornés, en France, à proposer la séparation toute simple des prisonniers, tandis que dans les premiers temps, à Philadelphie, au pénitencier de Cherry-Hill, « le détenu, privé de travail, ne recevait ses aliments que par un tour et était enseveli » dans une sorte de tombeau ».

On soutient que la cellule est, non pas contraire, mais favorable à la santé des prisonniers. En 1843, cette remarque était déjà faite en Amérique. La mortalité était à Cherry-Hill, maison cellulaire, de 2.14 p. 100, et à Auburn où était établi le régime en commun avec solitude de nuit, 2.41 p. 100.

La France, en vingt-trois ans, donnait, dit-on, dans les prisons, les chiffres suivants :

Mortalité :

Système cellulaire :	Mazas	1. 2 0/0

Régime en commun	Roquette.	2. 0 0/0
	Santé	2. 2 0/0
	Maisons centrales.	3 à 4 0/0
	— départementales. .	4 à 5 0/0

Aliénation mentale :

Mazas.	Détenus. . . .	24,949	
	Cas d'aliénation	493	
	Moyenne . . .		1. 9 0/0
Prisons départementales.	Cas d'aliénation.		2. 2 0/0

Quant aux suicides, la moyenne, soit en France, soit à l'étranger, est environ de 1 p. 1,000 en cellule, tandis qu'on a vu dans les maisons centrales jusqu'à 42, et dans les prisons départementales jusqu'à 64 suicides pour 1,000.

Il faut mettre à part Mazas, où, comme on l'a vu, le suicide plus fréquent s'explique par des raisons indépendantes du mode de répression. On va jusqu'à attribuer le chiffre relativement énorme de ces actes de désespoir, à Mazas, à la contagion du suicide[1].

Il serait facile de contester ces chiffres.

Le docteur Pietra-Santa, par exemple, est arrivé par l'observation à des résultats bien différents. Sous le régime en commun, dit-il, 1 détenu sur 12,000 se suicide et 45 deviennent fous. En cellule, 12 se suicident, et un peu plus de 45 deviennent fous. N'est-ce pas effrayant, même en supposant que

1. En 25 ans, il y en a eu 75, c'est-à-dire 3 sur 1,000.

dans la cellule, l'état général de la santé des autres sera bien meilleur[1] ?

En admettant même, avec le docteur Sauze[2], qu'on arrive à un égal nombre de suicides et d'aliénations dans les deux systèmes, ce renseignement serait insuffisant pour déterminer, en connaissance de cause, la durée possible de l'isolement. L'expérience n'est pas faite, et la loi ne permet pas encore en France ce qu'elle n'a jamais permis, l'emprisonnement cellulaire à long terme.

Il devient donc nécessaire d'emprunter des chiffres à l'étranger.

L'Italie, dit-on, fait des essais. On cite certains États de l'Allemagne qui infligent la cellule jusqu'à deux ou trois ans de suite, si les détenus y consentent. Quels timides essais ! Comme on voit bien que la difficulté est grande !

Dans le quartier cellulaire de la prison de Gand, M. Félix Voisin et M. d'Haussonville ont vu deux détenus qui avaient supporté l'un dix ans, l'autre sept ans de *cellule, et qui ne souffraient pas*. Ils ont vu également à Louvain, deux détenus ayant passé, l'un six ans et huit mois dans l'isolement, l'autre six ans et cinq mois. On comprend qu'ils aient consigné cette observation dans leur rapport. Un pareil fait est aussi rare que curieux. Il

1. F. Desportes, *la Réforme des prisons*, 1862.
2. *Recherches sur la folie pénitentiaire*, Marseille, 1855.

ne serait pas impossible, à la rigueur, d'emprunter à l'histoire des prisons sous l'ancien régime, quelques traits semblables. Mais l'exception ne prouve rien.

On montrait au philosophe ancien les présents déposés aux pieds de la statue des dieux par les marins sauvés du naufrage. « Il y en aurait bien plus, répondit-il, si tant d'autres qui avaient promis d'en apporter à leur tour, s'ils échappaient à la mort, n'avaient pas péri dans les flots » ! Il est permis de faire, en prison, la même réflexion, alors que, par miracle, on voit dans leur cellule des détenus ayant subi une longue captivité comme ceux de Louvain ou de Gand. Ils seraient, certes, plus nombreux, si les autres n'étaient pas morts ou n'étaient pas devenus fous !

Physiquement, au point de vue de la bonne santé, l'expérience reste à faire. Les médecins consultés qui ont émis une opinion contraire à l'isolement à long terme, ont toujours été les plus nombreux.

Mais ce n'est pas tout.

Moralement même, le but que la société doit poursuivre en punissant ne serait pas atteint.

Le repentir, dit-on, a besoin de solitude. Voyez les moines.

La comparaison n'est pas bonne. Les moines sont parfois des mystiques. Souvent, ils ne se sont enfin soumis à la règle et ils n'ont accepté la réclusion que parce qu'ils étaient fatigués de vivre dans le monde.

Vous voulez procurer le repentir. Craignez de produire l'aigreur et la haine.

Labruyère a écrit : « Tout notre mal vient de ne » pouvoir être seuls : de là le jeu, le luxe, la dissi- » pation, les femmes, l'ignorance, la médisance, » l'envie, l'oubli de soi-même et de Dieu. »

Si c'est vrai pour des hommes libres, à combien plus forte raison est-ce vrai pour des détenus !

André Chénier, pauvre et seul à Londres, écrivait à son tour ces quelques lignes sur la solitude : « Elle est, quoique chère aux malheureux, un » grand mal, encore plus qu'un grand plaisir. Car ils » s'y exaspèrent, ils y *ruminent leur fiel*, ou, s'ils » finissent par se résigner, c'est découragement » et faiblesse ; c'est impuissance d'en appeler des » injustes institutions humaines à la sainte nature » primitive ; c'est en un mot, à la façon des morts » qui s'accoutument à porter la pierre de leur tombe, » parce qu'ils ne peuvent la soulever. »

Cette fatale résignation rend dur, farouche, sourd aux consolations des amis, et le poète prie le ciel de l'en préserver.

Le travail, les promenades, les entretiens avec les surveillants, anciens militaires, les visites de l'aumônier, tout cela, quoi qu'on en dise, ne les distraira pas, ne remplacera pas pour eux le mouvement et la vie. Cela doit avoir, — pour continuer la comparaison d'André Chénier — la gaieté de visites que les parents vont faire à la tombe de leurs morts.

La conclusion, c'est qu'il convient de généraliser la cellule pour les courtes peines. Mais l'isolement à long terme ne doit être imposé à personne. Il faut le conseiller à ceux qui pourront le supporter et, par de fortes réductions de peine, les engager à s'y soumettre.

On pourrait emprunter au système irlandais sa série d'épreuves : d'abord l'isolement ; puis, le travail en commun dans les grands ateliers de travaux publics ; enfin, la liberté préparatoire. Trois séries, et *des marques* de bonne conduite permettant d'entrer d'une série dans l'autre.

L'administration, cela est certain, ne doit pas soumettre tous les tempéraments, toutes les organisations à un système invariable.

C'est faire du détenu un patient, c'est l'étendre sur un lit de Procuste.

Il faut laisser au directeur, d'accord avec le médecin, la liberté d'ordonner un changement de régime, s'il voit que le système appliqué est funeste à l'un de ses pensionnaires.

§ V

L'INFIRMERIE CENTRALE

Chaque prison a son infirmerie particulière. La Santé même a la sienne tout à fait indépendante. Le service central pour linge, vivres, habillement, est fait à Saint-Lazare. Mais c'est à la Santé que sont transportés, quand ils paraissent atteints d'une manière grave ou quand leur vie est menacée, les malades de toutes les autres prisons.

On n'est pas plus exactement visité, secouru, dans un bon hôpital. Deux salles vastes, hautes, cirées et propres reçoivent les nouveaux venus. Des médecins, des internes, des pharmaciens, des infirmiers pris parmi les détenus, et des garçons de salle donnent aux malades les soins qu'exige leur état.

Mais c'est la prison. Il manque de l'air, des jardins. Les quarante lits de l'infirmerie centrale ne suffiraient certes pas pour tous les détenus des prisons de Paris dont l'état est grave. Mais la Santé n'est que l'hôpital des prisonniers. Les aliénés sont transférés dans les asiles de Bicêtre ou de Sainte-Anne. Les scrofuleux, si nombreux dans les prisons où leur maladie se développe et fait des progrès, restent dans les petites infirmeries. Les épileptiques simples ne sont pas considérés comme malades. Ils vivent au dortoir, dans les ateliers ou dans les cours, avec les autres détenus.

Comme les administrés de tous les hospices et de toutes les maisons de santé ou de retraite, et plus que d'autres, le prisonnier est sujet au mécontentement. Il compte les morts de la semaine. Il critique les ordonnances du médecin. Il veut passer d'une infirmerie dans une autre dans l'espoir d'être mieux soigné. Molière, en voyant le *malade imaginaire* des prisons, dans sa situation toute spéciale, aurait peut-être ajouté quelques scènes à sa comédie.

Il faut bien que le séjour à l'infirmerie soit désirable, puisque ceux qui y sont venus une fois reviennent sans difficulté. Ceux qui s'y trouvent en convalescence ne se hâtent pas de redemander la cellule. Enfin, les prisonniers qui ne peuvent pas supporter un complet isolement y sont conduits et se montrent reconnaissants de cette faveur.

Les détenus inquiets, affaiblis, n'ont pas ici de violentes querelles. Un malheur commun les rapproche. Ils cherchent à se rendre de mutuels services, et, parmi eux, comme parmi les infortunés dont le poète a décrit la misère

> L'aveugle, en tâtonnant, donne à boire au phthisique.

Ils viennent s'asseoir, pour chercher la distraction, le long de la grande table sur laquelle ils prendront plus tard leur repas. Ils ont fabriqué un Jeu de Dames. Ils laissent s'écouler les longues heures, attentifs à leur jeu, la tête couverte d'un bonnet de nuit, procurant par leurs plaisanteries un peu d'amusement à ceux qui sont couchés.

Qu'il soit permis de faire une réflexion, une seule, devant le lit de ces infortunés. C'est qu'un danger de la prison, grand, quoiqu'on n'en parle guère, c'est d'aggraver certaines maladies, c'est de conduire à la mort, rapidement et sûrement, sans que le progrès du mal soit visible avant les derniers jours sur le visage naturellement jaune et flétri du condamné. Il faut bien que la justice ait son cours ! On ne peut pas savoir à quel degré exact de la phthisie un prévenu se trouve arrivé, et lui épargner, parce qu'il est souffrant, l'application des lois. C'est vrai ! c'est certain. Mais que la direction, le médecin, l'aumônier, les parents du détenu soient attentifs ! Que la grâce soit promptement accordée dans les bureaux de l'administration, lorsqu'elle est reconnue nécessaire, et qu'elle n'arrive pas trop tard !

Le prisonnier ne meurt pas comme il a vécu. Lorsqu'il se sent condamné, il a plus rarement que d'autres, sur les lèvres, des paroles de doute. Il a besoin de croire. Il a tant à expier ! Il a été si malheureux, et il lui reste à satisfaire un tel besoin de bonheur ! Il affectait le calme pendant sa captivité, mais il rougit à présent. Faire venir sa famille, sa famille honnête, en ce lieu-là, pour l'enterrer ! Quelle honte !

Les prisonniers, à leur lit de mort, expriment vivement leur repentir. Ils ajoutent presque tous, après avoir reconnu leurs fautes : « J'aurais désiré ne pas mourir en prison ! »

Enfin, le malheureux a cessé de souffrir. Quelle gravité, quelle funèbre éloquence, ces murs nus de l'amphithéâtre, ce linceul sur la pierre, ce cortège de détenus et de surveillants, toute la triste cérémonie prêtent alors aux paroles de l'aumônier ! Qu'il profite de la circonstance pour exhorter et pour instruire ! Il peut compter sur le recueillement et sur l'attention soutenue de ses auditeurs.

Le ministre de la religion, soit seul, soit accompagné de rares parents, conduit l'infortuné à sa dernière demeure.

Et, s'il faut le dire, tout en pensant que telle devait bien être, après les espérances folles et les rêves mauvais, la fin logique d'une vie sans règle et sans moralité, il réfléchit, il médite en s'éloignant de cette tombe. Il se demande si la société s'est montrée assez disposée au pardon ? Il craint qu'elle n'ait pas eu pour ces déshérités assez de pitié, et que le monde enfin, le monde indifférent, distrait, toujours cuirassé de bons arguments contre la compassion et le patronage, n'ait peut-être pas fait à leur égard tout ce qu'il devait faire !

CHAPITRE V

LE DÉPOT DES CONDAMNÉS

LA GRANDE-ROQUETTE

LA GRANDE-ROQUETTE

L'ARRIVÉE A LA ROQUETTE. — LA COUR DES CONDAMNÉS. — EMPRISONNEMENT ET RÉCLUSION. — TRANSPORTATION. — PEINE DE MORT. — L'EXÉCUTION.

§ I

L'ARRIVÉE A LA ROQUETTE

Encore un dépôt : le dernier.

Les condamnés à plus d'un an, qu'ils soient destinés à la maison centrale, à la réclusion, à la transportation ou à l'échafaud, descendent des voitures cellulaires dans la cour de la Grande-Roquette.

Pour quelques-uns seulement, la Roquette est encore la prison départementale, où ils vont faire un séjour de quelques mois. Leur présence est nécessaire dans les ateliers pour donner de la régularité au travail qui serait trop souvent interrompu par le fréquent départ des autres. Ce sont, d'ailleurs, des récidivistes, habituellement condamnés pour rupture de ban, qu'on ne craint pas de faire vivre dans ce milieu où ils ont déjà vécu et dont ils partagent la corruption.

Trois cours fermées de tous côtés par les bâtiments qui contiennent les ateliers et les dortoirs, voilà la Roquette.

C'est la vieille prison commune dans sa primitive simplicité. Un long chemin de ronde à l'extrémité duquel furent exécutés les otages de la Commune, fait, à l'extérieur, le tour des bâtiments. Un mur de prison, épais, noir et haut, enveloppant tout le dépôt, l'isole du reste du monde. Les pierres de la grande porte, lourdes, entassées, serrées, donnent vaguement l'idée d'un cimetière. On cherche d'instinct, sculptés, ici ou là, sur la pierre, le hibou funèbre et le rameau traditionnel. A l'intérieur, des surveillants gardent les passages d'une cour à l'autre, ouvrant ou fermant, au besoin, les quadruples portes de chêne et de fer.

Des cuisines, dans la première cour, et de l'infirmerie, dans la dernière, il n'y a rien à dire. C'est propre à l'œil, c'est bien tenu et suffisant pour la maison. Ici, comme dans les autres prisons, l'Administration veille avec soin au meilleur usage de ce qui se trouve mis à sa disposition, vieux ou neuf, à l'entretien, au bon état matériel de toutes choses.

Le fourgon cellulaire, ou *panier à salade*, dans les compartiments étroits duquel sont ballottés les condamnés, vient s'arrêter au fond de la première cour.

On entre au greffe, par six habituellement, quand les voitures sont pleines à l'arrivée. Il s'agit d'inscrire les nouveaux venus sur les registres de la prison, de mesurer leur taille à la toise et de prendre leur signalement.

Douze bras, assez ordinairement forts, velus, solides, armés de longues mains aux doigts noueux, se tendent vers le greffier, qui prend note des signes particuliers et des tatouages. Les *chevaux de retour* se soumettent sans émotion apparente à ces formalités qu'ils connaissent. Mais quelques-uns, le caissier infidèle, l'employé aux écritures faussaire, le fonctionnaire qui occupait sa place naguère et qu'un scandaleux procès vient de déshonorer, en un mot, ceux qui n'ont pas encore l'habitude de ce monde-là et de cette vie, pâlissent et sont prêts à défaillir.

Le comique se mêle à tout.

Un jour, le premier interrogé était un homme déjà vieux, presque sourd.

— Votre nom ? demande le greffier.

— Terrassier.

Sourd comme un panier, murmure l'homme qui écrit.

— Votre profession?

— Claire Garodet.

C'était le nom de sa mère.

Les condamnés se tordent, et le greffier s'agite sur son fauteuil de cuir, en s'écriant :

— Comment en finir?

Il prend alors le parti de s'adresser à l'employé de service.

— Allons! le signalement?

— L'employé, vite: découvert — châtains — long — moyenne — rond...

— Et le teint?

— Le teint? mais... il n'en a pas!... Puis, après un silence: teint *ordinaire!*

Ces incidents comiques sont très rares, et surtout imprévus. Ce qui est vrai, c'est que cette heure est singulièrement grave. C'est une heure de trouble.

On épargne aujourd'hui la marque aux condamnés. Mais ces formalités, c'est le déshonneur qui devient visible et matériel. C'est l'Administration, après la justice, qui, par la main d'un gardien de prison, vous soufflette de ses familiarités et prend possession de vous comme de l'esclave qui cesse de s'appartenir. C'est, après le déshonneur devenu déjà un fait accompli, le châtiment qui cesse d'être moral, invisible pour devenir matériel. C'est l'expiation qui commence.

Le condamné n'est pas au bout de ses premières épreuves.

La veille, au jugement, il avait ses habits de ville. Le séjour dans une prison mis à part, il ressemblait à tout le monde. Il avait l'extérieur d'un homme libre pendant la durée de la prévention. Une dernière fois, pendant le procès, s'il avait une famille, il s'était procuré le linge, les vêtements nécessaires, habillé décemment. Ici, à peine écroué, la première série de formalités terminée, une autre plus pénible à subir commence avec les humiliations et les dégoûts inévitables. Il faut passer au vestiaire, quitter les habits civils, prendre le costume de la prison.

Dans un coin de la cour, se dresse, comme un kiosque, une étroite boutique de barbier. Il doit s'y rendre aussitôt, et là, sous la main d'un autre condamné promenée sur son visage pâlissant et dans ses cheveux qui se dressent, sentir tomber sous les ciseaux, sous le rasoir, sa barbe et ses cheveux. Alors sa chair frémit. Alors il se sent envahi par la honte. Le verdict du jury, la sentence prononcée, c'était le coup de massue qui étourdit. Mais à présent, c'est le châtiment qui le frappe, c'est le fouet vengeur qui le blesse en détail et le déchire. Les réflexions se succèdent pressées et amères dans son esprit, remords cuisants, mortels regrets du passé, et cruelles appréhensions, prévision désolée de l'avenir entrevu. Se roidir serait insensé.

Il sort de là privé pour longtemps de son audace, de l'énergie factice qu'il laissait voir pendant les derniers jours, comme il est physiquement dépouillé de l'air, de l'attitude qu'il s'était choisis, des signes extérieurs de sa virilité.

Quel moment, si ce n'est pas un malfaiteur d'habitude et s'il n'a pas encore perdu tout sentiment de dignité, d'honneur! Comme, à cette heure-là, celui qui vient à lui avec des consolations, avec des exhortations fraternelles, pourra le trouver docile et bien disposé!

Pour tout autre que l'aumônier, ce n'est pas un homme.

Il n'a plus, ni son costume que le costume de la prison a remplacé, ni sa physionomie que le perruquier vient de transformer subitement. En attendant son départ pour la maison centrale, pour la réclusion, pour la mer, c'est un administré sans nom, un numéro.

§ II.

LA COUR DES CONDAMNÉS

Les malfaiteurs de toute espèce pègres et pégriots[1], escarpes[2], carroubleurs et cambrioleurs[3], voleurs à la tire, à l'américaine, au bonjour, au rendez-moi, etc..., à tous les degrés de la chute et du crime, doivent quelque jour se rencontrer dans la cour de la Roquette.

Ils vivent au dehors, soit isolés, soit par bandes distinctes. On ne les trouve réunis que là. C'est dans cette cour qu'il faut venir pour les voir chez eux.

Quand on arrrive à l'heure du repas, au moment où ils se promènent le matin après la soupe, d'abord on ne distingue rien. Un roulement de sabots régulier et continu, frappe l'oreille. Une foule grise et confuse s'agite et tourbillonne devant les yeux. Puis on commence à voir. Sous le jour clair du ciel, d'une clarté qui frappe tout à coup, parce qu'on sort d'un vestibule, d'un premier corps de bâtiments, se

1. Petite pègre.

2. Voleurs qui vont jusqu'à l'assassinat.

3. Voleurs qui ont la spécialité d'entrer au hasard dans les maisons, et de pénétrer à l'aide de fausses clés dans les chambres de ceux qu'ils dévalisent.

meuvent, marchant par deux, trois, quatre ou cinq, en rangs écartés, les hôtes du lieu. Vous croiriez, en quelques secondes, avoir fait un long voyage. De l'avenue de la Roquette à cette cour intérieure, vous avez fait plus que changer de pays. Il semble que vous arrivez chez des hommes formant une race à part dans l'humanité.

Au milieu de la cour, le robinet d'une fontaine laisse couler l'eau dans un étroit et long bassin de pierre. Une lanterne est posée auprès, sur un pied en fer, haut et mince. Les prisonniers, qu'on plie déjà à la discipline des maisons de force ou de correction, décrivent un cercle, en se promenant, autour de ce point central. De loin en loin se détache sur le fond affreusement terne, sur le déroulement sans rayons de cette procession lugubre, grâce à la toile cirée de la casquette et aux boutons de métal de la tunique, le corps, droit, un peu raide, d'un surveillant ancien militaire.

Ceux qui ne marchent pas, soit qu'ils mangent tenant à la main la cuiller en bois, et entre les genoux leur écuelle, soit qu'ils aient un métier fatigant qui les oblige à se tenir debout dans l'atelier dès le matin, restent adossés au mur ou accroupis sur le banc de pierre qui borde, au pied, les bâtiments. Au-dessus, à deux ou trois mètres de hauteur, une large marquise, leur permet selon la saison, de se mettre à l'abri du soleil ou de la pluie. Plus haut jusqu'au toit les grands murs blanchis laissent voir une triple rangée de fenêtres, les fenêtres grillées des ateliers et des dortoirs. D'un seul côté, au fond, en face de l'entrée, le coup-d'œil est différent : c'est la chapelle, c'est-à-dire quatre hautes croisées d'église, une grande porte et une horloge.

Deux boutiques, ou plutôt deux larges guérites vitrées, s'adossent, fragiles et posées de travers aux deux extrémités de ce mur d'église. Ici l'on rase. La haute pègre, habituée à voler en gants jaunes et en bottes vernies, comme le disent les agents de police, qui ont une prédilection avouée pour ces bandits distingués, paie le coiffeur. Mais on rase pour rien ceux qui n'ont pas d'argent. Dans l'autre guérite, installée là sans doute pour la symétrie, n'entrent que les détenus employés comme auxiliaires. On voit encore, dans un coin de la cour, une boîte aux lettres, et tout près, collé au mur, le règlement de la prison.

Pas un arbre, pas une fleur. Point de verdure. Partout le pavé. Cette fontaine et ces deux guérites pour la toilette, cette lanterne de prison et cet éternel cadran, voilà le décor.

Quant aux hommes, on a peine à les reconnaître dans cette foule, où à cause du costume, du règlement qui veut qu'on ait la barbe et les cheveux coupés, chaque condamné ressemble à l'autre.

Ils peuvent garder le chapeau qu'ils portaient au dehors. Quelques-uns ont encore leur cravate.

Ils ont de l'audace ; et pourtant, lorsque, après les avoir connus pendant la prévention, on les retrouve sous ce costume, ils baissent les yeux. Qu'on essaie de se figurer un homme autrefois élégant, serré dans une veste grossière de droguet du cou à la ceinture, les jambes enfouies dans un pantalon de même étoffe qui flotte sur de gros sabots ; un homme rasé, raclé, et ridiculement coiffé de son chapeau de soie devenu trop grand, qui ne tient plus que sur les oreilles. C'est indescriptible.

Pour être voleur ou faussaire, pour avoir tenté de se débarrasser de quelqu'un qui vous gênait, ce n'est pas à dire pour cela qu'on ait nécessairement vécu dans des bouges ou aux carrières d'Amérique. Pour plusieurs, le contact journalier à la Roquette avec des malfaiteurs de profession est réellement un supplice. On forme des groupes selon le rang social, la nationalité. Précieuse indication pour le directeur, pour l'aumônier ! La pègre seule résiste avec obstination à l'amendement.

On dit que les loups ne se mangent pas entre eux. Certains loups, peut-être, vivant en liberté. Mais il est certain que les meurtriers et les voleurs se prennent réciproquement pour dupes, et, entre eux, commettent des actes de brutalité.

C'est un monde à part, une société particulière. On a affirmé qu'il y avait ressemblance physique entre les criminels, qu'un certain profil bien caractérisé permettait de les distinguer [1]. Il faudrait à l'anthropologie mieux que des conjectures et des apparences pour faire croire à la vérité de cette observation. Il faudrait des preuves certaines. Mais, moralement, il est vrai qu'il règne à la Roquette un certain esprit qu'on peut retrouver en général chez les malfaiteurs, l'esprit de la maison.

Le trait principal, c'est l'égoïsme.

Un prisonnier avait versé d'abondantes larmes en apprenant la mort de sa femme, à la Roquette. Quand il fut sorti, le jour de sa libération, on parlait de lui dans un groupe.

— Il aimait bien sa femme !...

— Pour lui ! dit aussitôt son confident habituel. Il m'a révélé, dans les larmes, que s'il était si désolé, c'est qu'il ne restait plus personne pour lui apporter de l'argent et pour demander sa grâce, au ministère.

Ils commettent, au dortoir, à l'atelier, dans la chambre que plusieurs ont en commun, des vols au préjudice les uns des autres. Un jour, ils se trouvaient réunis en petit nombre dans une salle de l'établissement pour entendre une instruction morale. A la fin, un prisonnier qui passait dans cette salle le temps de sa détention, s'aperçoit qu'on lui a volé divers objets.

1. *La Psycho-physique. Revue scientifique* du 24 novembre 1877, *Anthropologie* par F. Galton.

Il veut que chacun soit fouillé avant de sortir. Mais les autres détenus présents déclarent que c'est inutile. Avec leur esprit vif et leur pénétration habituelle, ils ont vite instruit l'affaire. L'un d'eux avait les mains derrière le dos. Il a changé de place comme s'il craignait d'être soupçonné. C'est lui ! On l'oblige à retourner ses poches. Il laisse tomber les objets volés.

On n'a que des camarades d'un moment. « Ici, il n'y a pas d'amis » vous diront-ils tous. A moins d'avoir fait partie de la même bande, ils se résoudront aisément à livrer celui dont ils ont reçu les confidences. Non, la véritable affection ne fut jamais connue des malfaiteurs ! Pour l'éprouver il faut être honnête. N'est-ce pas le plus complet et le plus juste éloge qu'on puisse faire de l'amitié ?

Ceux mêmes qui prétendent avoir été accusés à tort ne croient guère à l'innocence des autres. Lorsque le pharmacien D.., après sa condamnation aux travaux forcés pour empoisonnement, parut à l'atelier et dans la cour, il essaya de soutenir qu'il était victime d'une erreur. Il fit rire tout le monde.

Pourquoi faut-il que cet égoïsme soit aveugle et ne s'élève jamais jusqu'à l'amour de soi bien entendu qui les ramènerait au respect d'autrui, sinon à la pratique du devoir ?

Le ressentiment joint au défaut de toute éducation, exaspère au contraire cet égoïsme. De là les féroces vengeances.

Un jeune homme de vingt ans avait fait partie d'une association de malfaiteurs. Presque tous furent condamnés aux travaux forcés pour huit, dix, quinze ou vingt ans. Lui seul semblait avoir été épargné : quatre ans de prison.

Mais ce n'est pas leur compte.

On *travaillait* ensemble, c'est ensemble aussi qu'on doit s'embarquer. Peuvent-ils d'ailleurs laisser vivre en paix ce révélateur ?

Au tribunal, ils lui ont déjà glissé dans la main un billet.

Tu nous as donnés[1], *et c'est à cause de toi que nous avons été nettoyés par les rousses*[2]. *Si tu ne viens pas avec nous prendre un bain de pieds dans le grand lac*[3], *il en reste pour t'estourbir*[4]. *Ça t'apprendra à jaspiner*[5]. *Mort aux vaches et aux bourriques*[6] *!*

Il avouait avoir *le taff*, c'est-à-dire être très effrayé et ne pensait qu'avec les plus vives appréhensions au moment où il se retrouverait au milieu de ses anciens complices. En effet, ils se ruèrent sur lui et

1. Denoncés.
2. Arrêtés par les agents.
3. Faire le voyage de la Nouvelle-Calédonie.
4. Assassiner.
5. Babiller.
6. Révélateurs.

ils l'auraient sans doute tué, si les surveillants ne l'avaient pas arraché de leurs mains pour le conduire au quartier spécial.

Ces vengeances s'imposent parfois à ceux qui ont le malheur de faire partie de ce monde bizarre et odieux des pègres, comme ailleurs, dans la société régulière, un duel, une affaire d'honneur. G.., qui frappa naguère d'un coup mortel l'homme qui vivait avec sa maîtresse, passa pour un jaloux. Il n'a pas cessé de soutenir que c'était une erreur. Revenu à Paris après un séjour dans une maison centrale où il disait être allé seul pour une affaire dans laquelle il avait eu, deux années auparavant, sa victime pour complice, il n'avait pas pu supporter, devant leurs amis communs, la pensée de s'être ridiculement dévoué pour un homme qui se hâtait de dénoncer à la police sa rupture de ban aussitôt après son retour.

« Voilà, disait-il, pourquoi j'ai frappé, moi qui, d'ailleurs, ai toujours été un peu fou. Mais je n'étais certes pas jaloux de mon ancienne marmite.[1] »

Il est rare qu'on puisse exercer une sérieuse influence sur ceux-là, sur ces voleurs, hommes de mœurs infâmes, chanteurs passés maîtres, meurtriers, et pour tout dire en un mot sur ces malfaiteurs de profession.

Mais sont-ils seuls à la Roquette?

1. Maîtresse.

Un homme jeune appartenant à une famille aisée gagnait honorablement sa vie dans les affaires. Sa santé étant devenue mauvaise à vingt-sept ans, son médecin l'envoie à Nice pour quelques mois. Si près des maisons de jeu, comment ne pas jouer? Il perd ; il n'a plus rien. Sa famille envoie de l'argent. Il joue de nouveau et perd encore. Il emprunte et voit bientôt disparaitre la somme empruntée. Exaspéré, rendu fou par ces pertes successives, il imite enfin une signature. Le voilà condamné ! Le voilà dans cette cour de la Roquette, confondu avec les grands criminels. Qui croira qu'il est devenu semblable à eux? Qui considérera sa perte comme définitive ? Personne. Le fait a été très grave, criminel si l'on veut. Mais enfin, c'est un égarement unique ! Il pourra, dans le recueillement de la prison se repentir, se relever. Il suffit de lui venir en aide moralement, d'augmenter ses regrets en parlant avec lui de sa faute. Ce n'est que par accident qu'il a été joueur et faussaire.

Le raisonneur bourru semble mauvais, incorrigible. C'est l'individu le moins dangereux de la prison et parfois le plus facile à diriger.

M.., soutient, au milieu de ses codétenus, mais sans succès, qu'il a été condamné à tort. Jamais il ne pourra regarder comme honnêtes ceux qui l'ont jugé. S'il en avait un devant lui, il le f.... par-dessus le mur. On l'enverrait à *la Nouvelle!*...

Mais ça lui est égal! Il ne viendra donc jamais le jour où l'on se débarrassera une fois pour toutes de ces gens-là par une bonne révolution! etc., etc...

— Mais, vous n'avez été condamné qu'à quelques mois. C'est peu...

— Moi, je trouve que c'est beaucoup.

— Beaucoup?

— Oui! quelques mois pour n'avoir rien fait!..

Renseignements pris, il se trouve que M.... ancien marin, a d'assez bons états de service. Il travaille beaucoup dans la prison. Il a pris la fuite, en 1871, pour éviter de servir la Commune.

La science, toute nouvelle encore, observe chez les criminels comme signes distinctifs trois faits constants:

1° Conscience presque nulle;

2° Instincts vicieux;

3° Force de libre arbitre insuffisante.

C'est juste. Mais c'est le criminel idéal qu'elle a caractérisé ainsi. En fait, dans la pratique, la conscience avec les remords, la privation de sommeil et les hallucinations vengeresses, une certaine puissance de libre arbitre, et de bons instincts qu'on peut développer, pour les opposer victorieusement aux mauvais, se rencontrent également.

Telles sont les observations utiles qu'il est possible de faire sans sortir de la cour. La cloche sonne alors et chacun reprend sa place à l'atelier.

Dans un coin, quinze ou vingt hommes sont restés Ce sont les malades du jour qui vont se rendre à la visite du médecin. Malades, ils le sont souvent ces hommes condamnés par leurs premières fautes à la vie irrégulière.

Les épileptiques sont nombreux.

Quelquefois, dans la cour, au milieu du va-et-vient des détenus, un groupe se forme tout à coup. Un homme vient de tomber. On s'agite. On apporte à la hâte un matelas pour que le patient ne heurte pas sa tête aux marches de la fontaine et ne se déchire pas les mains aux pierres de la cour. Dans cette vie sans règle et sans but, se développent les germes non contrariés d'horribles maladies. Quand ils sont soignés, c'est ainsi : pendant la captivité. Pour un grand nombre d'entre eux la prison se confond avec l'hôpital.

Le malheureux se roule, fait des bonds, claque des dents, gémit. Le cœur se serre en présence de tant de misère physique et morale. Sera-t-il plus vite usé par la maladie que par la prison ? C'est, pour celui-là, tout le problème de l'avenir. O Dieu ! dans quelle misère et dans quel vice sont donc nées, de quelle mère avilie et de quel flanc maudit sont sorties de telles créatures !

§ III.

EMPRISONNEMENT ET RÉCLUSION

Les scènes d'adieux sont fréquentes à la Roquette. La voiture cellulaire est à la porte, attendant pour les conduire à la gare, quinze jours, trois semaines, un mois au plus après leur jugement, ceux qui doivent partir. On se sépare. Les condamnés correctionnels et les réclusionnaires promettent de se revoir, et ce n'est pas toujours dans un bon but. D'autres, condamnés aux travaux forcés, s'en vont pour ne plus revenir. Mais qu'importe? On dit tout de même: au revoir. Les malfaiteurs d'habitude sont comme des voyageurs qui peuvent toujours se rencontrer aux stations, parcourant la même route. Si l'on a la chance d'éviter une fin tragique, il est probable qu'on se retrouvera quelque jour, là-bas, à la *Nouvelle!*

Les condamnés à l'emprisonnement partent pour les maisons centrales de correction ou de réclusion.

Pour les femmes, la peine unique, si souvent demandée, est réalisée en fait. D'abord elles ne sont pas toujours séparées selon la condamnation dans les maisons centrales où on les reçoit [1]; et de plus,

1. Clermont, Doullens, Cadillac, Auberive, Montpellier, Rennes.

elles subissent la peine des travaux forcés dans ces maisons mêmes [1]. La transportation, obligatoire pour les hommes, ne l'est pas pour elles. La loi se borne à donner au gouvernement la *faculté* dont il n'a pas encore usé de les faire conduire dans un des établissements créés aux colonies [2].

Chose étrange! Les réclusionnaires condamnés à des peines plus longues, encourues aussi pour des fautes plus graves, sont cependant supérieurs aux condamnés correctionnels, au point de vue de la valeur morale. Ils sont, cela est certain, plus rarement récidivistes. Pourquoi? Parce qu'ils ne sont pas malfaiteurs d'habitude; parce qu'ils ont agi sous l'empire de passions à la vérité plus violentes, mais dont la fâcheuse influence ne se fait sentir à ce degré qu'à de longs intervalles. Pourquoi encore? Parce qu'ils sont restés dans la prison où on les a mis, dans le même lieu; tandis que les correctionnels arrivaient, sortaient, revenaient, se gâtaient toujours plus, entrant successivement en relations avec les détenus des diverses prisons.

Cependant, les prisonniers conduits dans les maisons centrales de correction, sont loin d'être abandonnés, livrés à eux-mêmes. On s'efforce de leur venir en aide par l'instruction, le travail, la lecture, l'enseignement moral et religieux.

1. Sans autre différence qu'une réduction du pécule.
2. Loi du 30 mai 1854, article 4.

L'entrée au quartier d'amendement qui paraît si favorable, au premier abord, n'est qu'une insuffisante application du système de séparation par catégories.

Il ne faut pas attendre qu'ils soient arrivés à la maison centrale pour les disputer aux mauvaises influences. Il faut s'efforcer de leur donner, à la Roquette, dans ce milieu même où ils rencontrent pour la première fois les criminels, le goût d'une nouvelle vie.

Que la famille comprenne bien ses devoirs dans ce moment-là! Qu'elle ait le sentiment de la solidarité entre tous ses membres, sans exclure les coupables qui sont en même temps des malheureux. Jamais son action bienfaisante ne fut plus nécessaire. Le prisonnier est le premier à l'appeler de tous ses vœux. On voit des mères de condamnés venir jusqu'à la dernière heure, jusqu'au départ, auprès de leur fils plusieurs fois frappé par la justice, ne pouvant se résigner à l'abandonner. Si elles n'écoutaient que la raison, que ne diraient-elles pas? Il a vingt fois promis de changer de conduite. Les siens ont eu la douleur de voir leur nom exposé au mépris public dans la chronique des tribunaux! Elle doit parfois se traîner, malade et désolée jusqu'au parloir de la Roquette. Elle vient, cependant. Voilà le sentiment vrai! Une mère sent qu'elle doit être la dernière à désespérer. Quant aux autres parents, fréres, sœurs, ils sont ordinairement découragés, non point après deux ou trois condamnations, mais après une seule. Honteuse, inexcusable indifférence!

Que le détenu de son côté, apprenne à persévérer et sache s'aider lui-même, par la réflexion, par des lectures.

On ne s'est pas encore occupé avec une sérieuse attention de composer la bibliothèque des prisons. Il y a 1,800 volumes à la Roquette, et non 1,800 ouvrages. Ce n'est pas assez. Ce n'est presque rien, si l'on remarque que ces livres ont été pour la plupart imprimés il y a un ou deux siècles, et que plusieurs sont malheureusement sans valeur.

L'histoire ou le roman, la science amusante, Jules Verne, Cooper, Dickens, voilà ce que demandent presque invariablement les prisonniers. Sur 1,800 volumes, 150, toujours les mêmes, sortent de la bibliothèque. Puisque les détenus aiment ces sortes d'ouvrages, combien de récits de voyages, de découvertes scientifiques, d'œuvres morales diverses ayant la forme attrayante du roman pourrait-on mettre encore à leur disposition!

Parmi les livres sérieux, *le Consulat et l'Empire*, *le Génie du Christianisme* et les *Oraisons funèbres* sont quelquefois demandés. Qui voudrait croire qu'on lit à la Roquette, Thiers, Chateaubriand, Bossuet?

Les détenus qui ont déjà vécu à l'étranger, ont un goût vif pour les langues. Ils ont en outre assez souvent une remarquable disposition à les apprendre. Ils demandent des grammaires, des dictionnaires, des manuels de la conversation. Ne pourrait-on pas les leur procurer, et surtout avoir en réserve plusieurs exemplaires du même ouvrage à la bibliothèque?

Ce n'est pas une collection de vieux livres trouvés çà et là, c'est une bibliothèque spéciale qu'il faudra mettre à la disposition des prisonniers désireux de revenir au bien, lorsqu'on voudra réellement travailler à la régénération du détenu et accomplir la réforme pénitentiaire.

§ IV.

LA TRANSPORTATION

Tout passe! L'ancienne Roquette étrange et pittoresque des dessinateurs et des romanciers n'est plus qu'un souvenir. La science, et surtout ici la science pénitentiaire, est venue transformer toutes choses. On n'est plus forçat; on ne va plus au bagne. Lorient disparait en 1830; Brest et Rochefort sont fermés en 1850. Toulon même est remplacé comme lieu de dépôt avant le voyage, par Saint-Martin-de-Ré. Le condamné aux travaux forcés est un transporté. Il n'est plus mis, à la chaine, mais il fait ses paquets pour *la Nouvelle*.

Un condamné, naguère, faisait ses adieux aux amis, au moment du départ. Vingt ans de travaux forcés! C'était comme une peine perpétuelle, puisqu'au-dessus de huit ans les transportés ne peuvent plus revenir. Et pourtant, il paraissait exprimer devant ceux qui l'entouraient ses vrais sentiments en s'écriant: « C'est le plus beau jour de ma vie! Je ne serais pas plus content, si je recevais aujourd'hui même cinquante mille francs! »

Voilà l'effet de la transportation, s'écrient aussitôt les adversaires de cette peine. Elle plait au lieu d'intimider! Un réclusionnaire, moins coupable, est puni plus durement. Les criminels pourront agir sans crainte. Ils attendent comme une faveur ce que la loi prétend leur infliger, la peine capitale exceptée, comme le suprême châtiment.

La chose, il faut en convenir, est assez nouvelle en France, si l'idée ne l'est pas.

Au siècle dernier déjà des bandits et des filles publiques étaient, à la demande de Law, le trop célèbre financier, envoyés comme colons au Missisipi. Les Anglais de leur côté, poursuivaient en Australie, on sait avec quel succès, une tentative déjà faite en Amérique.

En France, l'essai ne fut pas continué, bien que la transportation eût été conservée comme peine dans le Code de 1791.

Le Second Empire à ses débuts, établit tout à coup, par un décret, la peine de la transportation avec application immédiate[1]. C'était une mesure politique. Aux yeux de tous ceux qui l'avaient repoussée quelques années auparavant dans les Chambres, ce fut un expédient sans valeur, un acte arbitraire, déraisonnable et funeste.

C'est ce qui explique qu'il reste encore aujourd'hui des adversaires très ardents et très décidés de la transportation.

Elle était imposée par le nouveau gouvernement. Elle semblait empruntée à l'Angleterre. C'était une mesure nouvelle qu'on avait cru pouvoir prendre sans répondre aux plus sérieuses objections. Elle fut, et elle est encore, vivement critiquée.

Cependant le gouvernement ne renonçait pas à son idée. Le décret du 8 décembre 1851, infligeait la peine de la transportation à Cayenne ou en Algérie, pour cinq ans au moins et dix ans au plus. Cette disposition était applicable à tous les individus arrêtés pour avoir fait partie d'une société secrète, et à tous ceux qui se trouvaient en état de rupture de ban. L'année suivante, un nouveau décret permit

1. Décret du 8 décembre 1851.

d'envoyer les condamnés aux travaux forcés à la Guyane, sans attendre la loi qui devait modifier sur ce point le Code pénal[1]. En conséquence, le premier départ eut lieu. 311 forçats des bagnes de Brest et de Rochefort partirent sur *l'Allier*, le 31 mars 1852, et ils arrivèrent le 10 mai aux Iles du Salut.

Cette loi qu'on attendait, depuis le décret de 1851, c'est la loi du 30 mai 1854, actuellement en vigueur.

Il n'y a de changé depuis lors que le lieu désigné pour recevoir les transportés.

Pendant les dix premières années la Guyane avait été la grande colonie pénale. Mais une mortalité terrible, des symptômes insurrectionnels, les déceptions éprouvées par suite de l'inexpérience de l'administration pénitentiaire en matière de transportation [2], ne tardèrent pas à avertir qu'on aurait bientôt à faire choix d'une autre colonie. Dans les trois derniers mois de l'année 1853, sur 2,500 déportés, 168 moururent [3]. Pour une grande partie du public français, pour les parents des condamnés politiques surtout, il n'y eut bientôt plus de différence entre envoyer quelqu'un à Cayenne et l'envoyer à la mort. Il avait fallu, presque aussitôt, par décret du 23 décembre 1853, décider que les condamnés politiques seraient provisoirement conduits à Lambessa en

1. Décret du 27 mars 1852.
2. *Enquête parlementaire*, t. VI, p. 443.
3. BÉRENGER, *De la Répression*, etc.

Algérie. Quelques années après un nouveau décret désignait la Nouvelle-Calédonie pour recevoir, à titre d'essai, des condamnés aux travaux forcés[1]. En 1867 enfin, le ministère de la marine dans les attributions duquel se trouvent les établissements pénitentiaires, adoptait définitivement la Nouvelle-Calédonie, située à trois cents lieues du continent australien, comme colonie pénale à l'usage des condamnés européens.

En mars 1864, la frégate *l'Iphigénie* déposait dans cette île les premiers transportés.

Les résultats obtenus ont-ils été satisfaisants? C'est poser la question même sur laquelle se divisent les adversaires et les partisans de la transportation.

Les premiers critiquent tout ce qui a été fait.

Ce n'est pas une peine. En effet, une peine doit produire l'intimidation, et ici, loin d'être intimidés, les criminels craignant la réclusion, appellent la transportation de tous leurs vœux. Ne voit-on pas plus d'une fois l'avocat demander sérieusement aux membres du jury de refuser les circonstances atténuantes, les supplier au nom de son client de répondre un « oui » bien sec, d'affirmer qu'il y a eu crime et un crime que la loi punit des travaux forcés, afin que celui dont il avait mission de présenter la défense, soit condamné au maximum et envoyé à la Nouvelle-Calédonie? N'est-il pas facile également

1. Décret du 2 septembre 1863.

de recueillir sur ce point les aveux des condamnés eux-mêmes ?

C'est déjà très grave. Mais, si les partisans de la transportation voulaient l'avouer, ils reconnaîtraient que ce n'est pas là réellement une peine. Elle ne punit pas. Elle ne corrige pas davantage ; on peut consulter l'expérience. A-t-on le droit de l'appliquer aux criminels ? Non, puisque la société leur doit l'avertissement salutaire, en même temps que la punition. On ne sait que faire des criminels les plus dangereux, des récidivistes, et, pour se débarrasser d'eux, on les dépose à des milliers de lieues, dans une île dont ils ne pourront plus sortir.

On veut peupler la colonie ? Il n'y a pas de femmes. On en compte quelques centaines seulement. Bien plus, il sera toujours impossible d'en avoir un nombre suffisant, tant que, la transportation restant facultative, on leur laissera le choix de partir ou de rester. Lors même qu'elles partiraient, elles ont passé pour la plupart l'âge de la fécondité.

Le personnel, du directeur aux derniers surveillants, est très difficile à choisir. Bienveillants, ils sont accusés de faiblesse ; énergiques, de brutalité. Depuis le retour des amnistiés de la Commune, une commission a été nommée pour faire une enquête sur les châtiments corporels et les supplices infligés [1].

1. Juin, 1880.

Les frais sont énormes. Plusieurs centaines de mille francs pour cinq ou six mille individus.

Enfin, même en réussissant, il faudrait, au moment où le succès deviendrait manifeste, renoncer au fruit de tant de peines et de sacrifices. Voyez l'Australie. Les Anglais ont dû renoncer, en fait, à transporter leurs convicts parce que la population de la colonie florissante les recevait à coups de fusil.

On se trompe.

Il faut écarter d'abord ces dernières objections comme trop faibles et d'importance secondaire dans le débat. C'est au gouvernement à bien choisir ses fonctionnaires, à désigner, là comme ailleurs, des hommes qui sachent se montrer sévères sans barbarie, et surtout sans parti pris politique, une administration capable d'unir à la modération habituelle la grande fermeté nécessaire. Et quand même après de longues années, après plus d'un demi-siècle, comme en Australie, il faudrait changer de colonie, il serait vrai de dire que les résultats obtenus sont, malgré tout, satisfaisants.

Il est vrai aussi que les femmes manquent. Mais pourquoi ? Parce qu'on n'a pas su encore aller jusqu'au bout des principes qu'on avait posés. La transportation doit devenir obligatoire pour les femmes comme elle l'est pour les hommes. C'est indispensable si l'on veut peupler la colonie. Il est vrai que même en imposant la transportation à toutes les femmes condamnées aux travaux forcés, elles se trouveront encore en nombre insuffisant à la Nouvelle-Calédonie puisque les hommes condamnés sont six ou sept fois plus nombreux. Mais ce serait déjà une amélioration et un progrès. De plus, on peut attirer, comme en Australie, les femmes des contrées les plus voisines. « Un courant d'émigration s'est déjà établi entre » Sidney et la Nouvelle-Calédonie. Beaucoup de fem» mes qui ne trouvent pas à se marier viennent à » Nouméa. Ne finira-t-on pas également par s'unir » avec des femmes indigènes comme à la Guyane [1] ?

Transporter ? Quelle dépense ! Oui, sans doute. Mais quel service rendu au pays débarrassé des pires criminels ! Ne faut-il pas les nourrir, les entretenir, leur payer le voyage dans la maison de réclusion ?

Et d'ailleurs, la dépense doit, ici comme en prison, diminuer par suite du travail des condamnés. C'est la terre remuée, cultivée par des colons plus nombreux qui rendra bientôt en produits, en richesse, ce qu'on aura d'abord dépensé.

Voici l'objection la plus grave : « La transportation n'intimide pas les criminels. »

Elle ne leur fait pas peur ? Elle les laisse indifférents ou même enchantés du voyage ? Alors pourquoi est-il devenu nécessaire de nommer une commission chargée d'examiner si la discipline n'était pas trop

1. *Enquête parlementaire*, t. III. Déposition du colonel Charrières.

sévère et les châtiments trop rigoureux? On dépeignait la Nouvelle-Calédonie, avec complaisance, comme un lieu de délices. Est-ce le paradis, cette vie au bout du monde, au milieu des mers, entre une direction inflexible et une police sauvage de canaques? Nous sommes bien loin de l'Eldorado.

S'il était vrai qu'en conscience l'administration ne juge pas ce châtiment très rigoureux, pourquoi refuserait-elle d'envoyer les femmes à la Nouvelle-Calédonie? Quelle belle occasion elle laisserait échapper là de les rendre heureuses en nous en débarrassant! Et surtout, pourquoi les femmes elles-mêmes ayant la liberté d'option, se résigneraient-elles à subir la réclusion même perpétuelle?

Il est vrai que les condamnés de la Roquette ne paraissent pas redouter beaucoup la transportation et que plusieurs la préfèrent à un long séjour dans une maison de force. Mais sait-on bien les motifs de cette préférence?

Ils sont fort divers.

Un accusé faisait demander au jury par son avocat les travaux forcés au lieu de la réclusion.

— Pourquoi? lui dit-on.

— Vous voyez, répondit-il, que je suis boiteux. J'ai des douleurs. Je mourrais sans doute bientôt en réclusion. A la Nouvelle-Calédonie, au contraire, j'aurai l'air et la distraction, surtout le soleil et un doux climat. Je pourrai vivre longtemps encore.

Un autre avouait que *la Nouvelle* avec son régime si dur, ne le séduirait pas.

— Êtes-vous donc mécontent d'y aller?

— Non.

— Expliquez-vous alors.

— Je compte bien trouver l'occasion de m'évader, soit en route, soit après l'arrivée.

Les adversaires de la transportation sont trompés également, s'ils croient que la réclusion va produire l'effet d'intimidation attendu.

Les criminels de profession, c'est-à-dire ceux qui comptent seulement pour vivre sur les produits de l'escroquerie ou sur le vol, qu'il doive être ou non accompagné de meurtre, ne sont pas plus intimidés par la réclusion que par la transportation. Ils vont aux coups qu'ils doivent faire, comme les joueurs au tripot, sachant qu'ils peuvent perdre ou gagner, et préparés d'avance à accepter le résultat quel qu'il soit.

En général, le malfaiteur évite de réfléchir à l'avance. S'il réfléchissait, il n'agirait pas. Il ne se décide pas à agir parce qu'il brave le châtiment, mais parce qu'il espère n'être jamais découvert. Il ne pense au châtiment qu'après, au moment de le subir, quand il est arrêté. Et de là vient qu'à la fin de sa peine, il est parfaitement décidé « à ne plus recommencer », comme ils disent.

Ils en ont assez. Merci ! Vous doutez? Croyez-vous donc qu'ils ne soient pas fatigués d'être mal nourris, de travailler sans profit sérieux et de vivre entre quatre murs? Quand ils parlent ainsi, ils sont très sincères. Cependant ils seront bientôt récidivistes. C'est que dans ce moment-là deux choses agiront sur eux : la tentation trop forte et l'espoir d'échapper à la peine. Les « nourrisseurs » seuls [1], relativement peu nombreux, calculent avant d'agir les chances favorables, mettant en balance le gain probable et le châtiment possible.

Quand on dit que les habitués de la Roquette ne craignent point la transportation, on ne parle certes pas de tous. Plusieurs préféreraient la prison en France, les jeunes surtout qui avaient naguère un avenir, des projets. Observez-les au retour du tribunal, au moment où la peine de huit ans, dix ans, vingt ans de travaux forcés vient d'être prononcée contre eux. Au-dessus de huit ans, ils savent bien que c'est pour toujours. Ils sont consternés et ils versent des larmes.

Pour ces individus qui peuvent seuls être intimidés avant le crime, ou disposés, après, à l'amendement, ce lointain exil sur une terre inconnue, ces mauvais traitements que leur imagination exagère encore, la transportation, en un mot, est une lourde peine. Ils craignent moins la prison en France, quelque dure et effrayante qu'elle soit.

1. Ainsi nommés parce que les coups qu'ils font sont prémédités et adroitement préparés.

Quant aux autres, il faut renoncer à agir sur eux par la peur.

Tous ceux qui voient les détenus savent qu'ils n'ont, les uns pour les autres, aucune complaisance. Employés dans la prison comme auxiliaires, comme contremaîtres, comme bibliothécaires, ils signalent impitoyablement les infractions de leurs codétenus. C'est ainsi qu'on peut leur confier avec succès quelque mission de surveillance ou de police.

L'un d'eux, interrogé sur les moyens les plus propres à obtenir le changement de vie des malfaiteurs au milieu desquels il vivait depuis longtemps, avouait confidentiellement qu'il faudrait les enfermer tout seuls dans une cellule. Ils se plaindraient, gémiraient, pousseraient des cris. Il faudrait que l'Administration se montrât impitoyable. Au bout de *dix ou douze ans* de ce régime, les plus endurcis, ceux qui paraissent le plus naturellement rebelles à toute autorité, seraient « doux comme des moutons ».

Ce plan se rapprocherait beaucoup, il faut le reconnaître, du projet des partisans de la cellule à long terme. S'il était mis à exécution, la transportation deviendrait inutile. Mais quel enfer serait donc une prison où, à chaque porte, à chaque cellule, un tel système, froidement cruel, serait appliqué? Que resterait-il de la raison d'un homme après cette épreuve? Où donc prendrait-on les bourreaux qui consentiraient à infliger à un être faisant partie de l'espèce humaine après tout, ce supplice de chaque jour ?

On a tout essayé, d'ailleurs, sur les criminels, dans le passé, depuis la marque et l'exposition en public, jusqu'à la torture et la roue, précédant le bois patibulaire où on les voyait

> Pour prix de leurs larcins en public élevés,
> Danser la sarabande à deux pieds des pavés.

Leur nombre avait-il diminué ? Non. Le crime, alors, s'appelait légion. Jamais la crainte des supplices n'a délivré la société des malfaiteurs de profession.

Une seule peine donne quelque souci à ceux d'entre eux qui peuvent être intimidés : la mort.

Enfin, le criminel aime les jouissances de toute sorte. Il a besoin des grandes villes, du luxe, de la richesse et du bruit autour de lui. On pourrait citer telle salle de bal dans Paris où les habitués du crime sont aussi connus qu'à la Roquette. Il lui faut la foule, il lui faut le tripot, il lui faut l'ivresse. Il a des liaisons avec d'affreuses créatures dont il devient le protecteur. G..., ayant recueilli l'héritage de sa tante, une fruitière, qui lui laissait neuf mille francs, cachés sans qu'on s'en fût jamais douté dans un coin de la boutique, fit trois parts de son bien et choisit dans des quartiers différents, trois filles, trois maîtresses. Il dépensa tout avec elles, jusqu'au dernier sou, leur faisant ses visites à tour de rôle et donnant vingt-quatre heures à chacune.

Et voilà l'homme que vous transportez au bout du monde, que vous arrachez à la taverne, aux filles publiques, aux boissons, au tabac, à la paresse, en l'obligeant à vivre au pays des sauvages, à adopter la vie laborieuse et paisible du colon, à respirer l'air fortifiant de la mer ! La Nouvelle-Calédonie devient si bien pour eux un châtiment, et même un châtiment insupportable, que les incorrigibles n'ont plus qu'un rêve, une idée fixe dès qu'ils sont installés : partir ! Vingt fois il leur est arrivé de préparer un canot et de gagner le large, en mer, d'aller vers l'inconnu, vers la mort presque certaine, pour fuir cette terre maudite.

Ainsi ce que le malfaiteur incorrigible y trouve, c'est le châtiment, l'expiation. Aussi bien la société qui le craint n'a-t-elle qu'un intérêt, à son égard, et ne doit-elle poursuivre qu'un but : se débarrasser d'un membre dangereux, d'un éternel récidiviste.

Au contraire, le condamné revient-il à de bons sentiments, c'est alors que la transportation apparaît réellement bonne et bien entendue, avec son utilité véritable.

Les Anglais n'ont pas, quoi qu'on ait pu dire, renoncé entièrement à l'appliquer, depuis l'Australie et Botany-Bay. Ils ont encore une colonie pénale, dans l'Inde, à la vérité, au service exclusif du gouvernement auquel ils ont confié la surveillance des possessions qu'ils ont dans ce pays[1]. Ils ont renoncé seulement à se servir des condamnés pour peupler le pays. Ils ne leur interdisent pas le retour dans leur patrie à l'expiration de la peine. Ils paraissent donc n'attendre de leurs *déportés*[2] que les résultats immédiats du travail : construction de ports, routes, maisons, etc...

En France, le but poursuivi est différent. Il est plus élevé.

Le monde est dur pour les libérés. Apprend-il qu'un malheureux sort d'une maison de réclusion ou revient de subir la peine des travaux forcés? Il le chasse, il l'écarte impitoyablement. C'est instinctif. Il ne se demande pas de quoi l'infortuné vivra, le lendemain, et si le désespoir, la faim, ne le pousseront point à un nouveau crime. Ainsi, dans notre société civilisée, où les cadres sont au complet, selon l'expression consacrée, où chacun peut choisir sans peine ses employés et ses serviteurs, il n'y a pas de place pour le libéré. S'il ne ment pas, s'il se laisse deviner, il n'a plus qu'à mourir dans la solitude et l'abandon.

Au contraire, dans un pays nouveau où l'on n'a

1. Aux îles Andaman, dans le golfe du Bengale.

2. Ils ont conservé ce nom, la colonie ayant eu une origine toute politique : la révolte des Indiens en 1857.

pas le choix des hommes, où la main d'œuvre manque, où tout est à faire, il faudra bien se contenter du travailleur qui se présente. C'est là le grand avantage, c'est la pensée élevée et morale de ce système pénal. La transportation seule, résout d'une manière satisfaisante, au milieu d'hommes auxquels la nécessité interdit de se montrer trop exigents sur le choix des personnes avec lesquelles ils doivent entrer en relations, le difficile problème du reclassement.

L'excès est à craindre toutefois.

On a proposé, sous prétexte de pousser la logique jusqu'au bout, de se débarrasser par le même moyen des récidivistes des maisons centrales par lesquels la sécurité est également menacée. On a voulu même s'emparer des vagabonds et des mendiants plusieurs fois condamnés, et les envoyer à la Nouvelle-Calédonie, parce que, disait-on, l'expérience prouve qu'ils finissent par devenir des criminels dangereux.

Ce serait l'exagération du bien, une exagération qu'il importe aussi d'éviter.

La réclusion doit rester à son rang dans l'échelle des peines. La mendicité et le vagabondage sont des faits très regrettables, mais non des crimes. Il faut se garder d'ajouter l'exil et la perte de la famille à ce qui n'est souvent que la conséquence des infirmités ou du malheur.

§ V.

LA PEINE DE MORT.

Pour le public, qui n'entend parler du dépôt des condamnés qu'à l'occasion des grands criminels, au moment où ils vont mourir ou après l'exécution, la Roquette est surtout le dépôt des condamnés à mort. C'est là, devant la porte, sur l'emplacement marqué par les cinq pierres si connues, qu'ont lieu les exécutions.

La question de la peine de mort se pose ici naturellement.

Non dans l'intérêt des détenus eux-mêmes. Ils ne se soucient guère de prévoir, en cette matière, ce qu'amènera l'avenir, maintien dans nos codes ou abolition de la peine. Ils laissent gémir les philanthropes et pérorer les avocats.. La vengeance est dans leurs mœurs. Le talion leur paraît logique. Ils n'ont enfin aucune sympathie pour les partisans de l'abolition. Ceux-ci, en effet, ne proposent de supprimer la peine capitale que pour mettre à la place, ainsi qu'ils le font remarquer, une dure, une perpétuelle captivité, châtiment plus cruel.

Le seul intérêt qu'il y ait à étudier la question est donc un intérêt social.

Mais, il est indispensable, au moins, de bien connaître les criminels, de consulter, non pas selon l'usage le sentiment seul, mais les faits, et la science pénitentiaire.

En matière de répression pénale et à tous les degrés du châtiment, l'homme doit céder à l'une de ces dispositions contraires : rigueur exemplaire ou philanthropie, justice ou pitié. Il n'y a pas autre chose ici.

Dans l'état actuel de nos mœurs, la nécessité doit-elle faire maintenir aux premiers articles de notre loi une peine que, par humanité, on se sentirait porté à abolir?

Voilà la question.

La société a le droit de punir, c'est évident. Celui qui le nie, accuse d'égarement tous les peuples, dans le passé, le consentement universel. Notre code est rempli de véritables peines. L'homme étant libre, et né pour vivre au milieu de ses semblables, la société doit avoir le droit d'employer, pour obtenir l'ordre matériel, tous les moyens efficaces et nécessaires. Les partisans mêmes de l'abolition ne contestent plus à la société le droit de punir. Pourquoi? Parce qu'il est le résultat de la puissance collective du groupe qui s'appelle une nation. Sans le droit primordial de punir, les sociétés n'existeraient pas [1].

1. Jules Favre, au Corps législatif, séance du 6 avril 1865.

Ne convient-il pas, du moins, que la société suspende l'exercice de son droit, avant d'arriver à la dernière limite, le sacrifice de la vie même de l'homme? Et ceux qui font cette question, posent aussitôt d'une manière absolue, le principe de l'inviolabilité de la vie humaine[1]. Mais si la vie humaine est absolument inviolable, que devient le droit de la guerre? Que devient le droit de légitime défense? Défense individuelle ou défense sociale, on se sent forcé par l'instinct de conservation et par son propre droit à l'existence, de frapper l'agresseur qui s'est mis lui-même hors la loi, de méconnaître son droit à l'inviolabilité, et de lui prendre, si c'est nécessaire, la vie qu'il tenait de Dieu seul. « Ces mêmes droits » naturels que le pouvoir doit habituellement » garantir en nous, forment le domaine de la » pénalité quand l'agent s'est rendu indigne de » les exercer[2]. »

Le droit à la liberté n'est pas moins inviolable que le droit à l'existence. Et pourtant les partisans de l'inviolabilité humaine, le violent tous les jours dans la personne des malfaiteurs qui sont mis en prison, par un motif pareil, identique, la nécessité.

Les philosophes de l'antiquité, qui l'avaient com-

1. Victor Hugo, Assemblée nationale de 1848, séance du 15 septembre et suivantes.

2 Faustin Hélie.

pris, n'ont rien dit de cette inviolabilité [1]. C'est une prétention toute nouvelle. Le christianisme n'a eu aucune parole de blâme contre la mort envisagée comme peine. Grotius l'admettait [2] aussi bien que ce Bentham à qui l'on attribue souvent la première conception du système pénitentiaire.

C'est au XVIIIe siècle que la question se trouve décidément posée comme elle l'est aujourd'hui et presque dans les mêmes termes. Beccaria venait d'écrire : « Quel peut être ce droit que les « hommes se donnent d'*égorger* leur semblable ? « Qui jamais a voulu donner aux autres le droit de lui ôter la vie [3] » ? Bientôt Voltaire adoptait ces vues et faisait un commentaire spécial du traité de Beccaria. Il écrivait à son tour : « On a dit depuis longtemps qu'un homme pendu n'est bon à rien [4]. »

L'opinion de Beccaria ne pouvait être admise telle qu'il l'avait présentée. Il s'appuyait pour la défendre, sur une erreur, la supposition d'un contrat social primitif. On répondit avec raison que le malfaiteur n'était pas puni pour avoir voulu la punition, mais pour avoir voulu une action punissable. Cependant, ce qui resta, depuis la publication du livre de Beccaria, ce fut, dans la pensée de

1. PLATON, *les Lois*, livre IX.
2. *Traité du droit de paix et de guerre*, 1625.
3. *Traité des délits et des peines*, 1766.
4. Voyez aussi *l'Homme aux quarante écus*.

certains écrivains et de certains orateurs politiques, la nécessité démontrée et le dessein arrêté d'abolir la peine de mort. Il fut certain pour eux que la société exerçait une détestable *vengeance*, qu'elle *égorgeait* les criminels.

Les partisans de l'abolition n'ont, en somme, à exprimer qu'une manière de sentir qui leur est propre. Ils l'expriment fortement et c'est de l'abondance du cœur que leur bouche parle. Ils ont tous imité Beccaria et mérité jusqu'à nos jours le même reproche. Ils n'ont pas, soit dans leur pensée soit dans leur parole, assez de mesure et de modération. Il est très difficile, quand on croit parler au nom de l'humanité, de ne pas tomber dans la déclamation.

Depuis la Révolution française, la question de la peine de mort fait partie d'un programme politique. Elle est mise en discussion dans chaque nouvelle Assemblée. En 1791 [1], en 1795 [2], en 1810 [3], en 1824, en 1830, en 1832, en 1848, en 1854 au Corps législatif, en 1861 au Sénat, en 1865 [4], en 1872, elle est traitée par les meilleurs orateurs : S'il faut l'avouer, la première discussion, celle de 1791, à laquelle prirent part le rapporteur du projet de Code pénal, Lepelletier de Saint-Fargeau, et Adrien

1. Assemblée nationale, séances du 23, 30, 31 mai 1791.
2. Convention nationale, loi du 4 brumaire an IV.
3. Code pénal.
4. Discours de MM. Jules Favre et Jules Simon.
5. Proposition de M. Schœlcher.

Duport, ancien conseiller au Parlement, est la plus instructive, en même temps qu'elle est l'une des plus brillantes. Tout ce qu'on peut dire d'essentiel a été dit. Et cela même est significatif. S'il y avait un argument décisif pour l'abolition, comment ces nombreux orateurs ne l'auraient-ils pas rencontré et produit depuis un siècle?

En droit, la peine de mort aurait encore le défaut de n'être pas divisible. C'est se plaindre d'un progrès. Elle l'était sous l'Ancien régime. Dans ce temps-là on pouvait appliquer la torture.

Mais il y a plus, et voici l'argument le plus fort des partisans de l'abolition: cette peine est irréparable. Ce fait seul suffirait, disent-ils, pour la faire rayer de vos codes. Vous risquez d'exécuter un innocent[1]. Et sur-le-champ, c'est inévitable, l'orateur ou l'écrivain donne la liste des cas d'erreurs judiciaires célèbres, dressée avec soin, effrayante, complète et longue jusqu'à l'invraisemblance.

En réalité, ces cas d'erreurs sont très rares aujourd'hui! Qui ne sait que le jury s'empresse d'accorder les circonstances atténuantes quand la préméditation n'est pas démontrée, quand il y a le plus léger doute, et même quand il n'y en a pas.

D'ailleurs, ces objections sérieuses, ces considé-

1. Jules Simon, *la Peine de mort*, récit, 1870

rations qui ont leur valeur passent au second rang, s'il est vrai que nous nous trouvions ici en présence d'un intérêt supérieur à tout autre, de l'intérêt social.

On le nie.

Le Portugal, certains États de l'Allemagne, l'Amérique sur quelques points, ont renoncé à appliquer cette peine. En France même, dans plusieurs départements, le jury accordant toujours les circonstances atténuantes, l'a abolie en fait. Précisément, on remarque que les crimes contre les personnes continuent, dans ces pays-là, à être plus rares qu'ailleurs. N'est-il pas évident, en conséquence que l'intérêt social ne l'exige point ? N'est-ce pas une négligence, une indifférence coupable, celle qui fait maintenir dans la loi une peine injuste destinée à disparaître?

La réponse est facile.

Il est certain que dans quelques pays les habitants sont plus paisibles et ont les mœurs plus douces. Ce n'est pas l'abolition de la peine de mort qui a fait diminuer le nombre des crimes. Le soutenir, ce serait soutenir une absurdité. Mais c'est le degré de civilisation, la paix habituelle dans ces pays-là, qui ont permis d'y renoncer sans un trop grand dommage. Dans les grands pays, en France par exemple, où le Chef de l'État ne va pas en une demi-journée d'une frontière à l'autre, la sécurité des citoyens à laquelle il faut veiller, l'ordre public, ont d'autres exigences. Peut-être quelque jour les grands pays en progrès pourront-ils imiter les petits États. Alors, ils renonceront à la peine capitale, non parce qu'ils la trouveront injuste, — elle ne l'a jamais été, — mais parce qu'en présence du danger social diminué, cette réforme est devenue possible. Ce ne sera pas un reproche de la conscience qui décidera le législateur à l'abolir; ce sera un besoin du cœur qui le poussera à déclarer généreusement que, ne la jugeant pas indispensable, il ne s'en servira plus.

Est-il donc possible d'affirmer, d'abord que dans les pays où la peine de mort a été abolie, la criminalité suit une marche décroissante par ce fait, et, de plus, que dans les pays où l'on exécute, au contraire, la vue des exécutions produit de nouveaux crimes?

Il est bien vrai que certains criminels ne sont pas intimidés par la vue du supplice, puisque plusieurs condamnés à mort ont déclaré avoir assisté à une exécution peu de temps avant leur crime. Il est bien vrai que tantôt l'audace du condamné et tantôt sa souffrance, produisent parmi les spectateurs une impression fugitive d'étrange admiration ou de pitié qui s'égare! Mais chacun sait qu'il faut renoncer absolument à intimider certains criminels. C'est sur le grand nombre, non sur ces natures exceptionnelles, que l'effet d'intimidation sera produit.

Il est d'autres personnes, il en est beaucoup, pour lesquelles le maintien dans la loi de cette peine, la pensée seule qu'elle peut leur être appliquée, deviendra un frein salutaire.

Si les malfaiteurs savaient qu'elle n'est pas dans la loi, combien de fois auraient-ils recours à l'assassinat, pour être plus sûrs de l'impunité !

Combien de préméditations criminelles sont étouffées par la crainte de la mort ! Combien de crimes domestiques empêchés ! Les haines entre les membres d'une même famille, les calculs de la scélératesse, les empoisonnements, les lâches entreprises sur les faibles, sur les vieillards dont on convoite l'héritage, voilà les crimes qui seront prévenus ! On s'attendrit sur l'assassin ; mais les victimes, ces six cents personnes qui, d'après la statistique, chaque année, sont bien réellement égorgées celles-ci, ou blessées grièvement, ne méritent-elles pas aussi quelque pitié ?

Il ne faut donc pas dire : la société donne un mauvais exemple, parce qu'elle se venge, parce qu'elle verse le sang. Elle ne se venge pas, mais elle exerce, et chacun peut s'en rendre compte, le droit de légitime défense, qui consiste pour l'individu à frapper celui qui l'attaque, et pour la société, à frapper dans le but d'intimider et de prévenir.

Protéger des malheureux que tous abandonnent, patroner des libérés, c'est bien. On a dit ici, et l'on dira à l'occasion tout ce qu'il est possible de dire en leur faveur. Mais cette sympathie pour la misère physique et morale, ne doit pas aller jusqu'à épargner les pires criminels en attirant sur eux la pitié. On ne doit à ceux-là que la vérité.

Chose étrange ! cependant. L'excès même de la perversité a fourni un argument aux adversaires de la peine capitale. Ce qu'ils disent déjà des simples voleurs, ils l'ont dit, à plus forte raison, des meurtriers. Ce sont des malades. On a imaginé une monomanie du vol, de l'immoralité, de l'assassinat, bien commode pour mettre les malfaiteurs à l'aise, et pour les décharger de toute responsabilité.

Il est vrai, si l'on se sert des termes mêmes du docteur Lélut, que des rapports nombreux, soit explicatifs, soit expiatoires lient le crime à la folie. Mais cette folie, quand elle est réelle, est constatée avec soin. Un médecin connu, fondateur d'une importante maison d'aliénés, est, presque chaque jour, appelé. Et alors, on va le voir, ce qui se passe est bien simple.

C... venait d'être mis en prison. Il avait assassiné sa femme. Gardé en commun avec deux autres prisonniers dans une cellule, il se lève tout à coup, s'empare d'une bouteille, et, d'un coup violent qu'il porte, blesse grièvement l'un de ses codétenus encore endormi. Puis, il s'étend de nouveau sur son propre lit et s'endort. Les médecins appelés constatent la folie. Il devait passer aux Assises. On se borne à l'envoyer à la Maison des fous.

Que l'on procède à un examen attentif et que l'on agisse de la même manière dans les cas, moins nombreux qu'il ne semble à certains écrivains, de folie impulsive ou d'épilepsie larvée ; rien de plus naturel. Mais qu'on se garde avec soin de considérer dans tous les cas le criminel comme un malade. Si certains auteurs d'ouvrages d'anthropologie ont raison ; s'il est vrai que le volume du cerveau et la courbe frontale ne sont pas les mêmes chez l'assassin que chez l'homme civilisé ; si les meurtriers forment un peuple à part, et si leurs organes présentent des lésions morbides : il faut alors se hâter de déclarer qu'ils sont tous des êtres irresponsables, des victimes de notre barbarie. Ils n'écouteraient pas sans gaieté cette étrange théorie, si quelqu'un venait l'exposer devant eux à la Roquette. Il est possible que ce soit là ce que révèlent, quand on les consulte, les crânes des morts. Mais on a une tout autre impression, quand on entend parler et quand on voit agir les criminels vivants.

Ce qu'on peut remarquer encore d'une manière certaine, c'est qu'ils ne craignent que la mort. Sont-ils sur le point d'être jugés ? Ils n'ont qu'une pensée, qu'un espoir : les circonstances atténuantes qui permettront de ne les condamner qu'aux travaux forcés à perpétuité. C'est là-dessus qu'ils vous consultent presque invariablement. Quand ils accusent un complice de les avoir trahis, quel châtiment lui réservent-ils? La mort! Enfin, s'ils rédigent entre eux, avant d'être en prison, pour la bande dont ils font partie, quelque odieux règlement, quelle sanction, quelle menace inscrivent-ils à la fin de chaque article, et presque à chaque ligne? La mort! La mort!

La conclusion est naturelle : il faut conserver cette peine dans le Code.

On refuse à l'étranger aussi bien que chez nous, de la supprimer. Les partisans de l'abolition en France voulaient se hâter, en 1791 d'imiter la Toscane et la Russie, en 1848 d'imiter Francfort et Berlin, en 1870 d'imiter la Suisse et les États-Unis. Mais est-il possible d'imiter ce qui n'existe pas [1]? Ce qui est vrai, c'est qu'en Russie, en Prusse, en Angleterre, la peine de mort est prononcée et appliquée aujourd'hui comme autrefois; c'est qu'en Suisse même, l'Assemblée fédérale décidait le 28 mars 1879, la suppression de l'article 65 de la Constitution, interdisant l'application de la peine de mort, et le peuple consulté, ratifiait par son vote, l'acte du Conseil, à 20,000 voix de majorité.

Jamais ceux qui proposaient de l'abolir n'ont trouvé une majorité qui consentît à voter immé-

1. En 1878, aux États-Unis, il y a eu jusqu'à 96 exécutions.

diatement l'abolition. En 1848, la proposition était repoussée par 498 voix contre 216 [1], et en 1865 par 203 voix contre 26.

Cependant les protestations au nom de l'humanité n'ont pas été vaines et il faut s'en réjouir.

Lepelletier de Saint-Fargeau, qui devait mourir assassiné, après avoir proposé lui-même l'abolition, parce qu'il avait prononcé contre Louis XVI la peine de mort maintenue, obtint du moins de l'Assemblée Constituante la suppression des tortures.

La loi du 18 avril 1832 fait disparaître la condamnation à mort dans neuf des cas où elle était appliquée, et l'article 463 du Code pénal permet encore de la supprimer dans tous les autres, eu égard aux circonstances.

En 1848, par décret du 26 février, la disposition qui autorise à la prononcer en matière politique, est abrogée, toutes les fois que l'acte délictueux peut se distinguer par un caractère marqué, des délits de droit commun.

En 1867 enfin, le député Jules Favre obtient encore une loi sur la révision du jugement, dans le cas où l'erreur est reconnue.

Il est donc certain que cette peine qu'on veut supprimer au nom de l'humanité et de la civilisation

1. Sous la République.

tend à disparaître. La statistique même donne des chiffres rassurants. Sur une moyenne annuelle de six cents crimes pouvant entraîner la peine capitale, tout compris, empoisonnements, parricides et assassinats, voici les chiffres des condamnations à mort : 31 en 1872, réduites à 24 exécutions par les commutations de peine; 34 en 1873 et 15 exécutions ; 31 en 1874 et 13 exécutions; 33 en 1875 et 12 exécutions. En 1876, il n'y a plus que 22 condamnations, 20 hommes et 2 femmes, 13 commutations en travaux forcés à perpétuité, 1 en 20 ans de travaux forcés, et le chiffre des exécutions tombe à 8.

De 1826 à 1852, il y avait eu une moyenne annuelle de 40 exécutions.

On peut espérer, puisque le nombre des exécutions diminue qu'elles finiront par devenir très rares et cesseront enfin tout à fait de paraître nécessaires. Si les mœurs, la civilisation, et surtout une expérience bien faite, permettent ainsi de renoncer à la peine de mort, qui pourrait le regretter?

Ce n'est pas une Assemblée politique qui doit prononcer l'abolition. Le danger menace surtout les habitants des campagnes. Ceux qui vivent isolés ont besoin, plus que d'autres, de sécurité.

Le jury recruté partout, dans les campagnes et dans les villes, est meilleur juge du péril social.

S'il persévère dans l'habitude déjà prise en divers lieux d'accorder les circonstances atténuantes; si l'opinion se détourne de cette peine et l'abolit en fait sans que pour cela la statistique constate que le nombre des crimes s'est élevé; il sera temps alors de faire passer dans la loi ce que l'usage a consacré, et de déclarer la peine de mort abolie.

§ VI.

L'EXÉCUTION.

Cinq ou six fois par an, les journaux de Paris racontent en détail à leurs lecteurs une exécution, depuis le réveil du condamné jusqu'à la dernière minute de sa vie. Chacun sait, grâce à la chronique, ce qu'on a fait, ce qu'on a dit, pendant la dernière toilette et jusqu'au pied de l'échafaud. Les journaux illustrés donnent une reproduction par le dessin « de la fatale machine ». Les autres se contentent d'aller de la rue des Folies-Regnault à la rue Vicq-d'Azyr pour décrire avec soin la maison où les pièces de l'instrument de mort démonté sont conservées, et prendre en passant, l'adresse exacte du bourreau.

Il serait donc inutile de revenir sur des scènes trop connues. Qu'il suffise de transcrire ici, simplement, quelques notes prises selon l'occasion.......

. . . .

La grâce. — Il est midi moins un quart, à l'horloge de la mairie du XIe arrondissement. Dans l'avenue, au bout de laquelle on aperçoit l'entrée du Père-Lachaise, s'avancent deux voitures escortées par des gendarmes : un tourbillon de roues et de pieds de chevaux. Abadie surveillé par des agents se trouve dans la première. Par les portières ouvertes il jette des regards, à droite, à gauche, tout en roulant une cigarette. De temps en temps, il se soulève à demi sur son siège pour regarder en avant.

Gilles est dans la seconde voiture.

Ils cherchent à se faire voir et crieraient volontiers leurs noms pour être reconnus.

Il y a de l'effarement dans ces yeux de condamnés. L'homme qui, après avoir attendu depuis deux mois son exécution à chaque minute, revoit le monde, la lumière, croit renaître et sortir du tombeau.

On a voulu les bien traiter. Point de voiture cellulaire. C'est par la portière du fiacre, voisins des vivants presque à les toucher, qu'ils revoient la rue, la ville, Paris.

Un gamin des rues s'est arrêté dix secondes en

voyant venir ces voitures, avec leurs cochers pressés —miracle ! — avec les gendarmes dont la tête et le chapeau, suivant le trot du cheval, dépassent par derrière. Tout à coup, devinant, il s'est écrié d'une voix perçante : « Gilles et Abadie ! » Les passants se détournent, les portes s'ouvrent, les fenêtres. Mais les deux complices sont déjà loin.

Reviendront-ils jamais à de bons sentiments? Ce n'est pas vraisemblable. Ils n'ont fait que rire et se moquer en apprenant qu'on avait eu pitié d'eux.

. . . .

La cour des condamnés à mort. — Voici la cour.

Non point telle qu'elle est, le matin, quand les convalescents et les malades qui peuvent marcher, descendent de l'infirmerie. Et quels malades ! Les infirmes s'adossent au mur, les béquilles à la portée de leur main. Mais les maladies du vice sont les plus affreuses. L'homme atteint de syphilis constitutionnelle, infect et hideux, couvert au visage, aux mains, aux bras, au cou de plaques dégoûtantes, suite d'anciennes débauches, est là, si repoussant qu'on hésite à s'approcher. On craint pour le visage, pour les mains, ce contact, et jusqu'à cette haleine, comme un poison.

Non, c'est la cour vide, telle que la trouvent en sortant de ce compartiment du fond qui leur est réservé, les condamnés à mort. Chaque jour ils peuvent venir là passer une heure dans la solitude et le silence.

Elle est carrée. Dans la direction de la place de la Roquette, c'est la chapelle qui la ferme. Un pli du mur marque l'endroit où se trouve l'autel. On aperçoit les vitraux, les peintures, et quelquefois on peut entendre des voix de condamnés qui s'exercent à chanter au chœur. Occupation intéressante, artistique au moins, qui est, pour les appelés, une agréable distraction et un repos.

Des deux côtés, dans la longueur, s'étendent des murs sans fenêtres jusqu'à la hauteur d'un premier étage très élevé. Là, dans les salles de ce premier étage se tiennent à gauche les vieillards, à droite *les séparés.*

Le dernier corps de bâtiments qui ferme la cour au fond, reçoit en haut les malades, en bas les condamnés à mort. Leurs cellules sont au rez-de-chaussée, entre deux portes sur l'une desquelles on lit « Bibliothèque », et sur l'autre « Salle de bains. »

Le condamné va, vient, erre, accablé, songeur, sur le pavé de la cour.

Il y a un jardin, un peu de terre maigre apportée là, au milieu de cette cour, comme pour un jardin d'enfant, quelques poignées de poussière. Disposée en bordure, elle entoure de sa bande étroite deux marronniers, l'un assez gros, l'autre moins haut et plus récemment planté. Pauvres arbres et pauvres fleurs ! Rien ne fleurit à l'aise et rien ne prospère en prison. Est-ce l'air qui manque ? Est-ce le soleil? Les fleurs meurent. Et quels jardiniers ! Le condamné lui-même relève avec sa semelle la terre qui se déplace.

Aux quatre coins, des lilas tordent leurs branches, encadrés çà et là de rares touffes de buis. Il faudrait aller au robinet de la fontaine qui chante en s'égouttant, comme dit le poète, à l'un des murs de la cour, et arroser abondamment tout le petit jardin. Mais celui qui attend la mort n'a aucun souci de répandre autour de lui la fraîcheur et la vie. Ces fleurs fanées, ces feuilles qui tombent flétries, donneraient non une distraction mais un frisson au condamné, une douleur de plus, s'il avait le temps d'y penser. Non. Son idée fixe l'empêche de faire ces remarques autour de lui. Est-ce l'hiver? Il préfère rester engourdi dans sa cellule chauffée, sans aller, une heure, marcher dans la neige. L'été, et en toute saison, la vue de ces choses qui rappellent la vie l'importune. Il refuse souvent la promenade qui le distrairait de ses sombres préoccupations.

Il faut aller s'asseoir auprès du mur. Sous les marronniers, pas un siège où l'on puisse se laisser tomber un instant pour chercher à l'ombre, dans ce coin de verdure, l'illusion et l'oubli ! Une lanterne de prison, suspendue comme à dessein parmi les branches, est là pour rappeler la déplorable, amère, écrasante réalité. Les bruits du dehors ne viennent pas jusqu'ici. En haut, un coin de ciel bleu ou gris, selon la saison. Puis, des nuages, des nuages qui passent, poussés par le vent, emportés sans retour, rapides commes ces derniers jours de mouvement, de réflexion et de vie qu'on laisse encore au condamné !

Et malgré tout, qui oserait dire que réellement on lui a fait grâce, s'il apprenait tout à coup qu'il va sortir de là, non pour aller à l'échafaud, mais pour subir une perpétuelle captivité ?

. . . .

Les trois cellules. — L'entrée, l'entrée unique des cellules qui ne se séparent en effet qu'à l'intérieur, est dans la galerie qu'on aperçoit au fond de la cour. C'est une grande porte peinte en vert, de forme arrondie dans le haut. Il faut soulever le marteau et frapper pour avertir le surveillant qui se tient dans l'antichambre, lorsqu'on veut entrer.

Un guichet s'ouvre alors, un guichet dissimulé extérieurement, sous une plaque de fer.

C'est neuf, c'est bien entretenu, cette lourde porte de chêne sur laquelle on ne néglige pas de passer de temps en temps une nouvelle couche de couleur. Elle est hermétiquement fermée, bien posée, solide et discrète, sur ses deux marches propres. Mais il y a quelque chose qui donne froid, dans la vue de ce bois qui colle au mur. On devine des rages impuissantes, des soupirs, des douleurs, des angoisses inexprimables, derrière ces planches solides qui semblent ne devoir remuer jamais. C'est une tombe bien entretenue. Quand on s'arrête à regarder, à méditer, au bout de quelques minutes, cette porte a l'air de cacher des cadavres et ce mur a des blancheurs de sépulcre.

L'intérieur des cellules ne diffère presque en rien du logement destiné dans les prisons où ils vivent séparés, à recevoir les détenus. Pour dormir, un lit de sangle, avec la literie, matelas, traversin, couverture. A hauteur d'homme, le long du mur, l'étagère sur laquelle sont déposés les paquets et les vêtements. Mais les cellules, ici, sont plus larges, à l'exception de celle du milieu, sur la longueur de laquelle on a réservé l'antichambre destinée aux surveillants. Elles contiennent un poêle et des chaises de paille.

On peut laisser sans crainte un certain nombre d'objets à la disposition du prisonnier. Il ne peut pas se suicider puisqu'il est gardé par un soldat qu'on fouille avant d'entrer, et un surveillant.

Il ne sortira plus de là que pour marcher au supplice. Cent pas tout au plus. On frémit en pensant aux affreux scélérats qui ont fait ce court, ce dernier voyage, depuis Lacenaire jusqu'à Tropmann, Billoir, Barré, Lebiez et Prévot.

. . . .

Sur l'exécution en place publique[1]. — Ce qu'on pouvait dire avec raison du danger de ce spectacle pour quelques individus à l'imagination romanesque ou malade a été pris en sérieuse considération. Les exécutions ont lieu, à présent, à la première heure du jour, et les soldats, la police retiennent la foule à une assez grande distance de l'échafaud. C'est une amélioration et un progrès.

Faut-il aller jusqu'à renoncer à toute exécution en public? Oui, si l'on peut répondre d'une manière satisfaisante à deux objections.

Tous les grands criminels ne sont pas pris dans les derniers rangs de la société. Aussi le peuple, s'il n'a pas vu le supplice, refuse-t-il de croire que certains individus ont expié leur crime. Peut-être suffira-t-il de déléguer dans la loi certaines personnes qui seront tenues d'assister à l'exécution, magistrats, aumôniers, membres de la municipalité, représentants de la presse.... On peut essayer.

Il faut aussi que les partisans de l'abolition de la peine de mort renoncent à dire que l'on cache l'échafaud parce qu'on est honteux de s'en servir. En procédant à l'exécution à l'intérieur de la prison, il doit être bien entendu que c'est une pure concession qu'on leur fait.

Ces réserves faites, l'exécution pourra sans difficulté cesser d'être publique.

1. Projet de M. Dufaure.

CHAPITRE VI

LE PATRONAGE DES LIBÉRÉS

LE PATRONAGE

LES ŒUVRES. — CRITIQUE DU PATRONAGE. — PATRONAGE DES JEUNES DÉTENUS. — PATRONAGE DES ADULTES. — LA RÉHABILITATION.

§ I.

LES ŒUVRES

Le vice est bruyant dans Paris. Il ne craint pas de se laisser voir, sachant bien qu'il ne passera pas inaperçu et que la chronique scandaleuse, la publicité, vont lui faire une réclame éhontée. La charité est modeste, au contraire. Chacun sait comment un jeune homme, une jeune fille, un malheureux, quel qu'il soit, peut se perdre, et dans quels lieux, par quels égarements, commence la chute. Mais on est, en général, mal renseigné sur les progrès, les efforts, le succès de la bienfaisance.

Qui sait donner ? a-t-on dit. Ceux qui rient et ceux qui pleurent. Or, les uns et les autres sont fort nombreux à Paris, et c'est là ce qui explique l'abondance des OEuvres de charité. On aurait pu ajouter que beaucoup de personnes font du bien parce que la vue des infortunes les émeut, indépendamment de leur humeur triste ou gaie. Ces personnes-là s'exercent à la charité avec suite et persévérance. Elles ont appris, grâce à une éducation spéciale, à regarder la bienfaisance comme un devoir. La plupart des œuvres qui existent sont religieuses. Il est impossible de ne pas le remarquer.

Certes, il est toujours facile de prouver que de vrais malheureux sont oubliés dans la répartition des secours et des bienfaits. Mais quelle société, véritablement civilisée, savante en bonnes œuvres, préoccupée des malheureux et connaissant leurs besoins, se révèle à celui qui veut étudier, à Paris, l'assistance sous toutes ses formes !

La mère est secourue au moment de l'accouchement. L'enfant trouvé, orphelin, abandonné, est recueilli depuis sa naissance jusqu'à douze ans par l'Assistance publique. Pour l'enfant pauvre, il y a les crèches, les salles d'asile, l'école, l'ouvroir, l'orphelinat, les Sociétés de patronage des apprentis. infirme, sourd-muet, aveugle, aliéné, il est reçu dans quelque établissement spécial.

On a pour les jeunes filles, françaises ou étrangères, des maisons de préservation et de refuge. On a prévu l'embarras dans lequel elles pourront se trouver, servantes sans place, ouvrières sans travail, demoiselles de magasin éloignées de leur famille. Telle institution reçoit celles dont le père a été écrivain, artiste, etc...

Pour l'adulte, on a créé les vestiaires, fourneaux, maisons pour les malades pauvres, pour les aliénés convalescents, sociétés d'assistance et de secours mutuels, associations pour visiter les hôpitaux et les hospices, assistance de l'hôpital, assistance judiciaire, œuvre des mariages, secours de route et de rapatriement s'il est étranger.

Les vieillards ont l'hospice, la maison de retraite, les secours à domicile, les secours d'hospice, les dernières prières, l'inhumation gratuite. Et pour la profession, les âges, les situations diverses, combien d'autres !

Chaque institution a son budget ; chaque œuvre a sa caisse. On peut juger par l'énumération qui précède des sommes énormes qu'il faut dépenser chaque année pour distribuer tant de secours divers. Les fonds nécessaires sont fournis par l'Assistance publique qui dépense chaque année vingt-cinq millions, et par la charité privée dans une proportion à peu près égale. La perception du droit des pauvres dans les théâtres, concerts et bals, produit deux millions. On demande à la frivolité son offrande aussi bien qu'à la religion. Le culte et le spectacle, la quête et la souscription, tout sert. L'enfant du pauvre a des habits et du pain, grâce au bal d'enfants où le riche a conduit son fils et sa fille.

Il faut joindre à la longue énumération de ces Sociétés quelques œuvres un peu différentes qui se rapprochent, par le but qu'elles poursuivent, du patronage des libérés.

Pour donner à des malheureux, sans asile, parce qu'ils n'ont pas de travail, le moyen d'attendre d'en avoir trouvé sans être arrêtés pour vagabondage, ne convient-il pas de leur offrir une retraite momentanée ? On l'a pensé. C'est l'œuvre de *l'Hospitalité de nuit*, de création assez récente. Des asiles ont été ouverts en divers quartiers, pour recevoir, ici les hommes seuls, là les femmes et les enfants. Nuits de repos procurées, emplois trouvés, travail libre offert, rations distribuées, abri de quelques jours aux femmes convalescentes sortant de la maternité, voilà ce qu'on a déjà fait.

Si la détention n'a pas été évitée, il n'est pas rare qu'une ordonnance de non-lieu soit rendue, ou qu'un prévenu soit renvoyé absous après jugement. C'est déjà la prison, mais ce n'est pas encore le patronage des libérés. Des secours sont nécessaires. L'œuvre existe sous le titre de *Comité de patronage des libérés acquittés*.

Enfin, dans la prison même, et sans s'occuper

d'une manière spéciale de ce que le libéré peut devenir à sa sortie, il est souvent nécessaire de faire du bien au détenu. Il peut n'avoir qu'une masse insignifiante, à la sortie, si la détention a été courte. Il peut être tout à fait sans ressources, s'il a passé le temps de son emprisonnement à l'infirmerie, malade, incapable de travailler. Il peut être infirme, avoir la vue trop mauvaise, s'il est vieux, pour faire un travail qui exige de la vivacité dans les mouvements et de bons yeux. *L'Œuvre des prisons* a pour but de subvenir en quelque manière aux frais du culte dans les maisons de prévention et de correction, et, en même temps, ce qui est tout à fait indispensable, de mettre quelques objets nécessaires à la disposition des détenus par l'intermédiaire des aumôniers.

Voilà les Œuvres.

Sans doute beaucoup de misères dignes d'intérêt peuvent rester en dehors de l'action bienfaisante des sociétés. Sans doute les importuns, ceux qui demandent jusqu'à l'indiscrétion et à l'abus, sont plus souvent secourus. Sans doute la charité qui s'exerce ainsi n'est pas exempte de préoccupations confessionnelles. Malgré tout, on rend à un grand nombre de malheureux d'importants services, et, quoi qu'en disent les sceptiques qui ne voient partout que le calcul ou l'ostentation, des services désintéressés, puisqu'ils restent ignorés.

§ II.

CRITIQUE DU PATRONAGE.

Chacun connaît les prétextes ingénieux que l'avarice et l'égoïsme savent trouver pour se dispenser de venir en aide aux pauvres. Faut-il donner de l'argent ? Non. Le malheureux irait le dépenser au cabaret. Des habits? Il irait les vendre pour avoir de l'argent. Des secours en nature ? Qu'il travaille !

Le patronage des libérés, de même, est suspect. Le prisonnier ne saurait trouver grâce devant certaines personnes, et l'expression de leurs doutes sur l'utilité de la protection qu'on lui accorde, est aussi ancienne que l'essai du patronage.

Il est question de la visite des prisons dans un mélodrame dont Mandrin est le triste héros.

— Ce sont des frères, dit une dame qui visite les prisonniers. Des frères égarés ; mais enfin, des frères pour nous.

— Oh ! — répond un membre de sa famille qui l'accompagne — on se passerait volontiers d'un frère comme Caïn.

— Croyez-vous donc qu'il fût si mauvais ? C'est qu'on n'aura pas su le prendre.

— Ah ! oui, par exemple. Il fallait le prendre plus tôt. Son malheureux frère ne serait pas mort de sa main.

Puis, la dame visiteuse s'adresse à son domestique.

— Apportez-moi le vin ici, dans le cachot.

Le domestique, après avoir goûté le vin :

— Exquis ! délicieux ! qui résisterait, je vous le demande, à la tentation de devenir voleur ?

— Les gâteaux, les oranges !

— Si cela ne fait pas pitié, d'être aux petits soins pour *la canaille*, lorsque tant d'honnêtes gens meurent de faim !

Ce n'est pas seulement un auteur de mélodrame, c'est souvent le public qui parle ainsi. Ces railleries semblent justes et spirituelles. Cette défiance paraît être l'expression familière et simple, de la vérité, du bon sens.

Pour les incrédules, « il n'y a rien à faire » avec les prisonniers. On peut s'occuper des jeunes détenus, parce qu'à leur égard, le patronage c'est encore l'assistance. Mais l'adulte condamné doit être livré à lui-même. Ne savait-il pas bien ce qu'il faisait ? N'était-il pas majeur ? La famille n'a plus aucun devoir à remplir envers lui. Comment donc l'obligation de lui venir en aide s'imposerait-elle à la société ? La chute est un malheur, comme la maladie, la faillite; un malheur qu'il n'a pas voulu, qu'il n'a pas su, ou qu'il n'a pas pu prévenir. Qu'importe ?

La société ne lui doit rien. Il lui reste un droit dont elle use; c'est de se défendre contre lui.

Raisonner ainsi, c'est se montrer bien sévère. L'abus de la logique conduit à l'excès et à l'injustice.

Oui, la société serait dégagée de toute responsabilité envers le libéré, si, après lui avoir fait subir une peine, elle avait le pouvoir de lui rendre exactement la situation qu'il occupait au moment de son arrestation. Mais elle n'a pas ce pouvoir. A tort ou à raison la réprobation s'attache pour longtemps, pour toujours peut-être à celui que la justice a frappé. Ce qu'il peut attendre de meilleur, c'est que le souvenir de sa condamnation s'efface peu à peu, c'est que son passé reste inconnu, s'il a réussi à s'éloigner, dans le lieu de sa nouvelle résidence. On sait punir, mais on ne sait pas pardonner. La loi borne à six mois, un an, cinq ans, au plus, la durée de l'expiation, mais la peine que l'opinion prononce est perpétuelle.

Et la société qui a mis le libéré dans cette situation, non pas exprès, mais par une conséquence prévue et inévitable de l'emprisonnement, ne devrait plus rien à cet homme ? Certes, il reste encore, dans la prison même et après la libération, une obligation, la plus forte obligation morale. Il reste à fournir des moyens non seulement moraux, mais matériels de relèvement. Voilà pourquoi toutes les Sociétés de patronage sont en même temps des sociétés de placement, qui procurent au libéré du travail.

On dira : c'est le droit au travail reconnu. Recevez-les, alors, dans des ateliers publics ! Non. Ce n'est pas l'Etat qui a fait le mal ici, c'est l'opinion, c'est un préjugé de la société.

Aucun raisonnement spécieux, aucune subtilité, ne saurait prévaloir contre l'évidence. Il en est, parmi ces malheureux qui ne sont pas instruits de leurs devoirs et ne les comprennent pas. Voulez-vous les tenir courbés, comme l'esclave, sous le bâton ? Vous leur devez, dans la prison même, la leçon morale, afin qu'ils comprennent. A la sortie, pourrez-vous les accuser d'être retombés dans le mal, et leur appliquer sans remords les peines de la récidive, si vous n'avez mis à leur disposition aucun moyen de ne pas faillir? Voilà le principe qu'un examen attentif des faits viendra bientôt confirmer. Instruction dans la prison et patronage à la libération, c'est l'évidence même.

Aussi bien, ce n'est qu'en théorie qu'il peut être intéressant de rechercher si les adultes ont droit ou non au patronage. Comme tout ce qui est juste et bon, le patronage, et peut-être le patronage des adultes avec plus de force que celui des jeunes détenus s'est imposé. La participation d'un certain nombre de libérés aux actes de la Commune, et le progrès croissant de la récidive, n'ont pas peu contribué à en démontrer la nécessité.

Les Sociétés de patronage font donc une œuvre utile, bien comprise, socialement bonne.

Mais sont-elles sans reproche? N'est-il pas vrai que, plus d'une fois, les frais multipliés absorbent une partie du revenu ? N'avancent-elles pas dans la voie du progrès d'une allure bien lente ? Aux Sociétés aussi, la critique s'est attaquée quelquefois pour stimuler leur zèle, en affectant d'attribuer leur tiédeur à l'incrédulité secrète ou à l'indifférence.

Raspail, jeune, et, de plus, gardé à Sainte-Pélagie pour délit politique, ce qui explique ses vives moqueries et sa mauvaise humeur, a écrit les lignes qu'on va lire, sur le patronage et les personnes qui s'en occupent.

« L'inspecteur général rend compte avec larmes, » à la Société, de sa visite annuelle. A cette visite » assistait, avec le préfet de police, le directeur, » les guichetiers, etc., etc., un noble étranger qui » s'occupe avec zèle et philanthropie de la question » des prisons. Puis, un statisticien qui compile et » compile des chiffres, et là-dessus bégaye, bégaye » et bégaye des phrases. »

« Donnez à celui-ci trois nombres, il vous en » déduira vingt lois morales et politiques et qua- » rante projets d'amélioration. Séance mémorable ! » L'étranger prend des notes et n'oublie pas le » compliment qui le concerne en particulier. Le » statisticien compte les bancs, les écritoires, les » pupitres et les petits détenus par rang de taille,

» pendant que l'orateur électrise l'assemblée par
» ses prosopopées.

» Un seul accident serait dans le cas de déranger
» ce cadre heureux d'administration pénitentiaire :
» la nouvelle, pour l'ami du pauvre orphelin, que
» le quart de ses émargements a été supprimé au
» budget. Dans quatre ou cinq ans, nous appren-
» drons par les mille trompettes de la publicité
» qu'on attend désormais des résultats merveilleux
» dans cinq ou six ans au plus tard[1]. »

C'est une caricature, l'une de ces descriptions de fantaisie dans lesquelles on ne dit pas le bien et l'on insiste sans mesure sur les imperfections. Mais cela même est instructif. Il ne faut pas faire le bien avec trop de lenteur et d'hésitation. Le patronage des libérés est destiné à s'étendre et à se perfectionner dans l'avenir. Ceux qui le comprennent aujourd'hui doivent s'en occuper avec ce zèle, cet enthousiasme de l'apôtre, qui forcent l'incrédulité au silence et gagnent de nouveaux disciples.

§ III.

PATRONAGE DES JEUNES DÉTENUS

Les enfants, dans leurs fautes, sont souvent reconnus irrresponsables par le magistrat. Dans les cas

1. *Lettres sur les Prisons de Paris.*

même où ils paraissent avoir agi avec discernement, la responsabilité ne pèse pas sur eux aussi lourdement que sur les adultes. Leur âge permet d'espérer qu'ils seront transformés par l'éducation.

Quant aux filles, il importe de leur procurer le bienfait du patronage, autant dans l'intérêt de la société que dans leur intérêt propre. On est d'accord, en conséquence, pour reconnaître la nécessité de la protection qui leur est accordée.

Le patronage des jeunes détenus n'a pas d'adversaires.

Est-il permis de compter sur leur changement de conduite, quand ils auront été placés pendant plusieurs années sous une nouvelle et bonne direction ? Faut-il étendre encore, au moyen d'une loi très large et très complète sur l'instruction obligatoire [1] ou sur l'enseignement professionnel la protection qui leur est actuellement accordée? La réponse très affirmative à ces questions, a déjà été donnée.

Les établissements privés de charité, de refuge, ne manquent pas, à Paris, pour recevoir les enfants à la sortie de prison [2]. On comptait jusqu'à onze

1. Pour être bien faite, cette loi devrait rendre possible ce qu'elle prescrit, c'est-à-dire accorder aux parents nécessiteux des secours leur permettant de nourrir et d'habiller l'enfant qu'ils doivent envoyer à l'école.

2. *Enquête parlementaire*, t. III. Rapport de M. Lacaze.

maisons spéciales en 1876 [1]. C'est à peu près le même nombre qu'aujourd'hui [2].

Les jeunes filles surtout, sont appelées dans ces établissements, et surveillées, soutenues dans les efforts qu'elles doivent faire pour se corriger, avec une sollicitude, un intérêt, dont il est à peine nécessaire d'expliquer la cause. Elles se soumettent à la discipline avec moins de peine que les garçons et se laissent mieux diriger.

Toutes ces œuvres ont le même but.

Sans doute, un grand nombre de femmes qui vont au Refuge, n'ont pas commencé par subir l'emprisonnement à Saint-Lazare. Mais soit qu'elles sortent de prison, soit qu'elles aient elles-mêmes senti la nécessité d'être protégées contre la séduction des sens et contre un entraînement auquel elles ne sauraient pas résister, c'est toujours de filles ayant eu une mauvaise conduite, ou ayant commis quelque délit prévu par le Code, qu'il s'agit.

On sait déjà que l'Administration a pris le sage parti de placer dans des établissements religieux les jeunes filles que leurs parents voudraient faire mettre à Saint-Lazare en correction paternelle. La

1. Lecour, *la Charité à Paris*, 1876.

2. Notre-Dame de la Miséricorde, la Maison d'éducation fondée par Madame de Lamartine, Communauté des dames de Saint-Michel, le Bon Pasteur, Sainte-Anne, Œuvres catholiques. — Œuvre de relèvement de l'Institution des diaconesses, Dames de Saint-Lazare, Maison de refuge, Œuvres protestantes. — Maison du refuge israélite, etc...

plupart de ces maisons les reçoivent. Il y a loin de ces petites pensionnaires propres, gaies dans l'ouvroir, un peu turbulentes encore, mais se corrigeant peu à peu, aux jeunes détenues dont elles devraient partager le sort dans la prison.

Les maisons religieuses qui reçoivent de l'État soixante centimes par jour pour chaque jeune détenue, ont, en même temps que le *disciplinaire*, une *retenue* pour les filles condamnées dont elles consentent à entreprendre l'éducation. Il est certain qu'on ne réussit pas toujours à détruire les germes mauvais et à rendre ces jeunes filles capables de lutter victorieusement contre leurs mauvais instincts. Des correspondances peu édifiantes sont saisies plus d'une fois. La rébellion n'est pas rare, ce qui force la surveillante à avoir recours au cachot. Certaines têtes folles et romanesques de filles, rêvent l'évasion, moins difficile qu'à Saint-Lazare ou à la colonie, et, quelque nuit, passent, ordinairement sans succès, du projet à l'exécution. Mais on réussit souvent. L'éducation correctionnelle des filles, continuée avec persévérance et bien entendue, donne de bons résultats. C'est incontestable.

Les présidentes, directrices et supérieures des œuvres, asiles et refuges, doivent à l'expérience de bien connaître aujourd'hui les jeunes filles qu'elles reçoivent. On garde ici seulement les filles que le repentir, après une chute, amène au Refuge, et là, au contraire, celles qui sont coupables de quelque délit, mais qui sont encore sans reproche sous le rapport des mœurs. De modestes, mais très honorables récompenses sont offertes au repentir persévérant. Le corps, fatigué avant l'âge, marqué déjà des signes trop visibles de récents désordres, est soigné, délivré, s'il est possible, aussi bien que l'âme, de ses souillures. Il n'y a qu'un danger : la langueur, l'influence énervante du couvent. Disposer ces filles à continuer leur vie à l'ombre du cloître, c'est manquer le but. Toutes celles qui sont valides doivent être rendues, meilleures, corrigées, à la société et à la famillle.

C'est aux garçons plus nombreux, que sont principalement réservées les colonies publiques.

Voici comment s'exerce, à leur égard le patronage.

Les Sociétés qui les prennent sous leur protection se proposent de les ramener au bien, de les mettre en apprentissage, pour qu'ils apprennent au plus tôt à travailler, et de les recommander aux familles qui consentiront à les recevoir à leur sortie de prison [1].

L'essai du patronage des jeunes libérés remonte à la Restauration, et la création de la première Société, à l'année 1833.

Pendant trente ans, la Société poursuivit son œuvre avec succès, étudiant, dans la prison même, le

1. Société de Patronage *des jeunes libérés de la Seine*, et Société d'Éducation et de Patronage *des enfants protestants insoumis*.

caractère des détenus, demandant pour eux la libération provisoire, et les recevant, à la sortie, dans un asile qu'elle avait fondé. Subitement, en 1865, l'Impératrice ayant visité la Petite-Roquette, fit décider que les enfants acquittés comme ayant agi sans discernement, mais retenus jusqu'à vingt ans, et les enfants condamnés à une peine un peu longue, seraient envoyés, aussitôt après leur jugement, dans une colonie pénitentiaire.

Pour continuer le patronage, on dut adopter dans cette circonstance un nouveau système, le système actuel.

Le temps de la prévention et un certain délai après le jugement, sont mis à profit pour étudier le caractère de l'enfant et ses habitudes. S'il semble incorrigible, ou s'il a déjà commis à plusieurs reprises le même délit, on le laisse partir pour la colonie. S'il paraît susceptible d'amendement, l'Agent de l'une des Sociétés demande qu'il lui soit remis. Il est reçu aussitôt dans un asile, et il commence à apprendre un état, tout en s'instruisant, jusqu'au moment où il pourra être mis, au dehors, en apprentissage.

Les parents veulent-ils, au nom de l'autorité paternelle, rompre le contrat d'apprentissage aussitôt qu'il a été signé? La Société qui avait seule obtenu que l'enfant lui serait remis, en se chargeant de le surveiller, n'a pas de peine à leur faire comprendre que si le jeune détenu cesse d'être sous sa surveillance et sa responsabilité, il ne leur sera pas rendu, mais sera remis en prison jusqu'à l'expiration de sa peine.

L'enfant est-il mauvais avec obstination? Il est pareillement reconduit en prison. C'est une correction qu'il subit pendant quelque temps. Ainsi la Société n'est pas désarmée. Elle peut menacer l'enfant paresseux, ingrat, rebelle à ses conseils, de la réintégration provisoire.

Certes, tout n'est pas parfait encore. L'irrégularité, la paresse, les courses vagabondes çà et là, plaisent à ces enfants, qui n'ont reçu, dès leurs premiers pas dans la vie, aucune bonne direction. Ils sont tentés de fuir! Mais peu à peu, un groupe se forme. On a quelques bons élèves. Ils travaillent, jusqu'à leur sortie, et même, il n'est pas rare de les voir revenir de temps en temps, dans cette maison, auprès de ce directeur, et de ces anciens camarades qui remplacent pour eux la famille absente. Grâce aux Sociétés de patronage, la récidive des jeunes détenus, après leur libération, disparaît presque. Elle peut diminuer dans la proportion énorme de 75 p. 100 à 7 p. 100.

§ IV.

PATRONAGE DES ADULTES.

Les adultes sont moins intéressants que les jeunes détenus. Ils trompent parfois ceux qui croient à leur repentir. Ils commettent de nouvelles fautes. D'ailleurs, ne dit-on pas qu'en principe la société ne leur doit rien?

Cette dernière objection a été réfutée.

Mais, c'est aux autres, surtout à la prétendue inutilité, en fait, du patronage, qu'il est nécessaire de répondre.

Est-il donc impossible de « chasser le naturel » ? Oui, si c'est bien le naturel, dans tous les cas, qui a fait commettre au coupable son délit ou son crime. Non, si les circonstances, un entraînement passager, expliquent sa faute et permettent de la comprendre, sans l'excuser.

On peut prendre pour exemple le fait le plus fréquent, le vol.

Rien n'est plus facile à bien observer et à bien comprendre que le vol simple à l'état de disposition malheureuse ou d'instinct chez certains individus. Choisissez bien votre sujet. Un jeune homme de dix-sept ou dix-huit ans, ne sera pas encore assez adroit pour vous tromper. Prenez-le dans une famille aisée ou riche. Il vivait à la maison, dans la paix, dans l'abondance, entouré d'affections, heureux comme les jeunes gens de son âge. Un jour, il voit à la portée de sa main, presque rien, vingt, trente francs appartenant à un étranger. Il s'en empare. Une autre fois, il aperçoit sur la table du concierge de sa maison une lettre chargée. Il la vole, sans savoir ce qu'elle contient. S'il est arrêté et pressé de questions, il confessera deux ou trois actes semblables qu'il avait commis, mais sans se laisser prendre et à l'insu de tout le monde. N'est-ce pas incompréhensible ?

— Vos parents étaient-ils avares ? demandez-vous.

— Non.

— N'avez-vous pas craint de vous déshonorer?

— Je n'y ai pas pensé.

— Étiez-vous poussé à vous procurer de l'argent par quelque passion, le jeu, les femmes ?

— Non, je vivais tranquille, à la maison.

— Avez-vous eu des remords ?

— Quelque inquiétude.

— Assez pour perdre le sommeil pendant la nuit qui a suivi le vol?

— Non.

— Mais ne saviez-vous pas que vous seriez arrêté, jugé ?

— Je sais qu'on peut passer en jugement:

Mais au moment du vol, j'ai pris l'objet, sans réflexion.

Il pleure, en répondant ainsi, mais sans repentir, sans abondance. Ce n'est pas un monstre, c'est *le voleur*.

Vous apprenez son arrestation et vous vous écriez : monomanie! C'est un malade! Le public, même, c'est-à-dire la partie du public qui est naturellement portée à l'indulgence, dit en termes plus généraux : les délinquants, les criminels sont des malades. Erreur. Il y a quelques malades. Il n'est pas rare d'observer chez les mêmes individus, une maladie réelle, et une responsabilité non moins certaine dans l'intervalle des accès. Mais le malfaiteur, jeune ou vieux, le voleur, le meurtrier, ne sont pas des malades.

Le malfaiteur est un individu que la considération du préjudice qu'il va vous faire subir n'arrête et ne touche même pas. Il trouve commode de se satisfaire à vos dépens. Il faut l'avertir, l'avertir sévèrement, et c'est là le but de la peine. S'il n'est pas corrigé, s'il persiste à se procurer ce qu'il lui plaît d'avoir, par des moyens que la loi et la morale condamnent, il saura qu'il ne doit pas reprocher aux autres son malheur, et, dans son for intérieur, n'accusera que lui-même.

Voilà le malfaiteur d'instinct. Supposez-le pauvre, débauché, paresseux. Il faudra vivre. Il sera tenté de profiter de son adresse, de demander au vol, au faux, au crime, en un mot, des revenus, de honteux moyens d'existence. Il fréquentera *la canaille*. Égaré bientôt, perdu peu à peu, n'ayant plus le sens moral, il accusera systématiquement la société. Il deviendra le malfaiteur d'habitude.

La patronage n'est pas absolument inutile, même pour ceux-là. Ils peuvent se lasser de cette vie, s'amender un jour. Mais les faits sont là. Il est certain qu'en réalité ces changements sont rares.

Mais d'autres libérés sont dignes de la pitié qu'on leur accorde et même de la sympathie qu'on a pour eux.

D..., fils d'une femme qui n'avait qu'un modeste emploi dans un théâtre, était ambitieux. Il avait acquis une certaine instruction, en suivant, le soir, des cours gratuits. Il s'était marié. Il rêvait la fortune pour sa femme, ses jeunes enfants, et, pour lui-même le bien-être et l'indépendance, une profession libérale. Déjà, il pouvait suivre, à Paris, les cours d'une faculté. Pour se procurer des ressources, il prend le parti de recevoir chez lui des étrangers en pension. Il réussit pendant un an. Mais les recettes de la première année, bonnes à la vérité, sont loin de couvrir les dépenses d'installation qu'il a fallu faire. Il faut payer, ou consentir à se retrouver dans la rue. Malheureuse femme! malheureux enfants! Et son rêve? En voilà la fin. Il se décide à compter sur la fortune qui favorise les audacieux. Il donne une fausse signature. Quelques jours après il est arrêté, puis condamné à trois ans de prison. Qui eût osé dire d'un tel homme qu'il était à jamais indigne de se retrouver dans la société, et, de cette existence, qu'elle était moralement terminée? On sort de prison. Il faut, pour se réhabiliter par la vie honnête et le travail, trouver à la sortie des personnes qui connaissent toutes ces circonstances et toutes les épreuves que vous avez dû subir. L'utilité du patronage, ici, n'était-elle pas évidente?

E.... né en France, était allé chercher fortune au dehors. Il revient. Agé de vingt-cinq ans, il accompagne à Paris, comme secrétaire, un personnage étranger. Sa place était bonne, et il commençait à faire quelques économies, lorsque, sans motifs sérieux, on lui donne son congé. Son dépit égale sa surprise. Que faire pour conserver cet emploi qui lui échappe? Il a confié à un jeune homme qu'il connaît depuis quelque temps, un secret : il croit savoir que la dame du logis a un enfant à l'étranger, à l'insu de son mari. Mal conseillé par son nouvel ami, il demande de l'argent pour garder ce secret, pour se taire. C'est une tentative d'extorsion de fonds. On l'arrête. Il subit une longue prévention, puis une condamnation à l'emprisonnement. Faible, honnête jusque-là, supportant difficilement la pensée de son déshonneur, il veut mourir. Il résiste cependant à la tentation du suicide, mais il vit dans sa cellule, malheureux, désolé, accablé de remords. Son repentir est manifeste. Fallait-il à l'heure de la libération, livrer ce malheureux à lui-même? S'il ne s'était pas senti encouragé, soutenu, les mauvais conseils, sa faiblesse, auraient suffi pour le perdre définitivement. Le patronage l'a sauvé.

C..., ancien militaire, rentre au logis après une longue absence involontaire.

La femme est infidèle. Le mari, qui a besoin d'elle pour vivre, ne sait à quel parti s'arrêter. Il cherche parfois l'oubli dans l'ivresse. La femme infidèle, loin d'avoir pitié de son état, lui donne à dessein le spectacle de ses désordres, pour qu'il consente à se séparer d'elle. Il se procure un revolver et rentre à la maison pour mettre fin à ses jours. L'autre est là!... Le mari qui tient son arme chargée à la main, veut l'effrayer. Il tire, non sur lui, mais à côté, assez loin, dans une autre direction. Et la plainte est portée: tentative d'homicide! Faut-il livrer ce malheureux à lui-même, imitant la femme indigne qui l'a abandonné? Est-ce un criminel? Est-ce un assassin?

Les adultes qui méritent le patronage les voilà.

Le malfaiteur de profession ne changera jamais, soit. Mais l'autre? Celui qui a voulu effrayer, sans le blesser, l'homme qui troublait la paix de son foyer? Ce maladroit qui s'est mêlé de commettre le délit qui exige le plus d'audace et d'habileté, le chantage, et qui a reconnu trop tard sa sottise? Cet ambitieux qui a perdu la tête, un jour, en voyant toutes ses espérances déçues et sa famille réduite à la misère? Ils ne s'abandonneront plus au mal, parce qu'ils n'éprouveront plus au même degré la déception, la tentation ou la haine!

Beaucoup de jeunes détenus n'ont pas les mêmes chances sérieuses de relèvement que ces adultes.

Il n'est donc pas vrai que la plupart des libérés restent fatalement condamnés à de nouvelles chutes.

Cependant les adversaires du patronage, ou plutôt les incrédules, qui nient son efficacité, refusent encore de se déclarer convertis. Vous ne sauvez, disent-ils aux sociétés de patronage, que ceux qui sauraient se sauver eux-mêmes.

C'est attacher la preuve de la régénération du détenu à un fait indépendant de sa volonté. Malheureusement les patrons, les propriétaires d'usines n'ont aucun moyen de s'assurer que celui qui demande un emploi dit vrai, quand il parle du vif désir qu'il a de se bien conduire, s'il ne leur est pas signalé et recommandé.

A cette objection le bon sens répond: non, les timides, les hommes sans instruction, ceux « qui ne savent pas se présenter » les découragés et les maladroits, ne se sauveront pas seuls. Et l'expérience permet d'ajouter que ce sont au contraire les plus hardis, les plus capables d'en imposer, de dissimuler et de mentir, les moins résignés, en un mot, les plus dangereux ennemis de la société, qui trouvent facilement du travail. On voit souvent le libéré honteux qui pense que chacun le reconnaît et le méprise, errer sans pain, sans argent, tandis que « le gibier de prison » se mêle aux autres ouvriers de son état le plus tranquillement du monde, va au coin [1], se dit voyageur, et obtient d'être « embauché » aussitôt, dans la ville même où est située la maison centrale qu'il connaît trop bien. Adressez-lui vos questions, lorsque deux ou trois ans après, récidiviste incorrigible, il reparaîtra dans la prison. Il vous donnera lui-même en riant tous ces détails.

Ils se sauveraient seuls? Mais, si vous n'allez pas, Agent de la Société de patronage, attendre à la porte de la prison vos libérés, ou bien, si vous ne leur donnez pas aussitôt rendez-vous au siège de la société, ils seront reçus par des amis dangereux, par d'anciens détenus qui n'auront pas manqué, plus empressés que vous, d'épier leur sortie pour leur proposer un mauvais coup tout préparé, et pour leur imposer au besoin l'obligation d'y participer comme complices.

1. Lieu connu de rendez-vous pour les ouvriers d'une même profession.

On peut voir, le matin, dans les rues de la Santé et de la Clef, auprès des deux maisons de correction, des individus attendant les libérés, soit isolés, soit par groupes. Alphonse est là, flegmatique, roulant des cigarettes, se découvrant quelquefois pour bomber en dôme sa casquette à plusieurs ponts. Les autres, les voleurs qui ne veulent pas se laisser voir de trop près, attendent au coin de la rue.

Parfois une famille entière, composée des enfants, de la mère et des grands parents, est venue attendre l'un des siens, le père qui va sortir. On se met à table sur le trottoir, on boit devant la porte du marchand de vins d'en face, ne voulant pas différer le plaisir de vider ensemble une bouteille, et sans se douter qu'il pourrait y avoir convenance à s'éloigner au plus vite.

Tous ne sont pas, heureusement, assez indifférents à la peine qu'ils viennent de subir, pour s'attarder ainsi aux abords de la prison.

L..., un matin, vers huit heures, sortait en courant, pour aller se mettre à la disposition d'un agent du patronage. Il rencontre dans la rue sa vieille mère qui venait le réclamer.

Elle exprime son étonnement, après l'avoir embrassé :

— Quel étrange costume !

— Ah ! c'est vrai, dit-il. Et il rentre précipitamment dans la prison, pour en ressortir bientôt.

Dans son désir de fuir au plus vite la maison de correction, il avait oublié de réclamer sa casquette et sa veste.

Le relèvement des libérés livrés à eux-mêmes est si réellement entouré de difficultés, qu'à défaut de Sociétés de patronage, il est nécessaire de leur procurer par tous les moyens l'appui qui leur manque.

Avaient-ils été arrêtés pour vagabondage ou mendicité ? Ils sont envoyés à leur sortie de prison, au Dépôt de Saint-Denis pour y travailler jusqu'au moment où ils auront gagné une certaine somme, une avance qui leur permettra, s'ils veulent la ménager, de ne pas retomber aussitôt dans une triste situation. Mais, pour cela, il faut les retenir encore cinq ou six mois après la fin de leur peine. Au contraire, la Société de patronage leur procure aussitôt les ressources indispensables et le travail.

Sont-ils jeunes, mais non mineurs de seize ans, c'est-à-dire ont-ils l'âge exigé pour prendre un engagement dans l'armée? On les pousse à s'engager. C'est le conseil que chacun leur donne, directeur, aumônier, magistrat. Pourquoi? Parce qu'on sent qu'ils se perdraient seuls; parce qu'ils ont besoin d'être soumis à une discipline. Encore faut-il que des délits trop graves ou des arrestations trop multipliées ne s'opposent pas à ce qu'ils soient reçus dans l'armée.

Ont-ils une famille qui consent à les recevoir? Voici une preuve, un argument plus décisif encore contre ceux qui prétendent que les Sociétés de patronage sauvent seulement les libérés qui se sauveraient seuls. Qu'ils le sachent bien! Les libérés qui se sauvent sont ceux qui ont une famille. Pourquoi encore? Parce que le grand danger, c'est l'abandon, l'isolement. Auprès de l'orphelin, de l'abandonné, de l'homme seul, la Société de patronage est le groupe ami et indulgent. Elle donne secours et bon conseil. Elle remplace la famille absente.

Il ne faut pas dire : le patronage n'est beau et vrai qu'en théorie. Voilà des faits. Il est juste, possible, nécessaire. De plus, il est aisé de prouver que les services qu'il rend en effet, soit dans la prison, soit au dehors, sont très réels.

Dans la prison, dès la première heure, l'innocent même, un moment arrêté, peut le réclamer, soit après qu'une ordonnance de non-lieu a été rendue, soit après l'acquittement. Si c'est un coupable, au contraire, qu'amenait à la lumière et à l'examen de l'instruction, ce jour-là, le coup de filet de la police, il sent qu'il ne restera pas livré à lui-même, s'il veut se préparer par le travail et le repentir, à la réhabilitation. On le voit, on lui parle, on veille sur lui matériellement et moralement. On le rappelle au sang-froid, à la juste appréciation des choses qu'il était sur le point de perdre, dans le trouble de son esprit. On traverse avec lui la période douloureuse, l'instruction, le jugement. Il supporte mieux, après vous avoir fait la confidence de ses peines et de ses humiliations, le châtiment, ce dernier coup. Puis, c'est l'exhortation, l'espoir communiqué, et même souvent le simple entretien, la conversation si nécessaire qui procure un moment d'oubli, de bonne humeur, qui distrait, au milieu des longs ennuis de la cellule. C'est enfin, quelque temps avant les derniers jours, ces derniers jours si difficiles à supporter, une légère faveur, une libération provisoire obtenue quelquefois, et même une grâce que l'Administration, prévenue officieusement, ne manquera pas d'accorder, si l'inquiétude que la santé du détenu peut donner l'engage à se hâter.

Au dehors, un asile sûr s'ouvre aussitôt pour recevoir le patronné. Un Asile, c'est bien le mot, et non point une nouvelle prison ainsi que la malveillance le donnerait à entendre. Le Comité de patronage servira d'intermédiaire entre la famille éloignée ou mal disposée et le malheureux qui aspire à se retrouver parmi les siens après sa libération. Il travaillera dans l'asile, sans doute. Il est bon qu'il ne perde point l'habitude du travail, et qu'il apprenne à ne devoir pas tout ce qu'il reçoit à la charité. Mais il sortira pour chercher de l'ouvrage et se mettre en rapport avec des patrons.

Il trouvera surtout à s'occuper par l'entremise des agents de la Société. Bientôt, enfin, sera résolu pour lui le double problème du reclassement, puisqu'il aura retrouvé, d'une part, ses occupations habituelles, et de l'autre, ce qui n'est pas moins indispensable pour lui, des bienfaiteurs, des amis sérieux.

Point de hâte, quand il s'agira de procurer aux libérés une occupation au dehors. Il n'est pas mauvais, au moment où ils sortent d'un milieu malsain tel que la prison, qu'ils se retrempent pour ainsi dire, qu'ils vivent quelque temps de la vie honnête et régulière de l'asile.

Alors s'accomplissent de prompts et visibles progrès.

On croit rêver, en retrouvant dans certains asiles réservés aux femmes, par exemple, les condamnées ou les administrées des deux sections de Saint-Lazare. On se demande si ce sont bien là les mêmes filles, celles qui regrettent et qui réparent, qui lisent, qui restent volontiers absorbées dans leurs réflexions ou attentives à leur ouvrage, quand la cloche du repos ou de la promenade a sonné, et qui, si vous leur adressez la parole, répondent avec modestie, souriant sans ricaner.

Il ne faut pas de grosses sommes pour accomplir de tels miracles. Une vieille maison dans un faubourg de Paris, une directrice honnête et vaillante, cela suffit. On est étonné au delà de toute expression, en voyant le repentir transformer l'être humain à tel point qu'après quelques mois écoulés, au lieu du mépris, du dégoût, il peut véritablement inspirer l'admiration et le respect.

Voilà la réponse aux incrédules.

Que n'ont-ils pas dit encore? La concentration à Paris de toutes les ressources et de tous les efforts du patronage, devait contribuer à attirer dans la capitale des malfaiteurs venus de tous les points du pays. On faisait une œuvre non seulement inutile, mais dangereuse. Des Sociétés de patronage ont été créées à Lyon, à Bordeaux et dans d'autres grandes villes, et il n'est plus permis d'exprimer, même à cet égard, des craintes vagues, aujourd'hui.

Enfin, on s'est servi des résultats annuels publiés, avoués par les Sociétés de patronage — contre elles — comme d'une nouvelle et dernière objection.

Voyez, dit-on, le petit nombre des libérés secourus : quelques centaines seulement sur des milliers de condamnés [1].

Il est vrai que ces résultats, excellents d'ailleurs, instructifs parce qu'ils démontrent qu'on pourrait faire plus et mieux, ne permettent pas de s'enorgueillir. Que prouvent-ils, en effet ? Ce qu'on sait

1. La Société de patronage des libérés protestants, a recueilli ou assisté en 1879, 146 détenus.

La Société de patronage des adultes (fondation J. de Lamarque), 200.

trop bien : c'est qu'il y a un grand nombre de sceptiques en matière de patronage.

Certaines Sociétés s'interdisent absolument le patronage des récidivistes. C'est une disposition inscrite en toutes lettres dans leurs statuts. Et c'est une imperfection, une lacune évidente. Il faut accorder protection et secours à ceux qui se repentent, à tous les degrés de la chute et de la peine. Le même individu peut être condamné quatre ou cinq fois pour simple rupture de ban, après un premier délit s'il n'a pas su se résigner à subir la surveillance.

On s'expose à mille déceptions quand on restreint le patronage à quelques personnes. On les a triées, observées. Les agents des Sociétés, les aumôniers, les visiteurs quelque exercés qu'ils soient, ont-ils donc le coup d'œil infaillible ? Non, certainement. Il sera nécessaire, dans l'avenir, non de restreindre, mais d'étendre au contraire le patronage ; non de suivre pas à pas les libérés, comme si l'on était obligé de leur délivrer un certificat de persévérance, mais de les rendre à eux-mêmes au bout de quelque temps, lorsqu'ils auront trouvé du travail chez des patrons connaissant leurs antécédents. Ce qu'on poursuit, ce n'est pas leur conversion complète ; c'est un résultat prochain : le reclassement. Après cela, s'ils s'égarent de nouveau, si deux ans, trois ans, cinq ans plus tard, ils commettent de nouvelles fautes, c'est aux particuliers, c'est à la police, qu'il appartient de veiller. Cet ancien condamné qui peut devenir récidiviste, après s'être bien conduit pendant plusieurs années, comme il l'avait promis, ne fait courir ni à ceux qui le fréquentent, ni à ceux qui l'emploient, ni à la société en général, un danger plus grand que les malfaiteurs jusqu'alors inconnus et sans antécédents judiciaires qui se révèlent chaque jour.

En un mot, il ne faut pas, comme les Sociétés sont portées à le faire, demander au libéré de devenir un modèle de piété et de vertu.

Ainsi, le patronage doit s'étendre. Quelle est donc l'œuvre qui ne donne ses secours qu'à ceux qui en sont dignes? Quel est le bureau de bienfaisance qui ne remet ses aumônes qu'aux vrais pauvres? Quel est l'hospice qui ne reçoit absolument que les infirmes besoigneux et qui reçoit tous ceux-là ?

Ce qui s'oppose surtout aux progrès du patronage et arrête son essor, ce sont ces critiques injustes, ces partis pris hostiles de policiers ; ce sont les adversaires secrets qui déguisent leur opposition systématique sous les formules de l'incrédulité et du doute poli.

Pendant longtemps les détenus n'ont pas senti qu'il fût possible de compter sur le concours de la haute administration dans l'œuvre du relèvement. Les partisans du patronage, tolérés seulement dans les prisons, n'ont pas réussi à faire partager leur foi autour d'eux et à réchauffer les cœurs à la flamme de leur charité.

La science pénitentiaire était négligée.

Mais de grands progrès ont été faits. Le gouvernement n'est pas hostile aux sages et justes réformes. L'administration a renoncé à l'immobilité puisqu'elle a consenti à appliquer l'emprisonnement cellulaire, puisqu'elle a accordé une faveur au détenu qui consent à vivre isolé pour éviter de se corrompre par le contact et de sortir plus mauvais de sa prison.

Si ceux qui doutent encore veulent savoir ce que le public pense en réalité du patronage, du reclassement des libérés à leur sortie de prison, qu'ils interrogent l'homme du peuple.

Demandez à l'ouvrier s'il croit à ce qu'il a lu dans *les Misérables?* Demandez à un homme qui n'a pas d'opinion préconçue, quel qu'il soit, s'il pense oui ou non, qu'il y a quelque chose à faire pour le malheureux que chacun repousse à sa sortie de prison ? Ils le diront tous : le mal est réel et grand. Et la conclusion nécessaire sera qu'en attendant une organisation moins défectueuse et plus complète, le patronage des adultes est encore ce qu'on a trouvé de meilleur et de plus indispensable jusqu'à présent.

§ V.

LA RÉHABILITATION

Cinq ans après la libération [1], une demande en réhabilitation pour le condamné à une peine afflictive ou infamante peut être adressée au procureur de la République de son arrondissement.

Cette demande peut être formée au bout de trois ans pour les condamnés à une peine correctionnelle.

C'est un appel à la justice du chef de l'État, la grâce ne dérivant que de sa clémence.

Si l'avis de la cour dans le ressort de laquelle réside le condamné, après l'accomplissement des formalités qui sont exigées par la loi, est favorable, le chef de l'État expédie des lettres de réhabilitation.

Par là se trouve effacée, selon l'expression des anciennes ordonnances, la tache du crime, et toutes les incapacités qui résultaient de la condamnation cessent dans la personne du condamné.

Un second crime, suivi de condamnation à une peine afflictive et infamante, une nouvelle condamnation encourue, ne permettraient plus d'admettre le condamné au bénéfice des dispositions de la loi [2].

C'est surtout au libéré lui-même qu'il appartient

1. Loi du 3 juillet 1852.

2. Code d'Instruction criminelle, article 619 et suivants.

de poursuivre cette réhabilitation. Mais les Sociétés de patronage peuvent la lui présenter comme un but à atteindre [1].

Le XIXe siècle touche à sa fin et l'on se hâte partout d'accomplir des réformes. On n'entend aujourd'hui de toutes parts, sous la République, qu'un cri, qu'un vœu : progrès ! Comment serait-il possible d'oublier ce progrès-là, de négliger la réforme des prisons, cette question grave, inquiétante, et, s'il faut le dire, menaçante ?

Elle est posée depuis plus d'un siècle. Déjà Delille célébrait dans ses vers, l'ami des prisonniers, *le magnanime Howard* :

> S'il ne peut les briser, il allège leurs fers...
> Tantôt, pour adoucir la loi trop rigoureuse,
> Porte au pouvoir l'accent de leur voix douloureuse
> Et, rompant leurs liens pour des liens plus doux,
> Dans les bras de l'épouse il remet son époux,
> Le père à son enfant, l'enfant à ce qu'il aime.
> Par lui, l'homme s'élève au-dessus de lui-même.
> Les séraphins surpris demandent dans le ciel
> Quel ange erre ici-bas sous les traits d'un mortel ?
> Devant lui, la mort fuit, la douleur se retire,
> Et l'ange affreux du mal le maudit et l'admire [2].

Il faut agir ainsi, imiter ce grand exemple. Le fond est sérieux, vrai, malgré le ton sentimental selon le goût du temps et l'exagération poétique de l'expression.

1. Le nombre des réhabilitations, en 1878, s'est élevé à 537.
2. *La Pitié*, chant deuxième.

Il faut, dans la prison, lutter et lutter de manière à triompher promptement, contre le vieux système, mauvais et condamné, contre l'attachement trop peu contrarié d'une partie du personnel aux anciennes idées et à l'antique usage.

Il faut réagir contre une disposition naturelle à prendre de simples présomptions de culpabilité pour scélératesse confirmée, et à trop sacrifier l'intérêt individuel à l'intérêt social. La détention préventive et la surveillance, soumises à un nouvel examen, doivent être réduites strictement à ce que la nécessité commande.

L'isolement du condamné doit être regardé comme indispensable, toutes les fois qu'il est possible. Mais l'esprit de système ne doit pas conduire à méconnaitre les faits, l'observation. Il est une limite que l'humanité, le souci de la bonne santé des détenus aussi bien que de leur régénération, interdisent de dépasser. La transportation, en admettant même que ce soit là son seul avantage, reste comme un exil définitif, comme une longue expiation pour les grands coupables.

Il faut conserver dans la loi la peine de mort, non comme une satisfaction donnée à on ne sait quel besoin de vengeance, mais comme un moyen efficace d'intimidation, comme une peine suprême qu'une triste nécessité oblige à prononcer encore. Ce n'est pas à une assemblée quelle qu'elle soit, c'est à l'opinion publique qu'il appartiendra de l'abolir en fait, si c'est possible, quand on aura de son inutilité l'heureuse et progressive expérience.

En matière de patronage, il faut se faire une loi de ne désespérer jamais systématiquement et n'abandonner aucun de ceux qui veulent être protégés. En pratique, l'intérêt de la société commande de continuer l'assistance aux libérés et de l'étendre encore : aux enfants, par mesure de protection préventive ; aux adultes, en même temps par crainte de la récidive, et par pitié pour leurs maux auxquels l'organisation sociale n'est pas étrangère.

L'emprisonnement doit être tel qu'il instruise le prisonnier et produise en lui l'amendement, au lieu de l'aigrir ; qu'il le rende meilleur au lieu de lui donner des mœurs infâmes et d'ajouter à sa corruption. Il ne doit pas lui faire subir, dans ses affaires, un préjudice irréparable, mais lui imposer un simple temps d'arrêt, et un arrêt mis à profit pour permettre au libéré de recommencer plus tard, mieux disposé, mieux armé, avec des forces nouvelles, des ressources, un métier qu'il n'avait pas, sans être vaincu d'avance, la lutte de la vie.

Il y a dans les cœurs de la charité et de la pitié pour toutes les chutes, pour toutes les misères. Pourquoi n'y en aurait-il pas pour celle-là ? On s'efforce de trouver et d'appliquer des remèdes à toutes les plaies sociales. Pourquoi prononcer sur ces *misérables*, ennemis plus encore d'eux-mêmes que des autres, la définitive malédiction, et, sur ces égarés, sur ces blessés, l'arrêt, le mot fatal : incurables !

La médecine s'attache à les examiner physiquement, et réussit à mieux marquer la limite où cesse en eux le libre arbitre. La science pénitentiaire s'occupe de leur esprit, de leur âme, et c'est, aujourd'hui, une science riche en enseignements et en révélations. Elle a le droit, comme toute autre, d'affirmer la vérité de ses principes et d'imposer ses conclusions, puisque sa méthode, connaissance de l'histoire, étude psychologique et observation des faits, est la méthode moderne, de laquelle, en toutes choses, notre siècle attend des résultats certains.

Il faut donc s'inspirer, dans la pratique, de ce qu'elle sait, de ce qu'elle enseigne. Il faut que l'incrédulité épargne au temps présent les leçons décourageantes de son expérience, ancienne, oui, mais fausse, parce qu'elle est toute pénétrée et nourrie des vieilles erreurs. Il faut qu'elle reconnaisse que nier toujours ce serait se résigner à ne rien faire.

Comment pourrait-on soutenir sérieusement que cette œuvre, le relèvement du condamné après sa libération, est une œuvre jugée, finie, sans avenir ? Finie ? C'est impossible. Elle commence à peine.

Mais il faut se hâter.

L'opinion, loin de se désintéresser de ces questions et du résultat de ces études, plaint le sort des condamnés et se laisse aller volontiers à ne voir en eux que des victimes, des malades dignes de pitié. Cette préoccupation est trop ancienne et trop naturelle pour qu'il soit raisonnable d'espérer qu'elle disparaîtra.

Si la nécessité de la réforme pénitentiaire n'était pas bientôt expliquée et assez généralement comprise, si cette science restait un secret entre quelques initiés comme les anciens mystères, si ceux qui la possèdent hésitaient toujours et avaient peur d'agir, le travail déjà fait deviendrait peut-être inutile. Le but serait bientôt dépassé. Il faudrait, pour n'avoir pas su faire à temps une réforme intelligente, subir une révolution. La vérité, le bien, seraient encore indéfiniment ajournés.

FIN

INDEX ALPHABÉTIQUE

IMPRIMERIE CENTRALE DES CHEMINS DE FER. — A. CHAIX ET Cie,
RUE BERGÈRE, 20, A PARIS. — 9378-0.

DÉPÔT LÉGAL ... IMPRIMÉS

www.ingramcontent.com/pod-product-compliance
Ingram Content Group UK Ltd.
Pitfield, Milton Keynes, MK11 3LW, UK
UKHW012006240726
13965UKWH00001B/193

9 782013 539395